Michael Eugen von Bulmerincq

Das Gesetz der Schutzpocken-Impfung im Königreiche Bayern,

in seinen Folgen und seiner Bedeutung für andere Staaten

Michael Eugen von Bulmerincq

Das Gesetz der Schutzpocken-Impfung im Königreiche Bayern,
in seinen Folgen und seiner Bedeutung für andere Staaten

ISBN/EAN: 9783743636651

Hergestellt in Europa, USA, Kanada, Australien, Japan

Cover: Foto ©ninafisch / pixelio.de

Weitere Bücher finden Sie auf **www.hansebooks.com**

Das Gesetz

der

Schutzpocken - Impfung

im

Königreiche Bayern,

in seinen Folgen und seiner Bedeutung

für andere Staaten.

Von

M. E. v. Bulmerincq,

Dr. med., Kaiserlich Russischem General-Major a. D.

Leipzig.

B. G. Teubner.

1862.

Vorwort.

Der Verfasser vorliegender Schrift, bereits seit vier Jahren auf Reisen, um die Erfolge der verschiedenen Art der Ausübung der Schutzpocken-Impfung aus eigener Anschauung kennen zu lernen, hat in dieser Absicht in Russland, Oesterreich, Deutschland, England und Frankreich Studien gemacht.

Es ist auffallend, dass zur Verhütung der Menschenblattern, in dem civilisirten Europa so überaus verschiedene, ja einander entgegenstehende gesetzliche Bestimmungen in mehreren Staaten bestehen, während doch gerade die Menschenblattern in Bezug auf ihr Vorkommen und ihre Verbreitung, von klimatischen, Boden- und socialen Verhältnissen unabhängig sind, demnach die unter irgend einem Himmelsstriche über die Menschenblattern und die Erfolge einer richtig geleiteten Schutzpocken-Impfung gewonnenen Erfahrungen, nicht ohne Werth für alle Länder der Erde sein können.

Ueber das Technische der Vaccination hat Jenner, der grosse Meister, uns vollständig belehrt. Wie aber die Gesetzgebung eines Landes beschaffen sein muss, um die Schutzpocken-Impfung einzuführen, aufrecht zu erhalten und allgemein zu verbreiten, darüber findet sich in Jenner's Schriften nicht die leiseste Andeutung. Schwerlich hätten auch seine Vorschläge hierüber, in seinem Vaterlande einigen Anklang gefunden. Erst 17 Jahre nach seinem im Jahre 1823 erfolgten Tode, erschienen in England die ersten noch sehr mangelhaften gesetzlichen Bestimmungen über die Schutzpocken-Impfung, während auf dem Europäischen Continente, schon seit dem ersten Jahrzehent dieses Jahrhundertes, in verschiedenen Staaten wesentlich von einander abweichende Gesetze über die Einführung der Schutzpocken-Impfung bestanden, und noch gegenwärtig einen bemerkenswerthen Mangel an Uebereinstimmung in ihren Fundamental-Principien erkennen lassen.

Nach näherer Prüfung der Erfolge, welche gesetzliche Bestimmungen auf die Förderung oder Hemmung einer allgemein durchgreifenden, dem gegenwärtigen Standpunkte der Wissenschaft und Erfahrung entsprechenden Schutzpocken-Impfung gehabt haben, ist der Verfasser der Ueberzeugung geworden, dass die im Königreiche Bayern seit langer Zeit und mit fortwährend strenger Controle von Seiten der hohen Staatsbehörden geleitete Zwangs-Vaccination, mit alljährlich regenerirter Schutzpockenlymphe, die ganze Beachtung Derer verdient, denen Menschenwohl am Herzen liegt, und die in der Lage sind, zu grösserer Verbreitung desselben wirken zu können.

Die älteren Verordnungen über die Vaccination in
Bayern, hat Dr. F. S. Giel (*die Schutzpocken-Impfung
in Bayern. München 1830. 8.*) chronologisch zusammengestellt. Auch sind benutzt worden: G. Döllinger (*Sammlung der im Gebiete der inneren Staats-Verwaltung des Königreiches Bayern bestehenden Verordnungen, aus amtlichen
Quellen geschöpft und systematisch geordnet. 15. Band. Medicinalwesen enthaltend. München 1838. 4.*). G. Döllinger
(*das Medicinalwesen in Bayern. Erlangen 1847. 2 Th. 8.*).
J. F. v. Strauss (*Fortgesetzte Sammlung der im Gebiete
der inneren Staats-Verwaltung des Königreiches Bayern
bestehenden Verordnungen von 1835 bis 1852, aus amtlichen Quellen bearbeitet. 10. Band der neuen Folge, Medicinalwesen enthaltend. München 1854. 4.*) Dr. A. Eckart
(*Vollständige chronologische Sammlung der über das königl.
bayerische Militair-Sanitätswesen erlassenen Verordnungen.
München 1855. 8.*)

Um die allmählige Entwickelung des k. bayerischen
Impfgesetzes, besonders aber das gegenwärtig gültige,
in mehreren Punkten in der Neuzeit vervollständigte,
aus zuverlässigen Quellen kennen zu lernen, hat der
Verfasser während eines längeren Aufenthaltes in München, die ihm mit grösster Liberalität geöffnete Staats-
bibliothek benutzt. Der regelmässige Besuch der ordentlichen öffentlichen Impfungen in München, hat ihn von
den überwiegenden Vortheilen der eingeführten Impfmethode, die ihm an verschiedenen Orten gestattete specielle Einsicht in die Buchführung über die Impfpflich-

ligen, von der durchaus gewissenhaften Erfüllung
Punkte der k. bayerischen Impfinstruction vollstät
überzeugt.

Der Leser, dem nicht an dem Entwickelungsga
des k. bayerischen Gesetzes der Schutzpocken-Impf
gelegen ist, sondern der lediglich dem gegenwä
gültigen k. bayerischen Impfgesetze seine Aufmerks
keit zuwenden will, möge mit dem III. Abschnitte die
Schrift „die k. bayerische allerhöchste Verordnung über
Schutzpocken-Impfung vom 22. December 1830"
ginnen. Diese allerhöchste Verordnung, sowie die z
Vollzug derselben gehörende Instruction vom 27. Dec
ber 1830, im V. Abschnitte, sind von dem k. ba
Geheimen-Rathe und Ober-Medicinal-Rathe Dr. v
Ringseis mit vieler Sachkenntniss entworfen word
und lassen in Bezug auf Durchführung nichts zu w
schen übrig. Bei Mittheilung derselben, sind alle
auf die neueste Zeit erfolgten Vervollständigungen u
Abänderungen in die bestehenden §. §. eingescha
worden.

Die Abschnitte über den gegenwärtigen Standpu
der Schutzpocken-Impfung in Preussen, Oesterre
Frankreich, England und Sachsen, machen nicht
gleiche Vollständigkeit wie die Darlegung des k. ba
rischen Impfgesetzes Anspruch. Es ergiebt sich jed
aus den in diesen Staaten bestehenden, zuverlässi
Quellen entnommenen gesetzlichen Bestimmungen ü
die Schutzpocken-Impfung, dass selbige minder ge

als in Bayern, theils auch veraltet sind, besonders aber des fortwährenden Zusammenwirkens der Impfärzte mit den Orts- und höheren Behörden ermangeln, worin eine sehr wesentliche und folgenreiche Eigenthümlichkeit des k. bayerischen Impfgesetzes besteht.

Der Revaccination, und der gegenwärtig auf den ärztlichen Bildungs-Anstalten fast gänzlich unbeachteten Erlernung der Schutzpocken-Impfung sind, der Wichtigkeit dieser Gegenstände wegen, besondere Abschnitte gewidmet worden.

Der Verfasser wird für die Mühe, die er auf diese Schrift verwendet hat, sich für belohnt erachten, wenn die Ober-Medicinal-Behörden verschiedener Staaten sich bewogen fühlen, genaue Prüfungen der in derselben aufgestellten Thatsachen und Schlüsse durch mit der Schutzpocken-Impfung speciell vertraute Aerzte zu veranlassen, die Resultate zu veröffentlichen, und Vervollständigungen in der Gesetzgebung der Schutzpocken-Impfung, mit Berücksichtigung der Erfolge des k. bayerischen Impfgesetzes, bei den Staats-Regierungen zu beantragen.

Dresden, im December 1861.

Der Verfasser.

Inhalt.

X

I. Die königl. bayerische allerhöchste Verordnung über die gesetzlich einzuführende Schutzpocken-Impfung vom 27. August 1807.

Se. Majestät der gegenwärtig regierende König von Bayern **Maximilian II.** veröffentlicht im Eingange Seiner allerhöchsten Verordnung vom 17. December 1852, die Schutzpocken betreffend, (*Regierungsblatt für das Königreich Bayern, No. 60, München, den* 29. *December* 1852), die denkwürdigen Worte:

„Unsere allerhöchste Verordnung vom 22. December 1830, die Schutzpocken betreffend, hat sich seit ihrem mehr als zwanzigjährigem Bestehen im Königreiche Bayern ebenso praktisch als wohlthätig bewährt."

Dieses auch für die Gegenwart gültige Urtheil stützt sich auf Thatsachen und Erfahrungen, die ausserhalb Bayern ihrer ganzen Bedeutung nach kaum bekannt sein möchten, überdies ist das gegenwärtig in Bayern gültige Gesetz der Schutzpocken-Impfung, welches im Laufe der Zeit mehrfache auf Erfahrungen begründete Vervollständigungen und Abänderungen erfuhr, in allerhöchsten Verordnungen und Ministerial-Entschliessungen enthalten, welche als ein vollständiges Ganze nicht veröffentlicht wurden.

Es liegt aber auf der Hand, dass die grossen und mit schlagender Beweiskraft vorzuführenden Erfahrungen über den Nutzen der Vaccination in Bayern nicht gewonnen sein würden, wenn eben Bayern in seiner Gesetzgebung über die Schutzpocken-Impfung nicht schon im Jahre 1807 feste, durchgreifende noch gültige Normen erhalten hatte, die durch die allerhöchste Verordnung

1

vom 22. December 1830, wie auch im Eingange derselben gesa
ist, „in Folge der bisherigen Erfahrungen" vervollständigt wurde

Hiermit wäre der Gang angedeutet, den die Schutzpocke
Impfung in Bayern genommen. Der verdienstvolle Choula
(*Zeitgenossen* 1. *Bd. Leipzig* 1829. 8. *S.* 42) sagte vor mehr a
dreissig Jahren: „in unserer Hand liegt die, nur durch allgeme
angeordnete und mit Strenge durchgeführte Vaccination, möglic
Vertilgung der Menschenpocken, ein Zweck den schon Jenne
verfolgte, den manche Staaten in Europa schon erreicht habe
der aber durch andere mit spielenden halben Maassregeln Zufriede
immer aufs Neue vereitelt wird."

In Bayern konnte, ungeachtet der seit mehr als einem halbe
Jahrhundert energisch fortgesetzten Zwangs-Vaccination, die gröss
möglichste Verminderung der Menschenblattern bis jetzt nicht e
reicht werden, weil bei dem Mangel an ähnlichen entschiedene
Maassregeln in den angrenzenden Nachbarländern, Blatterepidemie
namentlich von Oesterreich aus, wiederholt eingebrac
wurden, auch besteht in Bayern keine allgemeine Zwangs-Revacc
nation, doch gewährte, wie sich ergeben wird, die in Bayern au
geübte Schutzpocken-Impfung einen, wenn auch nicht vollständige
doch im Allgemeinen beachtenswerthen Schutz gegen Blatter
infectionen.

Dem Besucher des städtischen allgemeinen Krankenhauses
München, einer der bedeutendsten Heil- und Unterrichts-Anstalte
Deutschlands, zeigt sich links vom Haupteingange in dasselbe d
Denkmal, welches die Stadt München dem um sein Vaterland hoc
verdienten königl. bayerischen Staatsarzte *Dr. Simon von Haebe*
geboren 1772, gestorben am 1. April 1831, in dankbarer Erinn
rung gesetzt hat. Er, der Untergebene und Freund des köni
bayerischen Staatsministers Grafen von Montgelas, erwirkte dur
diesen einsichtsvollen Staatsmann die königl. allerhöchste Veror
nung vom 27. August 1807 zur gesetzlich einzuführenden Schu
pocken-Impfung in sämmtliche Provinzen der Bayerischen Lan

Dieser, für alle spätere Zeit so wohlthätig und folgereich gewordenen allerhöchsten Verordnung, die in ihren Zwangs- und Strafbestimmungen, auch in der möglichsten Concentrirung der Schutzpocken-Impfung im amtlichen Wirkungskreise der Gerichtsärzte, stets unverändert geblieben ist, sieht man es auf den ersten Blick an, dass ärztliche mit Sachkenntniss angestellte Beobachtungen den Gesetzgeber geleitet haben, dessen specielle Wirksamkeit seinerseits darin bestand, der einzuführenden Zwangs-Schutzpocken-Impfung durch unvermeidliche Strafen für ungehorsames Ausbleiben von der öffentlichen Schutzpocken-Impfung den gehörigen Nachdruck zu verleihen.

Die königl. allerhöchste Verordnung vom 27. August 1807 (*Dr. F. S. Giel, die Schutzpocken-Impfung in Bayern, München* 1830. S. S. 96.) erwähnt in ihrem Eingange, dass durch die bisher zu weit ausgedehnte Befugniss der Nichtärzte zum Impfungsgeschäfte, welche mit den Kennzeichen der wahren Schutzblattern nicht immer gehörig vertraut, in der nöthigen Untersuchung des Erfolges der Impfung selten genau genug, überhaupt zu diesem wichtigen Geschäfte nicht in Pflichten, daher auch nicht verantwortlich waren, sehr oft die sogenannten falschen Kuhpocken statt der wahren verbreitet, die damit geimpften Individuen vor den nachkommenden Menschenblattern nicht gesichert, und auf diese Art häufige und schädliche Zweifel gegen die unfehlbare Schutzkraft der ächten Vaccine erzeugt wurden.

Zu den nunmehr folgenden einzelnen Paragraphen dieser allerhöchsten Verordnung, weisen die von dem Herausgeber beigegebenen Anmerkungen die später bestimmten, gegenwärtig gültigen Abänderungen nach.

§. 1. Alle diejenigen Unserer Unterthanen, welche das dritte Jahr bereits zurückgelegt haben, weder die Menschenpocken gehabt, noch mit Schutzpocken geimpft wurden, müssen mit letzteren den ersten Tag des Monates Juli im künftigen Jahre 1808 geimpft sein.

1 *

§. 2. Ebenso müssen in Zukunft alle Kinder, welche den ersten Juli eines jeden Jahres das dritte Jahr vollzählig erreicht haben, mit den Schutzpocken geimpft sein.

Anmerkung zu §. 1 und §. 2. Durch die unten mitgetheilten allerhöchsten Verordnungen vom 22. December 1830. §. 1. und vom 17. December 1852 dahin abgeändert, dass mit dem 1. Mai eines jeden Jahres sämmtliche in dem vorhergegangenen Kalenderjahre geborene Kinder impfpflichtig werden, und dem zu Folge im Laufe des Jahres der Schutzpocken-Impfung zu unterwerfen sind. Mithin wurden z. B. alle vom 1. Januar bis 31. December 1860 geborenen Kinder im Laufe des Jahres 1861 impfpflichtig. Vergl. §§. 15 und 16 der allerhöchsten Verordnung vom 22. December 1830.

§. 3. Zum genauen Vollzuge dieser Unserer allerhöchsten Verordnung (§. 2) muss das Alter der impfungsfähigen Kinder aus den pfarrlichen Taufbüchern erhoben, den betreffenden Gerichtsstellen und Gerichtsärzten übergeben, und durch die letzteren mittelst Führung eigener Geburtslisten, wozu Vorschriften und Tabellen mitgetheilt werden sollen, controlirt werden.

Anmerkung. Genauere Bestimmungen hierüber enthält der §. 8 der allerhöchsten Verordnung über die SchutzpockenImpfung vom 22. December 1830, auch die §§. 1—8 und §. 22 der Impf-Instruction vom 27. December 1830.

§. 4. Um der gegenwärtigen Verordnung den gehörigen Nachdruck zu geben, finden Wir nothwendig, die Saumseligen und Widersetzlichen mit angemessener Geldstrafe zur Annahme des Guten zu bestimmen, und befehlen daher:

a) Dass von einem Kinde, welches mit dem ersten Juli eines jeden Jahres schon volle drei Jahre alt geworden ist, ohne bis dahin mit den Schutzpocken geimpft zu sein, eine den Vermögensumständen angemessene Geldstrafe von 1 Fl. bis 8 Fl. erhoben werden soll.

Anmerkungen wie zu §. 1 und §. 2.

b) Dass nach Verlauf eines Jahres (d. i. wenn am 1. Juli des
darauf folgenden Jahres, an welchem das Kind vier volle
Jahre zählt, die Schutzpocken-Impfung noch nicht vorgenommen sein sollte) die vorige Geldstrafe um die Hälfte er-
höht, und wenn die Impfung immer unterlassen wird, jährlich damit bis zum sechsten, dann zweijährig bis zum achten,
zehnten und zwölften Jahre fortgefahren werden müsse, wie
nachstehender Entwurf zeigt.

	Minimum der Strafe.	Maximum.
nach Verlauf des 3. Jahres . . .	1 Fl. — Kr.	8 Fl.
nach Verlauf des 4. Jahres .	1 „ 30 „	12 „
nach Verlauf des 5. Jahres . . .	2 „ — „	16 „
nach Verlauf des 6. und 7. Jahres .	2 „ — „	20 „
nach Verlauf des 8. und 9. Jahres .	3 „ — „	24 „
nach Verlauf des 10. und 11. Jahres	30 „ 30 „	28 „
nach Verlauf des 12. Jahres . . .	4 „ — „	32 „

Die nach dem 12. Jahre des Alters eines zu impfenden
Subjectes festgesetzte Geldstrafe bleibt die alljährliche bis
zur erfolgenden Impfung.

A n m e r k u n g. Vergl. §§. 1—5 und 13 der allerhöchsten Verordnung über die Schutzpocken-Impfung vom
22. December 1830.

c) Von denjenigen, welche nach §. 1 strafbar werden, wird die
Geldstrafe rücksichtlich ihres Alters nach gleicher Norm ein-
geheischt.

d) Von jenen Subjecten, welche Almosen beziehen, oder aus
Gemeindekassen ernährt werden, wird diese Geldstrafe, falls
sie in solche verfallen sollten, durch Abzug nach dem Minimum erhoben.

e) Da für die in öffentlichen Findel-, Waisen- und Erziehungs-
häusern befindlichen Kinder die Schutzpocken-Impfung schon
gesetzlich eingeführt ist, und, wo dies bisher noch nicht geschehen, hiermit verordnet wird, — so treffen die oben be-

stimmten Geldstrafen die säumigen und widersetzlichen Elter oder Pflegeeltern und Vormünder bis nach Verfluss de achtzehnten Jahres des zu impfenden Individuums, von wel chem Zeitpunkte die Strafen auf Rechnung des letztere gehen, wenn dasselbe die unter obrigkeitlichem Schutze ihr noch ein Mal angebotene Impfung ausschlagen sollte.

f) Von dieser Geldstrafe sind diejenigen Subjecte ausgenommen welche wenigstens drei Mal in einem, nach dem Gut befinden des Arztes, mehrere Monate von einander ab stehenden Zwischenräumen mit Schutzpocken zu impfei versucht wurden, ohne dass doch die Impfung haftete, ode ächte Schutzpocken entstanden; desgleichen jene, an welcher die Impfung wegen besonderer Umstände, Kränklichkeit u.dergl unterlassen werden musste. Doch muss man sich über der einen wie den andern Fall jederzeit durch ein legales Zeug niss eines zur Schutzpocken-Impfung berechtigten Arzte rechtfertigen.

Anmerkung. Abgeändert durch die allerhöchst Verordnung über die Schutzpocken-Impfung vom 22. De cember 1830, §. 4. In Betreff derjenigen Geimpften, be denen nur eine ächte Vaccinepustel entstanden, vergl §. 19 der Instruction vom 27. December 1830 für de Vollzug der Verordnung für die Schutzpocken-Impfung.

g) Die nach lit. a. von 1 Fl. als Minimum bis zu 8 Fl. als Maxi mum u. s. w. bestimmten Geldstrafen bleiben in ihrer indi viduellen Anwendung und Modification auf den Vermögens zustand eines jeden Straffälligen dem gewissenhaften Ermesse der betreffenden Obrigkeiten, welche in den Städten die ge freiten und städtischen Gerichtsbehörden, auf dem Lande abe ohne Ausnahme die Landgerichte sind, auf solche Art anhei gestellt, dass nach schon abgeflossenem Termine, nac fehlendem authentischen Impfscheine, hergestellter Wider setzlichkeit und gemachter Taxation in eine oder die ande

der stufenweisen Strafgebühren, die Einbringung derselben
ohne alle Weitläuftigkeit, ohne Appellation, im Erforderungs-
falle mit militärischer Execution, sogleich vor sich gehen soll.

h) Ueber diese eingebrachten Strafgelder hat jede der betreffenden Obrigkeiten eigene Rechnung zu führen, die Straffälligen
namentlich zugleich mit den Impfungstabellen vierteljährig
an die Landesdirection der Provinz einzusenden, und übrigens
Unsere nähere Bestimmung, zu welchen medicinisch-polizei-
lichen Zwecken, zum Besten des nämlichen Gerichtsbezirkes,
diese Gelder verwendet werden sollen, zu gewärtigen.

§. 5. Vom Tage der Bekanntmachung des Gegenwärtigen an,
ist jedem, der nicht ordentlich graduirter, und von einer der
Sanitätssectionen Unserer Landesstellen geprüfter und approbirter
Arzt ist, ohne Ausnahme und bei Strafe verboten, Schutzpocken
zu impfen, selbst denjenigen, welche bisher für ihren Eifer öffentlich belobt wurden.

Anmerkung. Die Befugniss Privatimpfungen vorzunehmen
steht allen zur Praxis berechtigten Doctoren der Medicin, nicht
aber den Land- und Wundärzten zu. Vergl. §. 14 der allerhöchsten Verordnung vom 22. December 1830.

Das Schutzpocken-Impfungsgeschäft liegt für die Zukunft in
den Hauptstädten, wo ein eigener Impfarzt aufgestellt ist, diesem,
und wie in Städten überhaupt den Stadtgerichtsärzten, dann
auf dem Lande Unseren Landgerichtsärzten gesetzlich ob, und
diese müssen die allgemeine Schutzpocken-Impfung zu gewissen
Zeiten nach der weiter unten folgenden Vorschrift vornehmen.

Doch bleibt es, wie schon gesagt worden, jedem ordentlich
approbirten Arzte (nach späterer Bestimmung nur dem zur Praxis
berechtigten Doctor der Medicin) unbenommen, in einzelnen Fällen
nach der vorgeschriebenen Norm zu impfen. Derselbe muss aber
eine jede Impfung auf seine Verantwortlichkeit zur gehörigen Zeit
controliren, die benöthigten Impfscheine ausstellen, die vorgeschriebenen Tabellen darüber führen, und diese vor Ab-

schluss eines Quartals an den Stadt- oder Landgerichtsarzt de Bezirks abgeben.

Anmerkung. Genauere Bestimmungen hierüber enthalter die §§. 14 und 21 der allerhöchsten Verordnung vom 22. De cember 1830.

Nur die Stadtgerichtsärzte in grossen und volkreichen Städter und die Landgerichtsärzte können, wenn sie es nöthig finden, sicl einen der geschicktesten und zuverlässigsten Chirurgen aus ihren Bezirk zum Gehülfen wählen, welcher aber in keinem Falle di Befugniss, für sich allein zu impfen, sondern nur unter den Auger der Stadt- und Landgerichtsärzte, bei den jährlich zwei Mal vor zunehmenden allgemeinen Impfungen, im Impfungsgeschäfte beizu helfen hat. Auch sind letztere für ihre Gehülfen darin verant wortlich.

Anmerkung. Statt der jährlich zwei Mal vorzunehmender allgemeinen Impfungen wird durch §. 5 der allerhöchsten Ver ordnung über die Schutzpocken-Impfung vom 22. December 183(jährlich nur eine ordentliche öffentliche Impfung fest gesetzt, welche mit dem 15. Mai eines jeden Jahres zu beginnel und bis zum 31. Juli zu vollenden ist.

§. 6. Durch diese Unsere Stadt- und Landgerichtsärzte wir(die öffentliche Schutzpocken-Impfung, nachdem sie sich der gelegen sten und schicklichsten Zeit wegen mit den Gerichtsobrigkeiter und den Pfarrern benommen haben, in jeder Stadt und in jeder Landgerichte zwei Mal in jedem Jahre (nach der Anmerkung zur vorhergehenden §. 5 jährlich nur ein Mal) durch alle Pfarreie vorgenommen. Den Bezirksobrigkeiten legen Wir hiermit die spe cielle Pflicht auf, zur Allgemeinmachung der Schutzpocken-Impfun und Ausrottung der Kinderpocken-Pest nach Kräften mitzuwirker bei jeder öffentlichen Impfung ihres Bezirks gegenwärtig zu seir für die genaue Führung der Impftabelle zu wachen, und für di Richtigkeit derselben sich jedes Mal zu unterzeichnen; von de durch die Aerzte gefertigten und ihnen übergebenen Impftabelle

Abschriften ad acta zu nehmen; die Tabellen selbst mit jedem Quartale an die betreffenden Landesdirectionen einzusenden, und endlich dafür zu sorgen, dass die von den Aerzten als Beweise der vollzogenen Impfung ausgestellten Impfscheine bei der Aufnahme in die Schulen, bei der Aufnahme in die Lehre, bei dem sogenannten Freisprechen, bei dem Meisterwerden, Heirathen u. s. w. in Zukunft jederzeit nachgewiesen werden.

Anmerkung. Die Zeit der ein Mal im Jahre zu vollziehenden öffentlichen ordentlichen Impfung ist durch §. 5 der allerhöchsten Verordnung vom 22. December 1830 bestimmt. Nach §. 6 derselben allerhöchsten Verordnung, ist die Vornahme der ordentlichen öffentlichen Impfung lediglich dem Gerichtsarzte, oder dessen Stellvertreter übertragen. Das Nähere hierüber enthalten die §§. 7—10. Die Gegenwart der Bezirks-Obrigkeit bei der öffentlichen Impfung, auch die Unterzeichnung der Impftabellen von Seiten dieser Obrigkeit ist aufgehoben. Vergl. §. 22 der Impf-Instruction vom 27. December 1830.

Auch haben die Aerzte, wenn Impfscheine zu Verlust gegangen, aus den bei ihnen hinterlegten Tabellen eine beglaubigte Abschrift unentgeltlich anzufertigen.

Sollten an einem Orte Kinderblattern erscheinen, so haben dieselben nach gemachter Anzeige, mit Benennung des Stadt- oder Landgerichtsarztes, sogleich vorschriftmässig dagegen zu verfahren.

Anmerkung. Nähere Bestimmungen hierüber enthalten die §§. 15—19 und 22 der allerhöchsten Verordnung über die Schutzpocken-Impfung vom 22. December 1830

Die Pfarrer und Seelsorger haben dem geeigneten Arzte die Listen der impfungsfähigen Subjecte ihres Kirchspieles jederzeit sogleich unweigerlich zu übergeben, den zur Schutzpocken-Impfung festgesetzten Tag, so wie den dazu bestimmten Ort mehrere Male von den Kirchenkanzeln und auf die sonst gewöhnlichen Arten zu verkünden, und, da Wir dieses Geschäft mit der einer so grossen Wohlthätigkeit für das Menschengeschlecht gebührenden Feier-

lichkeit behandelt wissen wollen, durch angemessene Reden un
Vorträge ihre Gemeinden mit Unserer landesväterlichen Absicht b
der Allgemeinmachung der Schutzpocken-Impfung bekannt zu mache
bei den Impfungen in ihren Districten persönlich gegenwärtig z
sein, und die Tabellen ebenfalls zu unterzeichnen.

Anmerkung. Nach §. 6 und §. 25 der allerhöchsten Ve
ordnung über die Schutzpocken-Impfung vom 22. December 183(
ist die persönliche Gegenwart der Pfarrer bei den Impfunge
auch die Unterzeichnung der Impftabellen von Seiten derselbe
nicht erforderlich. Eine Feierlichkeit findet nicht mehr Statt.

§. 7. Damit die Stadt- und Landgerichtsärzte zu jeder Ze
mit frischem und ächten Impfstoffe versehen sein können, so be
fehlen Wir ferner, dass der in der Hauptstadt einer jeden Unsere
Provinzen aufgestellte Impfarzt (für jede Provinz soll ein solche
bestehen, der den übrigen Aerzten bekannt gemacht werden mus
und an welchen sich dieselben im Falle des Bedarfs zu wende
haben) immer mit frischem und ächtem Impfstoffe versehen sei
soll. Die Medicinalsectionen Unserer Landesdirectionen, welche
die Oberaufsicht und Leitung des ganzen Schutzpocken-Impfung
geschäftes wie bisher obliegt, haben für die stete Erhaltung de
Impfstoffes vorzüglich Sorge zu tragen, welches durch geeignete
Benehmen der Impfärzte mit den Stadtgerichtsärzten und den übri
gen praktischen Aerzten, und im Nothfalle mit den nächstbefindliche
Landgerichtsärzten, keiner grossen Schwierigkeit unterliegen wir

Dieser Impfstoff wird auf Begehren jedes Mal sogleich un
unentgeltlich an die aufgestellten Stadt- und Landgerichtsärzte i
der verlangten Form, wenn die unmittelbare Mittheilung von Ar
zu Arm, welche aber immer vorgezogen werden soll, wenige
thunlich ist, abgeliefert werden.

1. Anmerkung. Schon am 15. Februar 1804 hatte de
Churfürst von Bayern einen besondern Impfarzt, Dr. Giel i
München, ernannt. In der von Seiten der Churfürstlichen La
des-Direction von Bayern diesem Impfarzte unter dem 2. Mä

1801 ertheilten Instruction wurde er angewiesen, „beständig einen hinlänglichen Vorrath von trockener Impfmaterie in allen bekannten und nur möglichen Formen bereit zu halten, um jedem Landgerichtsarzte und geprüften Chirurgen auf Verlangen abzugeben." — Nach §. D. derselben Instruction „ist die Hauptsache der Anstellung eines Impfarztes, Pseudoimpfungen zu verhüten."

2. Anmerkung. §§. 10 und 11 der Impf-Instruction vom 27. December 1830. Seit dem 2. März 1835 ist der k. Central-Impfarzt in München beauftragt, dafür Sorge zu tragen, dass er fortwährend mit einem hinlänglichen Vorrathe regenerirten, von Kühen entnommenen Schutzpockenstoffes versehen sei, um davon sämmtlichen Impfärzten des Königreiches, welche wiederholt angewiesen sind, in Zukunft ihren jährlichen Bedarf an Impfstoff nur allein von ihm zu beziehen, zu jeder Zeit abgeben zu können. Die Uebersendung des regenerirten Impfstoffes von Seiten des Central-Impfarztes an die Gerichtsärzte, geschieht alljährlich kurz vor den von den Gerichtsärzten zu beginnenden Vorimpfungen, welche den öffentlichen ordentlichen Impfungen vorhergehen. Vergl. in §. 10 der Impf-Instruction vom 27. December 1830 die nachträgliche Verfügung der k. Regierung von Ober-Bayern vom 13. März 1850. Einige Wochen noch vor Beginn der Vorimpfungen, mithin alljährlich im Monat April impft der k. bayersche Central-Impfarzt in München einige hierzu geeignete Kühe. Nachdem der von den geimpften Kühen entnommene Impfstoff durch nur wenige Generationen selbstverständlich durchaus gesunder Kinder fortgepflanzt worden, versendet der k. Central-Impfarzt diesen durch die Kuh regenerirten Stoff an sämmtliche Gerichtsärzte Bayerns, stets in flüssiger Form, in gläsernen Haarröhrchen aufbewahrt.

§. 8 bestimmt die Diäten für Impfärzte während den öffentlich vorzunehmenden Impfungen. Statt dieser Diäten gelten die im §. 23 der allerhöchsten Verordnung vom 22. December 1830 enthaltenen Bestimmungen.

§. 9. Wir gewärtigen zwar, dass Unsere Unterthanen, vo Unsern väterlichen Gesinnungen für ihr Wohl sich überzeugt halten den aus dieser Ursache hiermit erlassenen Verordnungen genaues Folge leisten, und dadurch die im Gegentheile festgesetzten Strafe vermeiden werden; doch erachten Wir noch für nothwendig, di letzteren dahin zu schärfen, dass der Vater, Pflegevater oder Vo mund eines Kindes, welches von den Kinderblattern nach Verla des zur Schutzpocken-Impfung festgesetzten Termines befallen wir sogleich nach geschehener Anzeige, welche jedem davon Kenntnis habenden ärztlichen oder wundärztlichen Individuum hiermit zu besonderen Pflicht gemacht wird, und nach der von dem Gerichts arzte erhobenen Thatsache von seiner Gerichtsbehörde auf eigen Kosten auf 3 bis 6 Tage ins Gefängniss gesetzt und sein Nam zur Warnung öffentlich bekannt gemacht werde.

Das Haus, worin ein an den Kinderblattern Kranker lieg soll, wenn derselbe nicht gleich im Anfange der Krankheit in ein dazu geeignete Anstalt gebracht und daselbst gehörig isolirt werde kann, jedes Mal ohne Ausnahme, selbst wenn es Fremde ode durch Unsere Staaten Reisende betrifft, von der Ortspolizei als da Haus eines an der Pest Erkrankten behandelt, alle Gemeinscha mit demselben möglichst aufgehoben, auch nach dem Verlaufe de Krankheit noch einer vier Wochen langen Quarantaine unterworfe und überhaupt alle jene Maassregeln getroffen werden, welch gegen Verbreitung dieser pestartigen Krankheit erforderlich sin

Uebrigens erinnern wir noch, dass es in unsern Staaten ohn alle Ausnahme, und bei einer den Umständen angemessenen un vermeidlichen Kriminalstrafe (*vide Codex juris Bav. crim. Pars. Cap. IX. §. 7.*) verboten bleibt, die Kinderblattern zu impfen, od zu ihrer Einführung und Verbreitung, auf welche Art es imm sei, thätig zu wirken.

§. 10. Da es schliesslich die Wichtigkeit des Gegenstand erheischt, dass dieser Unserer allerhöchsten Verordnung durcha so genau, als nur möglich ist, nachgekommen werde; so ermahne

Wir die sämmtlichen zur Impfung in Zukunft allein berechtigten
Aerzte, sowohl was das Impfgeschäft und die nach der Instruction
am 8ten bis 10ten Tage nöthige Untersuchung des Erfolges der
Impfung oder Controle, dann die Fertigung der Impftabellen und
Ausstellung der Impfscheine betrifft, als auch in den über die
Ausnahme von der Impfung auszustellenden Attestaten, möglichst
genau und gewissenhaft zu verfahren, indem Wir einen Jeden, der
nach genauer Untersuchung einer Fahrlässigkeit oder Unkunde
überwiesen würde, falls ein bereits geimpftes oder von der Impfung
dispensirtes Kind später mit den Kinderblattern befallen werden
sollte, unnachsichtlich an Geld, oder nach Maassgabe der Umstände, durch Suspension und öffentliche Rüge strafen werden.
München, den 27. August 1807.

Max Joseph.

Freiherr von Montgelas.

Auf königl. allerhöchsten Befehl:
v. Krempelhuber.

Die mit dieser allerhöchsten Verordnung gleichzeitig gegebene
Instruction für die in den k. bayerischen Provinzen zur Schutzpocken-Impfung berechtigten Aerzte, hat im Laufe der Zeit mehrfache auf Erfahrung begründete Vervollständigungen und Abänderungen erfahren, daher in Bezug auf die gegenwärtig in Bayern
gültige Impf-Instruction, auf die unten mitgetheilte Instruction vom
27. December 1830 verwiesen wird, in welche der Kürze und
übersichtlichen Darstellung wegen, auch die nach dem Jahre 1830
bis auf die Gegenwart erfolgten Abänderungen in die betreffenden
Paragraphen eingeschaltet sind.

14

II. Ergänzende Verordnungen in den Jahren 1810 — 1829.

Durch Specialbefehl Sr. Majestät des Königs von Bayern von 7. April 1810 wird bestimmt, dass die Strafhandlung mit denjenigen Individuen, welche die Zahlung der Geldbusse für sich, ihre Kinder oder Pflegekinder der Schutzpockenimpfung vorziehen, unmittelbar nach dem Schlusse der jährlichen allgemeinen Impfungen in jedem Gerichtsbezirke vorzunehmen ist, und dabei nicht mehr mit der bisherigen Willkühr, in Rücksicht der Erlassung eines Theiles der Strafen, verfahren werden darf, sondern dass die Gerichtsbehörden sich in Bestimmung derselben auf das Genaueste an den Buchstaben des Gesetzes zu binden, und die Strafsumme nach Maassgabe des Alters und Vermögens zu erheben haben, widrigenfalls sie selbst das an der Strafsumme fehlende Quantum nach einer billigen Schätzung zu ersetzen gehalten sein sollen. (*Dr. F. S. Giel, die Schutzpocken-Impfung in Bayern. München,* 1830. 8. *S.* 120.)

Auch werden in dem erwähnten königl. Specialbefehl alle Gerichtsärzte und Gerichtsbehörden, denen die Ausführung des Schutzpockengesetzes zunächst obliegt, ermahnt, dass bei erwiesene Nichtbeachtung der ihnen in dieser wichtigen Angelegenheit obliegenden Pflichten, jeder von der festgesetzten gesetzlichen Strafe unausbleiblich getroffen werden wird. (*Giel, S.* 122.)

Vermöge allerhöchster Entschliessung vom 22. November 1810 darf nach dem Sinne des Impfgesetzes die vorgeschriebene Geldbusse in keinem Falle in eine körperliche Strafe verwandelt werden (*Giel, S.* 132.)

Nach der Bestimmung des k. bayerischen General-Kommissariat des Isarkreises vom 11. Hornung 1811, sind die Gerichtsärzte ge halten, jedes Mal einen umfassenden Impfbericht an das k. General-Kreis-Kommissariat unmittelbar einzusenden, worin sie die bezüglichen Hindernisse, welche der Impfung noch hier und da entgegenstehen, und ihre allenfallsigen Verbesserungsvorschläge zu berühren haben; vorzüglich aber wird ihnen aufgetragen, in diesen Berichten ihre wissenschaftlichen Bemerkungen niederzulegen, wozu ihnen eine so grosse Anzahl von Impfungen Gelegenheit giebt, und welche eine um so grössere Verdienstlichkeit haben, je mehr Punkte bei der Schutzpocken-Impfung noch immer zu berichtigen oder genauer zu bestimmen sind. (*Giel, S.* 135.)

Nach der k. bayerischen Verordnung vom 20. Mai 1811, wird den Lehrern und Vorstehern aller Schulen bei Geldstrafe unbedingt untersagt, irgend ein Kind zum Unterrichte aufzunehmen, welches ihnen nicht vor seiner Annahme seinen legalen Blatter-, Impf- oder Ausnahmschein (wenn das Kind die Menschenblattern gehabt hatte) vorgewiesen hat. Die den Lehrern und Vorstehern von Schulen eingereichten Impf- oder Ausnahmscheine unterliegen der Controle der Polizei. (*Giel, S.* 137.)

Allerhöchste Entschliessungen vom 22. Juni 1809 und vom 31. December 1811 befehlen dem k. General-Kreis-Kommissariate, diejenigen Gerichtsbehörden, welche wirklich straffällige Individuen ungestraft lassen, zum Ersatze der nicht erhobenen Impfstrafgelder anzuhalten. (*Giel, S.* 149.)

Laut Ministerial-Entschliessung vom 5. August 1829 (wiederholt am 6. August 1833) werden alle, welche Kuhpocken an Kühen entdecken sollten, aufgefordert, diese gegen eine Prämie von drei Ducaten sogleich bei ihrer Obrigkeit anzuzeigen, damit durch diese das Geeignete verfügt werden kann. Letzterer Ministerial-Entschliessung ist eine kurze Beschreibung der an den Entern der Kühe vorkommenden echten Pocken beigegeben. (*G. Döllinger, das Medicinalwesen in Bayern. Erlangen,* 1817. *2 Theile. S. S.* 222.)

III. Die k. bayerische allerhöchste Verordnung über die Schut

pocken-Impfung vom 22. December 1830.

Königl. bayerisches Intelligenzblatt für den Isarkreis vom

26. Januar 1831.

(Mit Einschaltung in die betreffenden Paragraphen aller später

erfolgten, gegenwärtig gültigen Vervollständigungen und

Abänderungen.)

—

In Folge der bisherigen Erfahrungen in der Schutzpocken
impfung wurde allerhöchst verordnet:

§. 1. (Mit dem ersten April), nach der allerhöchsten Verordnung
vom 17. December 1852 (*Regierungs-Blatt für das Königreich
Bayern. No. 60. München, den 29. December 1852.*) mit de
ersten Mai eines jeden Jahres werden sämmtliche in dem zunäch
vorhergegangenen Kalender-Jahre geborene Kinder impfpflichti
und sind dem zu Folge im Laufe des Jahres der Schutzpocke
Impfung zu unterwerfen.

Es sind jedoch nach der allerhöchsten Verordnung va
17. December 1852 auch die in dem laufenden Jahre Geboren
auf freiwilliges Anmelden keineswegs von der Impfung auszuschlie
sen, jedoch sollen Kinder unter drei Monaten, ausser es wäre G
fahr auf Verzug, nicht geimpft werden.

Bei dem Ausbruche der natürlichen Blattern oder der Vari
loiden tritt die diesfalls in dem §. 16 der gegenwärtigen Veror
nung enthaltene besondere Bestimmung in Wirksamkeit.

§. 2. Zur Erfüllung der aus der Impfpflicht hervorgehend
Verbindlichkeiten findet jährlich die ordentliche öffentliche Impfu

statt. Neben derselben sind jedoch auch Privat-Impfungen zulässig. (§. 14.)

§. 3. Die Eltern, Pflegeältern und Vormünder impfpflichtiger Kinder sind gehalten, entweder diese selbst zur ordentlichen öffentlichen Impfung zu bringen, oder bei derselben durch legale Zeugnisse die gänzliche oder zeitliche Befreiung von der Impfpflichtigkeit nachzuweisen.

§. 4. Gemäss der allerhöchsten Verordnung vom 17. December 1852, tritt die gänzliche Befreiung von der Impfpflichtigkeit ein:

a) wenn das Kind mit Erfolg geimpft, oder

b) wenn die Impfung an demselben in drei nach einander folgenden Jahren erfolglos geblieben war,

c) wenn das Kind die natürlichen Blattern erstanden hat.

Zeitliche Befreiung von der Impfpflichtigkeit findet statt bei grosser Schwäche, oder Abzehrung, oder Erkrankung des Kindes an Keuchhusten, anhaltenden Fiebern, acuten Exanthemen, langwierigen Hautausschlägen, schwerem Zahnen, Syphilis und Scropheln, wenn sie mit Hautleiden, Augenentzündungen, Ohrenflüssen, heftigem Abführen, bedeutenden Drüsenanschwellungen oder Knochenauftreibungen verbunden sind.

Die zeitliche Befreiung endet mit der Genesung, und es müssen die zeither befreiten Kinder, wenn nicht die Bestimmung des §. 16 in Anwendung kommt, bei der nächstfolgenden öffentlichen Impfung ihrer Impfpflicht Genüge leisten.

Leichter Katarrh, das einfache Zahngeschäft, Rhachitis und der scrophulöse Habitus ohne deutlich ausgesprochenes Localleiden, bewirken die zeitliche Befreiung nicht.

§. 5. Die ordentliche öffentliche Impfung ist nach der allerhöchsten Verordnung vom 17. December 1852, mit dem 15. Mai (früher mit dem 15. April) eines jeden Jahres zu beginnen und bis zum 31. Juli zu vollenden.

Ihr Anfang kann jedoch von der obersten Kreis-Verwaltungsstelle in rauhen Gegenden oder bei besonderen Veranlassungen

auf eine noch spätere Zeit festgesetzt und in diesem Falle, so
auch in grösseren Städten bei dem verordnungsmässigen Beginn
ihre Dauer auch über diesen Zeitraum hinaus verlängert werd

Nach der Ministerial-Entschliessung vom 21. April 1861,
ginnen die öffentlichen Impfungen in der Stadt München,
1. Mai jeden Jahres.

§. 6. Die Vornahme der ordentlichen öffentlichen Impfung
ist dem Gerichtsarzte, oder dem Stellvertreter desselben übertrag

§. 7. Um das Erscheinen bei der ordentlichen öffentlichen I
pfung möglichst zu erleichtern, ist jeder Amts-Bezirk einer Polizei
hörde nach Erforderniss in mehrere Impfbezirke abzutheilen, u
der Impf-Ort thunlichst im Mittelpunkte des Bezirkes zu bestimm

Die von der Polizei und dem Gerichtsarzte gemeinschaftl
entworfene Eintheilung des Amts-Bezirkes in Impfdistricte, w
der Kreis-Regierung zur Bestätigung unterlegt.

Die oberste Kreis-Verwaltungsstelle hat den Umfang der Im
sprengel und die Impfstationen in denselben festzusetzen, u
dabei Sorge zu tragen, dass die letzteren nicht über zwei Stund
von den entlegensten Ortschaften des Bezirkes entfernt sind,
fern nicht die örtlichen Verhältnisse eine Ausnahme unausweichl
begründen.

§. 8. Die ordentliche öffentliche Impfung wird auf Gru
der jährlich herzustellenden Verzeichnisse aller Impfpflichtigen ei
jeden Bezirkes vollzogen. Diese Verzeichnisse sind spätestens
Monate März eines jeden Jahres nach den diesfalls ertheilten
structionen von den Pfarrern anzulegen, und von den Gerichtsärz
zu ergänzen. (Formular I. VII. Abschnitt.)

§. 9. Der Tag, an welchem die ordentliche öffentliche Impf
in jedem Impfbezirke vorgenommen werden soll, ist nach vorl
figem Benehmen mit dem Gerichtsarzte, von der Polizeibehö
zu bestimmen, und nebst dem Orte und der Stunde der Impfu
wenigstens acht Tage vorher, in allen Ortschaften des Bezir
durch die Gemeindebehörden zur öffentlichen Kenntniss zu bring

§. 10. An den festgesetzten Tagen ist die Impfung nach der diesfalls ertheilten Instruction vorzunehmen, die Untersuchung des Erfolges aber hat am 8. Tage nach der Impfung statt zu finden.

Der Arzt hat bei der Vornahme der Impfung den Erschienenen den Tag bekannt zu machen, an welchem und wo sich dieselben zur Controle der Impfung wieder einzufinden haben.

§. 11. Erst nach geschehener Controle ist die aus der Impfpflichtigkeit hervorgehende Verbindlichkeit für erfüllt zu achten, so fern Verlauf und Form der Schutzpocken regelmässig waren, wie sie in der Instruction bezeichnet sind.

Der Gerichtsarzt hat die Controle an der Impfstation zu vollziehen, und das Ergebniss sorgfältig aufzunehmen.

§. 12. Nach beendigter Controle, sind durch den Gerichtsarzt an diejenigen Impflinge, welche die gänzliche Befreiung von der Impfpflicht durch Erfüllung der vorgeschriebenen Bedingungen erlangt haben (§. 4), die mit seinem Amtssiegel versehenen Impfzeugnisse unverweilt auszustellen; die übrigen Impfpflichtigen aber zu der ordentlichen öffentlichen Impfung des nächsten Jahres zu verweisen. Bei Impfungen unehelicher Kinder ist stets der Name der Mutter in den Impfschein zu setzen, wenn nicht authentisch nachgewiesen worden, dass der Vater eines unehelichen Kindes demselben seinen Geschlechts-Namen verliehen hat. Letzterer Fall tritt nur nach vorhergegangener Erwirkung der landesherrlichen Genehmigung ein.

§. 13. Nach Ablauf der festgesetzten Impfzeit, hat der Impfarzt einen umfassenden Bericht über das Ergebniss der Impfung an die oberste Verwaltungsstelle des Regierungsbezirkes zu erstatten; gleichzeitig aber das Verzeichniss derjenigen Impfpflichtigen, welche die in dem §. 3 bezeichneten Verbindlichkeiten nicht erfüllt haben, herzustellen und der Polizeibehörde zu übergeben, damit diese ohne Verzug die gesetzlichen Einschreitungen gegen die Straffälligen einleite.

Am 13. März 1850 verordnete die k. Regierung von Ober-Bayern, dass um die wahren Ziffern Derer herzustellen, welche wegen ungehorsai Ausbleibens zur nächsten Impfung verwiesen worden, die Recherchen i die Ursachen des Ausbleibens (Formular 2, Columne 9) unmittelbar n geschehener Impfung gepflogen werden sollen. Zu diesem Ende wird Einsendungs-Termin der Impfberichte bis zum 1. September jeden Jal verlängert, für die Stadt München aber nach der Verordnung dersel k. Regierung bis zum letzten November.

§. 14. Die Befugniss, Privatimpfungen vorzunehmen, st allen zur Praxis berechtigten D o c t o r e n d e r M e d i c i n ,. nicht a den Land- und Wundärzten zu. (*Verordnung vom* 23. *Juni* 18 *Döllinger*, S. 209.) Dieselben sind verpflichtet:

1) über die vorgenommenen Privat-Impfungen besondere V zeichnisse nach den diesfalls ertheilten Vorschriften zu führ und diese jährlich am Schlusse der ordentlichen öffentlicl Impfung dem Gerichtsarzte zur Einsicht und Vergleichung den eingelieferten Privat-Impfungs-Zeugnissen gegen Zurü gabe vorzulegen;

2) über eine jede mit oder ohne Erfolg vorgenommene Priv Impfung ist den Eltern, Pflegeältern oder Vormündern Impfpflichtigen, bei der ordentlichen öffentlichen Impfu nach §. 3 der gegenwärtigen Verordnung, ein vorzulegen und dem Gerichtsarzte zu übergebendes Zeugniss auszustell

§. 15. Ausserordentliche öffentliche Impfungen finden st so oft an einem Orte die natürlichen Blattern oder die Variolou ausbrechen.

§. 16. Impfpflichtig sind in diesem Falle (§. 15) alle Kin eines jeden Alters, und daher auch die im Laufe des Jahres sel geborenen, sofern denselben weder eine gänzliche noch eine z liche Befreiung nach den Bestimmungen des §. 4 zukommt. (*II derholt in der allerhöchsten Verordnung vom* 17. *December* 18 *Regierungsblatt für das Königreich Bayern*, *No.* 60. *Müncl den* 29. *December* 1852.)

§. 17. Jeder, in dessen Hause oder Wohnung die natürlic Blattern oder die Varioloiden sich zeigen, hat unverweilt der Ob

keit die Anzeige zu machen und diese einen zur Praxis berechtigten Arzt in das Haus abzuordnen.

§. 18. Auf erhaltene Anzeige, ist durch die Polizeibehörde
im Benehmen mit dem Gerichtsarzte ohne Aufschub eine allgemeine
ausserordentliche Impfung zu veranstalten, und hierbei nach den
für die ordentliche Impfung ertheilten Vorschriften zu verfahren.

§. 19. Gleichzeitig ist auf Antrag des abgeordneten Arztes
entweder der von der Blatterkrankheit Befallene in eine eigene ab-
gesonderte Anstalt zu überbringen, oder es sind zur Aufhebung
jeder Gemeinschaft mit der Wohnung, in welcher sich derselbe
befindet, alle bei gefährlichen Epidemien erforderlichen Maassregeln
anzuordnen, und so lange die Gefahr der Ansteckung nicht gänzlich beseitigt ist, fortzusetzen.

Die k. Regierungs-Entschliessung vom 12. März 1843 ordnet an:

1) Bei vorkommenden Varicellen die Absperrung zu verfügen,
   wenn das erkrankte Individuum das 11. Jahr überschritten hat.

2) Vaccination und Revaccination im Hause des Blatterkranken
   von Polizei wegen sogleich zu verfügen.

3) Die Aerzte aufzufordern, dass sie auch das Vorkommen von
   Varicellen (Schaafblattern) ungesäumt, und zwar bei strengster
   Ahndung, der Polizei-Direction anzuzeigen haben.

4) Alle Blatternkranke in München, welche wegen Mangel an
   Raum in eigener Wohnung nicht sicher abgesperrt werden
   können, falls sie sich dazu eignen, in das allgemeine Kran-
   kenhaus abzugeben, wo (in einem von dem allgemeinen Krankenhause entfernt stehenden Gebände) die strengste Abson-
   derung geboten ist.

In Folge Ministerial-Rescriptes vom 22. December 1811, wird
Jedem und allen Aerzten durch eine besondere Bekanntmachung wieder-
holt empfohlen, im Falle des Ausbruches von natürlichen Blattern oder
Varioloiden in einem Hause, unverweilt der Obrigkeit Anzeige zu machen.
Den Aerzten wird im Unterlassungsfalle mit ergiebigen Strafen, ja
selbst mit der Einziehung der Praxis-Licenz ausdrücklich gedroht.

§. 20. Keinem Kinde ist ohne die Beibringung eines vo
schriftmässigen Impf-Zeugnisses, die Aufnahme in irgend ei
Schul-, Unterrichts- oder Erziehungs-Anstalt zu bewilligen.

§. 21. Zu der Gültigkeit eines Impf-Zeugnisses wird erforde
dass dasselbe von dem Gerichtsarzte nach einem der anliegende
Formulare 3, 4, 5 oder 7 ausgefertigt, von ihm unterschriebe
und mit seinem Amtssiegel versehen worden.

Gemäss der Ministerial-Entschliessung vom 20. November 183
sind lediglich nur die öffentlichen Impfärzte zur Ausstellung ve
Impfscheinen, Revisions-Impfscheinen und Blatter-Zeugnissen b
fugt, und Zeugnisse und Scheine dürfen nur dann berücksichti
werden, wenn sie von einem öffentlichen Impfarzte und unte
dessen amtlicher Fertigung ausgestellt sind. (*Döllinger*, *Theil*
S. 210.)

Nach der Ministerial-Entschliessung vom 26. August 1844, ist d
Gerichtsarzt für Ausstellung von Impf-Zeugnissen an diejenige, welc
von Privatärzten geimpft wurden, eine Remuneration zu fordern nic
berechtigt, weil er, gemäss §. 12 der allerhöchsten Verordnung vo
22. December 1830, amtlich verpflichtet ist, denen, welche die E
füllung der in §. 4 aufgeführten Bedingungen durch Vorlage d
§. 3 (*vergl.* §. 14.) erwähnten Zeugnisses nachweisen, die Imp
scheine auszustellen, und weil gemäss §. 23 nur für öffentlich
Impfungen Remunerationen von 8 bis 12 Kr. bewilligt werde
(*Döllinger*, *Th.* 1 *S.* 210.)

§. 22. Den in den Verordnungen bestimmten Strafen unte
liegen:

1) Aeltern, Pflege-Aeltern oder Vormünder, welche den in d
   gegenwärtigen Verordnung enthaltenen Vorschriften zuwid
   handeln.

2) Wer bei dem Ausbruche der Blatternkrankheit die in de
   §. 17 der gegenwärtigen Verordnung enthaltenen Vorschrift
   vernachlässigt, oder die gegen die weitere Ansteckung g
   troffenen Vorkehrungen auf irgend eine Weise verletzt.

3) Vorsteher von Schulen, Unterrichts- oder Erziehungs-Anstalten, welche die in dem § 20 der gegenwärtigen Verordnung gegebene Vorschrift übertreten.

4) Aerzte, welche die denselben bei Privat-Impfungen und bei dem Ausbruche von Blatternkrankheiten obliegenden Verbindlichkeiten vernachlässigen.

§. 23. Rücksichtlich der Kosten der öffentlichen Schutpocken-Impfung wird Folgendes bestimmt:

1) Die Aerzte sollen als nicht zu überschreitendes Maximum für jede gelungene oder als solche zu betrachtende öffentlich geschehene Impfung in den Städten und grösseren Märkten 8 Kreuzer, und auf dem Lande 12 Kreuzer, einschliesslich des etwa zur Impfung nöthigen Gehülfen und der Reisekosten, dann der den Kindern als Mutterimpflinge ertheilten Geschenke, künftig zu beziehen haben.

Nach der Ministerial-Entschliessung vom 26. August 1844, dürfen die Gerichtsärzte für Privatimpfungen das in der Medicinaltaxe für kleine Operationen bewilligte Honorar von 1—10 Gulden beziehen. (*Döllinger*, *Th 1, S*. 212.)

2) Zu der Berechnung über diese Bezüge sind auch noch die Kosten auf den Druck der Impfconscriptions- und Impflisten, dann der General-Conspecte und Impfscheine beizuschlagen.

3) Nachdem das Geschäft der jährlichen Schutzpocken-Impfung in einem jeden Kreise vollendet ist, sollen die nach 1 und 2 des vorstehenden Paragraphen erlaufenden Impfkosten eines jeden Amtsbezirkes, von den Kreis-Regierungen gehörig zusammengestellt, und mit Rücksichtnahme auf die Resultate der Impf-Acte revidirt, und der Betrag welcher hiernach und nach Absch'ag der den betreffenden Gemeinden zu gut kommenden gesetzlichen Impfstrafen übrig bleibt, sogleich auf die im Gemeinde-Umlagen-Edicte vom 22. Juli 1819 vorgeschriebene Weise, erhoben und gehörig verwendet werden.

4) Die bisher vom Aerar bestrittenen sonstigen allgemeinen Kosten

auf das Impfwesen, werden fernerhin auf dasselbe übernommen, jedoch ist über diese besonders vorkommenden Kosten immerhin erst gehörige Anzeige und Nachweisung zur allerhöchsten Genehmigung vorzulegen.

§. 24. Die zur Anwendung der vorstehenden Grundbestimmungen noch erforderlichen instructiven Weisungen, werden den betreffenden Behörden durch besondere Entschliessungen zugefertigt werden.

§. 25. Diese Unsere Verordnung soll mit Aufhebung aller älteren entgegenstehenden Verordnungen, von dem 1. März 1831 an in Wirksamkeit treten, und ist durch das Regierungsblatt bekannt zu machen.

Vor der Hand und bis zur Einführung eines neuen Straf-Gesetzbuches, behalten jedoch die in den dermal bestehenden Verordnungen enthaltenen Strafbestimmungen noch ihre Gültigkeit. Unser Staats-Ministerium des Innern ist mit dem Vollzuge beauftragt.

München, den 22. December 1830.

Ludwig.

v. Schenk.

Auf königlich allerhöchsten Befehl:
Der General-Secretair
Fr. v. Kobell.

IV. Ueber die in Bayern gesetzlich eingeführte Verwendung
der Retrovaccinlymphe, und die Versendung dieser alljährlich
frisch regenerirten Lymphe von Seiten der Münchner Central-
Impfanstalt an alle k. bayerischen Gerichtsärzte.

Vor Mittheilung der mit vorstehender allerhöchsten Verordnung
am 27. December 1830 erschienenen „Instruction für den Vollzug
der Verordnung für die Schutzpocken-Impfungen" möchte angemessen sein der vergleichenden Beobachtungen zu erwähnen, die
der gegenwärtige königl. bayerische Central-Impfarzt in München,
Dr. Reiter, mit originairem Impfstoff direct von den Pocken einer
Kuh entnommen, und solchem Kuhpockenstoffe angestellt hat, welcher bereits durch mehrere Hunderte von Menschen von einem
auf den andern übertragen worden war, ferner der Erfahrungen
des Dr. Reiter zu gedenken, die durch die Impfung vom Menschen auf die Kuh, und von letzterer wiederum auf den Menschen,
(Retrovaccination), nach wiederholter und genauer amtlicher Be-
prüfung eine sehr wesentliche auch gegenwärtig durchaus gültige Modification der Instruction für den Vollzug der Verordnung für die
Schutzpocken-Impfung vom 27. December 1830 (§. 10) herbeiführten.

Die *Bayerischen Annalen vom 8. October* 1833 *No.* 122, *Blatt
für Vaterlandskunde No. XLI.*, enthalten diese Beobachtungen über
die Schutzpocken-Impfung des Dr. Reiter. Ein Auszug hiervon
steht in seinem Buche: „*Beiträge zur richtigen Beurtheilung und
erfolgreichen Impfung der Kuhpocken*". *München* 1846. *S.
S.* 150 *und folgende;* einen gedrängten Auszug aus dieser Schrift
enthalten die *Schmidt'schen Jahrbücher der gesammten Medicin.*
1849. *Bd.* 64. *S.* 138—139.

Das Wesentliche davon, soweit es die Instruction für den Voll-

zug der Schutzpocken-Impfung im Königreiche Bayern betrifft, i
in Nachstehendem enthalten.

Professor Dr. Ritter in Kiel, schrieb am 11. April 1830 dei
Dr. Reiter, damals functionirendem Landgerichts-Arzt in Bruck
mithin auch öffentlichem Impfarzte: „Hierbei folgt primitive, vo
den Zitzen einer Kuh aufgenommene Lymphe mit No. I. bezeich
net." Mit diesem Stoffe stellte Dr. Reiter im Jahre 1830 Impt
versuche an Kindern in der Art an, dass er auf dem rechte
Arme mit diesem Holsteiner Stoffe, auf dem linken mit dem vo
dem k. bayer. Central-Impfarzte Dr. Giel aus München erhaltenei
durch mehrere Hunderte von menschlichen Generationen durchge
gangenen Stoffe impfte. Das Resultat war, dass der frische Holsteine
Stoff ausgezeichnetere Kuhpocken und Zufälle eines heftigere
örtlichen und grösseren allgemeinen Leidens verursachte, als de
schon durch viele hundert Menschen fortgepflanzte Münch'ner Stofl

Seit dem Jahre 1830 verimpfte Dr. Reiter alljährlich i
Frühlinge den durch Kinder durchgegangenen Holsteiner Stoff ai
die Zitzen milchender Kühe. Es ergiebt sich aus seinen Beobach
tungen, dass wenn man Kuhpockenstoff, der schon sehr oft durc
Menschen durchgegangen ist, auf eine Kuh verimpft, auch diese
Stoff bei dem Verimpfen von der Kuh auf den Menschen, den Or
ganismus örtlich und allgemein viel heftiger ergreift, als der scho
durch viele menschliche Organismen durchgegangene. Schon i
Jahre 1831, und später sehr häufig; theilte Dr. Reiter erfahrene
Impfärzten regenerirten Kuhpockenstoff mit, und dieselben fandei
dass er sich vor dem bisher gebrauchten alten Impfstoffe wesent
lich auszeichnete.

Das k. bayerische Ministerium des Innern liess die Wirkunge
des durch den Dr. Reiter regenerirten Kuhpockenstoffes, vel
gleichsweise mit den Wirkungen des durch viele Generationen fort
gepflanzten Impfstoffes durch zwei ärztliche Commissionen unter
suchen, die ihn für vorzüglicher als den alten anerkannten, un
die allgemeine Einführung desselben in Bayern beantragten.

Unter dem 11. November 1834 erhielt Dr. Reiter den ministeriellen Auftrag, immer mit einer hinlänglichen Menge regenerirten Impfstoffes versehen zu sein, um davon sämmtlichen Impfärzten des Königreiches abgeben zu können, welche bereits höchsten Orts angewiesen worden waren, in Zukunft nur mit regenerirtem Impfstoffe zu impfen.

Am 2. März 1835 eröffnete die königl. Regierung des Isarkreises dem Dr. Reiter wie folgt:

„Da nach dem Gutachten der zur Untersuchung verschiedener Impfstoffe aufgestellten ärztlichen Commission, der von dem praktischen und gegenwärtigen Gerichtsarzte Dr. Reiter zu Miesbach aufgefundene und regenerirte Impfstoff, sich sowohl hinsichtlich der Form als des Verlaufes unter allen übrigen Impfstoffen als der vorzüglichste bewährt hat, so wird der k. Gerichtsarzt Dr. Reiter in Folge des Ministerial-Rescriptes vom 11. November 1834 hiermit angewiesen, dafür Sorge zu tragen, dass er fortwährend mit einem hinlänglichen Vorrathe dieses regenerirten Stoffes versehen sei, um davon sämmtlichen Impfärzten des Königreiches, welche bereits angewiesen sind, in Zukunft ihren jährlichen Bedarf an Impfstoff nur allein von ihm zu beziehen, zu jeder Zeit abgeben zu können."

Am 11. März 1835 wurde von der k. Regierung des Isarkreises dem k. Central-Impfarzt Dr. Reiter vorgeschrieben, die Gerichtsärzte des Königreiches unverweilt mit regenerirtem Impfstoffe zu versehen.

Alle öffentliche Impfärzte des Königreichs Bayern, über 300 an der Zahl, waren von dem k. Ministerium des Innern zu einem Gutachten über den regenerirten Impfstoff nach den Beobachtungen, die sie mit denselben gemacht hatten, aufgefordert worden. Nachdem diese Gutachten bei dem Ministerium eingegangen waren, eröffnete unter dem 15. April 1836 die königl. Regierung des Isarkreises, in Folge des königl. bayerischen Ministerial-Rescripts vom 3. April 1836, nachstehende Resultate der gesetzlichen Schutzpocken-

Impfung vom Jahre 1835 dem königl. Central-Impfarzte Dr. Reiter „Da nach dem Urtheile sämmtlicher Gerichtsärzte des König reiches, der regenerirte Impfstoff des königlichen Central-Impfarzte Dr. Reiter bei der für 1835 stattgefundenen Schutzpocken-Impfung sich in Bezug auf die Sicherheit der Wirkung und auf die Entwickelung und Form der Blattern, sowie auf die locale und allgemeine Reaction im Organismus der Impflinge als vorzüglich bewährt hat, so wird die königl. Regierung des Isarkreises, Kamme des Innern, den genannten Arzt von diesem befriedigenden Resul tate mit der Weisung in Kenntniss setzen, Sorge zu tragen, das die Gerichtsärzte des Königreiches fortwährend mit gleich gutem re generirten Impfstoffe für die vorzunehmenden Impfungen verschen werden."

Das *k. bayerische Intelligenz-Blatt für den Isarkreis* 1836 *München.* 4. *S.* 1232, veröffentlicht nachstehende Bekanntmachung der königl. bayerischen Regierung des Isarkreises, Kammer de Innern, vom 13. August 1836, sämmtlichen Gerichts- und praktischen Aerzten des Isarkreises: In Folge königl. Ministerial-Rescriptes von 1. August 1836, werden sämmtliche Gerichts- und praktische Aerzte wiederholt angewiesen, die Schutzpocken-Impfung, gemäss königl Ministerial-Entschliessung vom 14. November 1834, nur mit rege nerirtem Impfstoffe, welcher von dem königl. Central-Impfarzte Dr. Reiter in München zu erholen ist, vorzunehmen. Hiernach ist sich zu achten.

Seit Mitte März 1835 wird von der k. bayerischen Central-Impf anstalt in München nur regenerirter Kuhpockenstoff, stets in flüssige Form, in Glasröhrchen enthalten, versendet.

Das *k. bayerische Intelligenz-Blatt für den Isarkreis* 1836 *München.* 4. *S.* 833, veröffentlicht in Gemässheit königl. Ministerial Rescriptes vom 3. April 1836, eine Darstellung der Methode de königl. Central-Impfarztes Dr. Reiter zur Regeneration der Schutz pockenlymphe zur Nachricht und geeignetem Gebrauch.

Nach vielen vergeblichen Bemühungen des Dr. Reiter originair

Pocken an Kühen in Bayern aufzufinden, gelang es ihm im Juni 1845 in dem Dorfe Schwabing, dicht bei München, und im März 1847 in dem Dorfe Perlach, eine Meile von München. In beiden Fällen fand sich der Stoff nur an einer Kuh, und wurde mit vollständigem Erfolge auf den Menschen geimpft und weitergeimpft, alljährlich aber im Frühlinge vom Menschen wieder auf die Kuh verimpft, um auf diese Weise frische Retrovaccinlymphe in beliebiger Menge zu erzeugen.

V. Instruction vom 27. December 1830 für den Vollzug der Verordnung vom 22. December 1830 für die Schutzpocken-Impfung.

Aus dem königl. bayerischen Intelligenz-Blatte für den Isarkreis.

IV. Stück. Vom 26. Januar 1831.

(*Mit Einschaltung in die betreffenden Paragraphen aller später erfolgten, gegenwärtig gültigen Vervollständigungen.*)

—

I.
Von der Herstellung der Impflisten.

§. 1. Bis zum 10. März eines jeden Jahres, hat jeder Pfarrer nach dem unter Ziffer 1. anliegenden Formulare (Abschnitt VII.), ein Verzeichniss sämmtlicher im zunächst vergangenen Jahre geborenen Kinder aus dem Pfarrbezirke anzufertigen.

Der Pfarrer schöpft dieses Verzeichniss:

a) in Ansehung der im Bezirke selbst Geborenen aus den Pfarr-Registern,

b) in Ansehung der ausser dem Bezirk Geborenen, die aber gegenwärtig in demselben ihren bleibenden Aufenthalt haben, aus den Angaben der Aeltern, Pflegeältern, oder Vormünder, den etwa vorhandenen amtlichen Verhandlungen u. dergl.

Die im Bezirke Geborenen, welche zur Zeit der Herstellung der Liste wieder gestorben sind, oder an einem andern Orte ihren bleibenden Aufenthalt haben, sind zwar das Verzeichniss einzutragen, es ist jedoch auch von d Tode oder der Auswanderung in dem Verzeichnisse V merkung zu machen.

§. 2. Der Pfarrer hat die sieben Rubriken der pfarrämtlich Conscriptionsliste für die Impfpflichtigen seines Pfarrbezirkes v ständig auszufüllen. (Formular 1.)

§. 3. Die auf solche Weise hergestellten Impflisten sind v den Pfarrern unverzüglich dem Gerichtsarzte einzuliefern.

Der Letztere hat in dieselben sofort bei jeder Gemeinde d jenigen Impfpflichtigen einzutragen, welche in früheren Jahren ç boren, oder bei der öffentlichen Impfung des zunächst vorherç gangenen Jahres entweder wegen Krankheit gar nicht, oder do ohne Erfolg geimpft, und daher zur ordentlichen öffentlichen Impfu des nächsten Jahres verwiesen worden sind, oder bei welchen (Aeltern, Pflegeältern oder Vormünder, der in dem §. 3 der Vero nung vom 22. December 1830 bezeichneten Verbindlichkeit ni Genüge geleistet haben.

Es ist dabei aus den Columnen 7, 8 und 9 des beigegeben Formulares 2 die Ziffer, unter welcher das impfpflichtige Kind der Liste des Vorjahres vorkommt, genau anzugeben, u diese Angabe bei solchen Kindern, welche mehrere Jahre hindu zur Impfung des nächstfolgenden Jahres verwiesen wurden, auf (Listen aller dieser Jahre zu erstrecken.

§. 4. Die ergänzten Listen übergiebt der Gerichtsarzt spä stens bis zum 15. März der Polizeibehörde, welche dieselben dann zu revidiren und zu berichtigen, hiernach aber mit Hinw lassung der Gestorbenen und aus dem Gemeindegebiete Ausgew derten, für jeden Impfbezirk nach alphabetischer Ordnung (Gemeinden, Ortschaften und Impfpflichtigen eine vollständige ' belle nach dem unter Ziffer 2 beigefügten Fomulare anzulegen, t darin die Columnen 1—8 auszufüllen hat.

§. 5. Diese Impftabellen sind vor Ablauf des Monats M

von der Polizeibehörde dem Gerichtsarzte zuzustellen, damit auf
Grund derselben die ordentliche öffentliche Impfung vollzogen
werde. (Formular 2.) Noch vor Anfang der öffentlichen Impfungen
trägt der Gerichtsarzt den Erfolg der Impfung derjenigen Kinder
ein, welche im vorhergegangenen Jahre, obschon damals nicht
impfpflichtig, doch freiwillig zur Impfung gestellt wurden.

§. 6. An den Impfungs- und Controltagen hat der Gerichtsarzt in die Hauptcolumnen 10, 11 und 12 und in die Unterabthei-
lungen derselben (Formular 2) das Geeignete einzutragen und
ins Besondere das Datum des übergebenen Zeugnisses und den
Namen des Arztes aufzuführen, der das Zeugniss über die vollzogene Privatimpfung ausgestellt hat.

§. 7. Die einzelnen Impftabellen einer jeden öffentlichen
ordentlichen Impfung, in welchen alle an dem festgesetzten Impf-
tage erschienenen Kinder verzeichnet worden, sind nach beendeter
Controle von dem Gerichtsarzte zu unterzeichnen und von ihm
aufzubewahren.

§. 8. Vorstehende Bestimmungen finden auch bei Herstellung
der Impflisten für ausserordentliche Impfungen analoge Anwendung.

§. 9. Die zur Vornahme einer Privatimpfung berechtigten
Aerzte, nur Doctoren der Medicin, nicht aber Land- und
Wundärzte, haben darüber ein tabellarisches Verzeichniss zu
führen, in welchem:

1) die fortlaufende Zahl der Geimpften,

2) der Name des Gemeindebezirkes,

3) der Name der Ortschaft,

4) der Familien- und Taufname des Geimpften,

5) der Name und Stand des Vaters oder der Mutter, der Pflegeältern oder des Vormundes,

6) Tag, Jahr und Ort der Geburt,

7) das Resultat der Impfung, ob nehmlich mit oder ohne Erfolg
   geimpft worden? — genau anzugeben, und bei Kindern,
   welche früher schon ein oder mehrere Male geimpft worden

sind, Tag und Jahr mit Bezugnahme auf die entspreche
Ziffer der älteren Listen anzuführen; bei den ohne Erf
gebliebenen Impfungen aber die Art der Abweichung
Form und in Verlauf zu beschreiben.

II.

Von der Herbeischaffung des Impfstoffes.

§. 10. Die zeitherige Benutzung des Impfstof
aus Gebäranstalten und Findelhäusern ist aufgehob
da seit dem 2. März 1835 der königl. Central-Impfarzt in Münel
angewiesen ist, dafür Sorge zu tragen, dass er fortwährend
einem hinlänglichen Vorrathe regenerirten Schutzpockenstoffes v
sehen sei, um davon sämmtlichen Gerichtsärzten des Königreicl
welche wiederholt angewiesen sind, in Zukunft ihren jährlicl
Bedarf an Impfstoff nur allein von ihm zu beziehen, zu jeder i
abgeben zu können.

Nach dem Ministerial-Rescript vom 4. April 1838, wird
Seiten der Königl. Central-Impfanstalt in München, der Stoff zu
alljährlichen Vorimpfungen an die königl. Gerichtsärzte stets
flüssiger Form, ganz frisch regenerirt, versendet.

Zur Vermeidung von Störungen im Impfgeschäfte, verfü
am 13. März 1850 die königl. Regierung von Ober-Bayern, c
die öffentliche Impfung nicht eher ausgeschrieben werde, als
Gewissheit vorhanden ist, dass die Vorimpfung gehörig angesel
gen habe.

Die Fortimpfungen bei den öffentlichen wie bei den Pri
Impfungen haben von Arm zu Arm zu geschehen. (*Minister
Rescript vom 4. April* 1838.)

Nur vom 6—8., am längsten bis zum 9. Tage nach der
pfung, nur von gesunden Kindern, und nur aus regelmässig
nicht aufgekratzten oder gequetschten Pusteln, ist der Impfstoff
Fortpflanzung zu wählen.

§. 11. Der Impfstoff darf nur in flüssiger Form, in Haarröhrchen aufbewahrt und versendet werden.

§. 12. Fällt aus, in Folge der im §. 10 erwähnten späteren Verordnung vom 2. März 1835.

§. 13. Zeigen sich die Schutzpocken an einer gesunden Kuh, so sind mit der reifen Lymphe derselben, auch ausser der Zeit der allgemeinen Impfung, so viele Kinder als möglich zu impfen, und diese Impfungen von Arm zu Arm, wenn es geschehen kann, bis zur allgemeinen Impfung fortzusetzen.

Die betreffende Kreisbehörde ist davon jederzeit schleunigst in Kenntniss zu setzen.

III.

Von dem ärztlichen Verfahren bei und nach der Impfung.

§. 14. Die Spitze einer gewöhnlichen Lanzette, oder einer eigens dazu verfertigten platten Impfnadel von Stahl oder Elfenbein, wird in den wulstigen Rand, nie aber in die Mitte der Mutterpustel, eine halbe bis eine Linie tief eingesenkt, und auf diese Weise mit Lymphe geschwängert.

§. 15. Fällt aus, in Folge der im §. 10 erwähnten späteren Verordnung vom 2. März 1835.

§. 16. An jeden Arm sind im Umfange beiläufig eines 12Kreuzerstückes vier, oder am nämlichen Arm im Umfange eines 24Kreuzerstückes acht gleich weit von einander entfernte Einstiche zu machen.

§. 17. Von den Pusteln der Kinder, welche zur Mittheilung des Stoffes gebraucht werden, müssen wenigstens zwei unberührt bleiben.

§. 18. Der geimpfte Arm ist eine halbe Viertelstunde lang, besonders wenn Blut aus der Wunde floss, unbedeckt zu lassen.

Den Begleitern der Kinder ist einzuschärfen, dass die Kinder die Impfpusteln nicht berühren oder aufkratzen, noch die mit Impfgift verunreinigten Finger an die Augen oder Lippen bringen dürfen.

3

IV.

Characteristische Zeichen der Schutzpocken und ihrer Narben.

§. 19. Es wird vorausgesetzt, dass jeder Impfende Form n Verlauf der ächten und unächten Kuhpocken kenne. Als wese liche Zeichen der Schutzkraft werden aber besonders die folgend gefordert:

a) die Bildung der Pockenknötchen darf nicht vor dem 3. Ta sie kann jedoch später beginnen.

b) Das Fieber am 6., 7., 8. und 9. Tage darf nicht fehlen.

c) Die Pustel muss am 8. (selten an einem späteren) T erbsengross, kreisrund, hart, in der Mitte vertieft, mit hel Lymphe gefüllt, von einem rothen, geschwollenen, hart schmerzenden, 3—4 Linien breiten Hofe umgeben sein.

d) Der Pockenschorf soll dunkel- (mahagoni) braun oder schwa hart, hornartig, dick und mehr flach als gewölbt sein.

e) Die Narben am 30. Tage nach der Impfung sollen bein kreisrund, wenig vertieft, und im Grunde mit 3 bis 8 k nen Grübchen, noch besser zugleich mit strahlenähnlic Furchen besetzt sein. Die Ausdehnung der Narbe ist glei zeitig.

Die Zeit der Erscheinung der Knötchen erfährt der Arzt du die Angehörigen des Kindes, von der Gegenwart des Fiebers ül zeugt er sich entweder am Controltage, oder gleichfalls durch Bericht der Angehörigen; von der Beschaffenheit der Pockenpus an demselben Tage.

Zur Ertheilung des Schutzpocken-Impfungs-Scheines (For lar 3) müssen wenigstens zwei ächte Vaccinepusteln entstan sein.

Nach der k. b. Ministerial-Entschliessung vom 20. Septen 1839 wird Kindern, bei welchen nur eine ächte Vaccinen entstanden, ein Interims-Schein (Formular S) über die entstandene Vaccination mit dem ausdrücklichen Beisatze ertheilt, nach fünf Jahren der Impfung sich wieder zu unterziehen, — da nach den bisher gemachten Erfahrungen bei Entstehung einer normal beschaffenen Vaccinepustel die Impfungen in den nächsten drei Jahren ohne allen Erfolg zu sein pflegten, und selbst erst nach 5 bis 6 Jahren die Impfung nur bei Wenigen mit einer Wirkung auf die Haut verbunden war.

Die k. Districts-Polizeibehörden und Gerichtsärzte haben über die mit einer ächten Pustel Vaccinirten eigene Verzeichnisse zu führen, und dem Impfacte eines jeden Jahres mit Angabe der Zeit der geschehenen Impfung beizulegen, immer aber dafür zu sorgen, dass die Betheiligten nach Ablauf von fünf Jahren, namentlich zur Wiederholung der Impfung, vorgeladen werden.

Die Resultate dieser wiederholten Impfungen sind immer bei dem betreffenden Impfacte speciell beizulegen.

§. 20. Es geschieht in einigen seltenen Fällen, dass die Schutzpocken sich später entwickeln; dieses hindert aber ihre Schutzkraft durchaus nicht. Für diese Fälle ist die Controle an einem späteren Tage zu halten.

§. 21. Man erwartet mit Zuversicht von den Impfärzten, dass sie gelegentlich die Geimpften auch ausser den Controltagen besichtigen, in so fern es ihre übrigen Amtsgeschäfte gestatten, um Form und Verlauf der Pocken zu beobachten, und dass sie überhaupt diesem höchst wichtigen Gegenstande ihre ganze Aufmerksamkeit widmen werden. In dem den Gerichtsärzten vorgeschriebenen Schema für die Abfassung ihrer Jahresberichte wird in Betreff der Vaccination und Revaccination ihnen aufgegeben, ihre Wünsche und Anträge zu erörtern. (*Königl. Bayer. Kreis-Amtsblatt von Ober-Bayern. München. No. 49. 31. Mai 1858. S. 969.*)

V.

Von dem Rechenschaftsberichte nach beendeter Impfung,

§. 22. Binnen vier Wochen nach beendeter Impfung hat d Gerichtsarzt einen umfassenden Bericht über das Ergebniss d Impfung an die oberste Verwaltungsstelle des Regierungsbezirk zu erstatten, und diesen der Districts-Polizeibehörde sammt d Original-Impftabellen zuzustellen, damit diese vorerst davon Ei sicht nehme, die ihren Wirkungskreis betreffenden Notizen dara schöpfe, und sodann den Bericht mit ihren etwaigen besonder Bemerkungen binnen 14 Tagen einbefördere.

Die besagte Behörde hat dabei jedes Mal eine aus den Imj tabellen zu nehmende summarische Zusammenstellung der G sammtzahl

1) der Geimpften,

2) der zur Impfung des nächsten Jahres Verwiesenen,

3) der wegen Erstehung der natürlichen Blatternkrankheit v der Impfung Befreiten eines jeden Impfbezirkes, mit Beibehaltu der für die Impftabelle (Formular 2) vorgeschriebenen Untera theilungen der Columnen 10, 11 und 12 vorzulegen, die Impft belle selbst aber sogleich dem Gerichtsarzte zurückzugeben.

(L. S.)   München 27. December 1830.

VI. Bestimmungen über die Revaccinationen im Civilwes und im Militair.

Die gesetzlichen Bestimmungen über die Revaccinati in Bayern werden der besseren Uebersicht wegen in Nachs hendem zusammengefasst. Die Verordnungen für das Civilwes

sind von den für Unterofficiere, Soldaten und deren Frauen bestehenden wesentlich verschieden. Die Ausführung der Revacci-
nations-Verordnungen für das Civilwesen liegt, wie auch fast die
ganze Vaccination, hauptsächlich den Gerichtsärzten ob.

1. Revaccinations-Gesetze, das Civilwesen in Bayern betreffend.

Durch Ministerial-Entschliessung vom 23. März 1836 wurde
bekannt gemacht, dass die Kuhpocken-Impfung nicht Jeden für
die Lebensdauer schützt, dass vielmehr unbestreitbar ist, dass die
Empfänglichkeit für Menschenblattern bei vielen nach 10—15 Jahren, blos mit Milderung des Krankheits-Characters, wiederkehrt.
Diese wiederholte Empfänglichkeit wird durch die Revaccination
beseitigt, welche die Staatsregierung nicht gebietet, doch als ein
untrügliches Schutzmittel mit bewährter Lymphe zu vollziehen empfiehlt. (*Döllinger*, *Th.* 1, *S.* 230.) Nach der Verordnung vom
6. April 1836, wird die Revaccination der schon Geimpften nach
einem Zeitraume von 10—15 Jahren empfohlen. Jeder approbirte
Arzt ist hierzu berechtigt, der Gerichtsarzt hierzu verpflichtet. Jeder approbirte Arzt hat dem Gerichtsarzte, und dieser jährlich die
Zahl der bewirkten Revaccinationen der königl. Kreis-Regierung
anzuzeigen. (*Döllinger*, *Th.* 1, *S.* 209.)

Durch Ministerial-Entschliessung vom 22. Juli 1844, wird von
allen Einleitungen zu einer zwangsweisen Einführung der Revaccination abgestanden, und zu weiterer Verbreitung derselben verordnet, lediglich den im Ministerial-Ausschreiben vom 23. März
1836 vorgezeichneten Weg weiter zu verfolgen. Demnach haben
alle berechtigten Aerzte die Förderung der Revaccination nachdrücklich zu empfehlen; die für Erziehungs-Anstalten und andere
Communitäten aufgestellten Aerzte haben dieselbe, sobald sie verlangt
wird, unweigerlich vorzunehmen. In keinem Falle darf aber
deshalb ein Zwang Statt finden, sofern nicht in Erziehungs-

häusern und andern ähnlichen öffentlichen Anstalten bei dem Au
bruche der natürlichen Blattern in denselben, die Revaccinatie
als ein zur Verhütung weiterer Ansteckung nothwendige polize
liche Sicherheits-Maassregel erkannt und angeordnet werden sollt

Ausserdem sind von Zeit zu Zeit Erinnerungen, Belehrunge
und Bekanntmachungen ärztlicher Erfahrungen zu erlassen, ur
die Vorschriften des §. 18 der Verordnung vom 22. December 18?
mit Nachdruck zu erfüllen. (*Auf Allerhöchsten Befehl.*)

Auf Grundlage der Ministerial-Entschliessung vom 27. Decen
ber 1847, wurde sämmtlichen Districts-Polizeibehörden und G
richtsärzten eröffnet:

1) Revaccinationen sollen künftig nur in folgenden Fällen g
fordert werden:

   a) wo keine characteristischen Impfnarben, und

   b) kein amtliches Impfprotokoll die mit Erfolg geschehe
   Impfung nachweisen.

2) Jeder Impfarzt hat daher, wo characteristische Impfnarbe
oder das Impfprotokoll Zeugniss einer Impfung ablegen, ur
der Impfschein verloren gegangen ist, ein neues Impfzeu
niss auszufertigen.

   Eine solche Revaccination kann sowohl von einem G
   richts- als von einem praktischen Arzte vorgenommen we
   den. Die Gebühren hierfür sind dieselben wie für die er
   malige Impfung, jedoch hat der die Revaccination vorne
   mende Gerichtsarzt ebenfalls die für eine Privat-Impfu
   zulässigen Gebühren anzusprechen.   .

3) Die Anstellung der Zeugnisse über dergleichen Revacci
tionen ist denselben Förmlichkeiten unterworfen, welche
die erstmalige Impfung vorgeschrieben sind. Es darf dal
weder das Zeugniss eines Privatarztes als gültiges Impfze
niss im Sinne des §. 21 der allerh. Verordnung vom
December 1830 betrachtet werden, noch wird diese Gült
keit durch die blose Contrasignirung von Seiten des (

richtsarztes bewirkt, sondern letzterer hat entweder auf Grund der von ihm vorgenommenen Revaccination, oder falls diese von einem Privatarzte vorgenommen wurde, auf Grund eines beglaubigten Zeugnisses dieses Privatarztes, ein Impfzeugniss auszustellen, wie in §. 21 der Verordnung vom 22. December 1830, beziehungsweise in dem Formular 7 hierzu vorgeschrieben ist.

4) Für die Ausstellung eines solchen Zeugnisses darf der Gerichtsarzt, es mag die Wiederimpfung von ihm selbst, oder von einem Privatarzte vorgenommen worden sein, den Betrag von 36 Kreuzern fordern; dieselbe Gebühr hat auch der Privatarzt für das von ihm zum Zwecke der Production bei dem Gerichtsarzte auszustellende Zeugniss in Anspruch zu nehmen.

In der Regierungs-Entschliessung vom 17. August 1853 ist bemerkt, dass nach dem gerichtsärztlichen Schlussberichte der Blatternepidemie im Landgerichts-Bezirk Laufen, die Ausbreitung der Blattern auch dadurch vorzüglich Nahrung findet, dass Personen aus dem benachbarten Oesterreich häufig in Bayern in Dienste treten, welche nie geimpft wurden. Demnach erhalten sämmtliche Districtspolizeibehörden, die k. Polizei-Direction München, der Central-Impfarzt und alle k. bayer. Gerichtsärzte den Auftrag, jeden in Bayern in Dienst tretenden Ausländer zum Nachweise aufzufordern, ob er geimpft sei oder nicht, und im letzteren Falle denselben der Impfung zu unterwerfen, im Weigerungsfalle aber den Dienstes-Antritt zu verweigern und wieder zurückzuweisen.

Ferner ist es auch ganz angemessen, dass alle Kinder vor ihrem Austritte aus der Feiertagsschule, der Revaccination unterworfen werden.

Gemäss der Entschliessung des k. Staatsministeriums des Innern vom 28. Februar 1857, ist der Conspect über die Revaccinationen nach dem Formular 10 anzufertigen.

2. Revaccinations-Gesetze, das Militair in Bayern
betreffend.

Durch Ministerial-Entschliessung vom 6. April 1827, wurde d
Revaccination zwangsweise beim Militair durch nachstehenc
Bestimmungen eingeführt:

1) Alle Soldaten und zugehende Conscribirte sollen, ungeacl
tet ihrer Angaben und Impfscheine von ihren Orts- u
Landgerichtsbehörden vaccinirt worden zu sein, genau unte
sucht werden, ob bei ihnen die characteristischen Kuhpol
kennarben an den Impfstellen vorhanden sind, oder Narbe
überstandener natürlicher Blattern gefunden werden od
nicht,

2) dieselben sogleich einer neuen Impfung mit ächtem Vaccin
stoff, und bei fehlender Haftung wenigstens drei Mal zu u
terwerfen. Durch gehöriges Benehmen mit den Civilärzt
wird dieser Stoff aus guten Quellen erhalten werden könne

3) Sollen diese Impfungen von den Regiments- oder dirigire
den Bataillonsärzten selbst, oder unter deren genauer An
sicht geschehen, und von denselben eine genaue Contro
des Verlaufes, über alle Geimpfte aber ein Diarium z
Fertigung und jährlichen Einsendung der früher bestimmte
Impftabellen geführt werden. *(Döllinger, 1. Th. S. 77.)

Genauer als die vorstehende Bestimmung, ist nachstehende.
Durch Kriegs-Ministerial-Rescript vom 17. März 1843, wur
die Zwangs-Revaccination für alle Unterofficiere und Soldate
welche im Verlauf ihrer Dienstzeit nicht schon mit Erfolg revac
nirt wurden, oder die Menschenblattern überstanden hatten, au
ihrer in den Casernen wohnenden Frauen eingeführt. Ebenso j
doch ist in Folge jeder bei einer Truppenabtheilung Zugehende
bald als möglich zu revacciniren. Eine Ausnahme hiervon ka
nur dann Statt finden, wenn ein Individuum viele und charactei

stische Narben an sich trägt, also diese Krankheit vor nicht sehr
langer Zeit überstanden hat. Impfnarben dagegen bleiben ohne
alle Berücksichtigung. (*Dr. A. Eckart, vollständig alphabetisch
chronologische Sammlung der über das k. bayerische Militär-
Sanitätswesen erlassenen Verordnungen. München,* 1855. S. S.
116.)

VII. Zehn Formulare zu der k. bayerischen Impf-Instruction vom 27. December 1830.

Formular 1.

Pfarrämtliche

Conscriptions-Liste

für die Impfpflichtigen des Pfarrbezirks N. N. im Jahre 18 . .

Fortlaufende Zahl.	Ge-meinde-bezirk.	Ort-schaft.	Familien - und Taufname des Impf-pflichtigen. Die Impfpflichtigen sind nach ihrem Fa-miliennamen alpha-betisch aufzuführen. Die ehelichen Kinder führen den Familien-Namen ihrer Väter. Unehliche Kinder dürfen nur mit dem Familien-Namen ihrer Mütter aufge-führt werden.	Bei ehelichen Kindern Name u. Stand des Vaters. Bei unehe-lichen Kin-dern Name, Stand u. Geburtsort der Mutter.	Tag, Monat und Jahr der Geburt.	Ob ge-storben? in wel-chem Falle bei dem ge-storbenen Kinde ein † in diese Rubrik zu setzen ist.

I m p f

Formular 2.

1.	2.	3.	4.	5.	6.	7.	8.	9.
Fortlaufende Zahl.	Ge-meinde-Bezirk	Ort-schaft	Fami-lien- und Tauf-name	Name und Stand des Vaters, oder bei ausser-ehelichen der Mutter	Tag, Monat und Jahr der Geburt	Im Vorjahre wegen Krankheit von der Impfung zeitlich befreit.	Im Vor-jahre ohne Erfolg ge-impft.	Im Vor-jahre aus U... gehor... sam nicht zu... Impfun... ge-bracht
	des Impfpflichtigen.							

Formular 3.

Schutzpocken - Impfungs - Schein.

Die unterfertigte k. b. Centralimpfanstalt beurkundet hiem als Lokalimpfanstalt für die k. Haupt- und Residenzstadt München auf den Grund der Impfliste derselben

vom Jahre 186 . Ziffer . . dass

. . . .

geboren zu München . . . . . .

den . ten . . . 186 . bei der ordentlichen öffentlichen Schutz pocken - Impfung zu München den . ten . . . 186 . geimpf und dass, gemäss der am . ten . . . 186 . vorgenommene Kontrole, die Impfung von unzweifelhaftem Erfolge gewesen sei.

Gegegeben zu München am . ten . . . 186 .

(L. S.) Die k. Centralimpfanstalt Münche

Tabelle.

10.				11.			12.	13.
Geimpft				Zur Impfung des nächsten Jahres verwiesen.			Wegen Erstehung der natürlichen Blattern-Krankheit von der Impfung befreit.	Bemerkungen.
A. bei der öffentlichen Impfung		*B.* durch Privat-Impfung		*A.* wegen unge-horsa-men Ausbleibens.	*B.* wegen des durch Krankheit entschuldigten Ausbleibens.	*C.* wegen erfolgloser Impfung vor 3maliger Wiederholung.		
mit Erfolg	ohne Erfolg	mit Erfolg	ohne Erfolg					

Formular 4.

Schutzpocken - Impfungs - Revisionsschein.

Die unterfertigte k. b. Central - Impfanstalt in München beurkundet hiemit als Local - Impfanstalt für die k. Haupt - und Residenzstadt München, auf den Grund einer vorgenommenen Untersuchung, dass . . . .
von München . Jahre alt, am rechten Arme . . . und am linken . . . deutliche Schutzpockennarben habe, als Zeichen der mit unzweifelhaftem Erfolge überstandenen Schutzpockenimpfung.
. . selbe ist demnach nach §. 4 lit. a. der allerhöchsten Verordnung über das Impfwesen vom 22. Dezember 1830 von der Impfpflichtigkeit gänzlich befreit.

Gegeben zu München den . ten . . . 186 .

(L. S.)　　　　　Die k. Central - Impfanstalt München.

Formular 5.

Menschenblatter - Schein.

Die unterzeichnete k. b. Central-Impfanstalt in München beurkundet hiemit als Lokal-Impfanstalt für die k. Haupt- und Residenzstadt München auf den Grund einer vorgenommenen Untersuchung, dass . . . . . .

von München . Jahre alt, am Gesichte . . . . . .

deutliche Blatternarben habe, als Zeichen der überstandenen Menschenblattern.

. . selbe ist demnach nach §. 4 lit. c. der allerhöchsten Verordnung über das Impfwesen vom 22. Dezember 1830 von der Impfpflichtigkeit gänzlich befreit.

Gegeben zu München, den . ten . 186 .

(L. S.) Die k. Central-Impfanstalt München.

Formular 6.

Schutzpockenimpfungs - Zeugniss.

Den . . 18 . impfte ich zu . d .

geboren zu . . den . . . 18 .

Bei der Kontrole den . . 18 . fand ich den Erfolg der Impfung unzweifelhaft.

Dieses bezeuge ich hiemit ärztlich.

. . den ten . . 18

Dr. med. N. N.

Formular 7.

Schutzpocken-Impfungs-Schein.

Die unterfertigte k. b. Centralimpfanstalt beurkundet hiemit als Lokalimpfanstalt für die k. Haupt- und Residenzstadt München, auf den Grund der Impfliste derselben vom Jahre 186 . Ziffer .

dass . . . .

geboren zu München den . ten . . . 186 . laut beigebrachten beglaubigten Zeugnisses von dem praktischen Arzte Dr. . . . zu München den . ten . . . 186 . mit Schutzpocken geimpft worden, und dass diese Impfung nach eben diesem Zeugnisse gemäss der am . ten . . . 186 . vorgenommenen Kontrole mit unzweifelhaftem Erfolge begleitet gewesen sei.

Gegeben zu München den . ten . . . 186 .

    (L. S.)   Die k. b. Centralimpfanstalt München.

Formular 8.

Schutzpocken-Impfungs-Interims-Schein.

Die unterfertigte k. b. Centralimpfanstalt beurkundet hiemit als Lokal-Impfanstalt für die k. Haupt- und Residenzstadt München, auf den Grund der Impfliste derselben vom Jahre 184 . Ziffer . .

dass . . . .

geboren zu München den . ten . . . 18 . laut beigebrachten beglaubigten Zeugnisses von dem praktischen Arzte Herrn Dr. . . . zu München den . ten . . . 18 . mit Schutzpocken geimpft worden, und dass, da diese Impfung nach eben diesem Zeugnisse gemäss der am . ten . . . 18 . vorgenommenen Kontrole nur mit dem unzweifelhaften Erfolge einer ächten Kuhpocke begleitet gewesen sei, d . selbe sich deshalb nach 5 Jahren zur wiederholten Schutzpockenimpfung zu stellen habe.

Gegeben zu München den . ten . . . 18 .

    (L. S.)   Die k. b. Centralimpfanstalt München.

Formular 9.

Genera

über den Erfolg der gesetzlichen Schutzpocken - Impfung im J

Die Impfung begann am . Mai, endete am . Juli,

und Contr

Der Impf-station		Der treffenden Pfarreien		Zahl der Impf-fähig.			Z a h l der Geimpften											Zah. Niel im]	
						mit Erfolg	ohne Erfolg												
							öffentlich		Privat										
№	Namen.	№	Namen.	pflichtig.	nicht pflichtig.	öffentlich.	Privat.	und nicht wie-der zu impfen.	und wieder zu impfen.	und nicht wie-der zu impfen.	und wieder zu impfen.	Juli 18 . . impf-pflichtig.	Juli 18 . . nicht impfpflichtig.	Summa all.Geimpft.	wegen Krankheit.	wegen Ungehorsam.			

Formular 10.

Conspecte über die Revaccinationen.

Revaccinirt wurden

Mit Erfolg.	Ohne Erfolg.	Mit unbedeutendem Erfolge

Conspect

18 . im königlichen Polizei-Bezirk N. N. in (Ober-Bayern).

nahm mit den verschiedenen Vorimpfungen, Impfungen

. Tage in Anspruch.

Wegen Erstehung der natürlichen Blattern von der Impfung befreit.	Summa aller für die nächste Impfung noch bleibenden Pockenfähigen.	Zahl der Revaccinirten		Straffällige			Bemerkungen.
		mit Erfolg.	ohne Erfolg.	Zahl.	Strafe.	Impfkostenbetrag.	
					Fl. Xr.	Fl. Xr.	

VIII. Erläuterungen zu den vorstehenden zehn Formularen der k. bayerischen Impf-Instruction vom 27. December 1830.

Formular 1. Zu §. 1 der Impf-Instruction. Jeder Pfarrer, gleichviel welcher Confession, bei den Ebräern der Kirchenvorstand, muss die pfarrämtliche Conscriptions-Liste für die Impfpflichtigen seines Pfarrbezirkes, d. h. die genaue Liste der vom 1. Januar bis 31. December in dem vorhergegangenen Jahre geborenen Kinder, alljährlich bis zum 10. März dem betreffenden Gerichtsarzte. (die Pfarrer in München dem dortigen Central-Impfarzte) einsenden.

Es wird gern gesehen, wenn diese Listen in alphabetisch Folge, nach den Familien-Namen der Impfpflichtigen aufgeste von den Pfarrern eingeliefert werden.

Der Gerichtsarzt erfüllt in den Impflisten die nach §. 3 und der Impf-Instruction ihm obliegenden Verpflichtungen, hierauf üb giebt er die von ihm ergänzten Listen spätestens bis zum März der Polizeibehörde.

Formular 2. Zu §. 4—8 der Impf-Instruction. Die Poliz behörde revidirt und berichtigt die Conscriptions-Listen, und st hierauf mit Hinweglassung der Gestorbenen und der aus den G meindegebieten Ausgewanderten, für jeden Impfbezirk nach a phabetischer Ordnung der Gemeinden, Ortschaften u der Familien-Namen der Impfpflichtigen eine vollständ Tabelle zusammen, in welcher die Columnen 1 bis 8 von d Polizeibehörde auszufüllen sind.

Nach §. 5 der Impf-Instruction sind diese Impftabellen vor A lauf des Monates März von der Polizeibehörde dem Gerichtsar zuzustellen, damit auf Grund derselben die ordentliche öffentlic Impfung vollzogen werde.

In diesen Impftabellen sind an mehreren Stellen weisse Bl ter gelassen, damit der Gerichtsarzt auch die Namen der in d laufenden Jahre Geborenen, auf freiwilliges Anmelden zur Impfu erschienenen Kinder, welche von der Impfung nicht auszuschliess sind (allerhöchste Verordnung vom 22. December 1830, §. am geeigneten Orte in alphabetischer Ordnung eintragen kann.

Die §. §. der Impf-Instruction 5 bis 8 bestimmen die V pflichtungen des Gerichtsarztes in Betreff des Formulares 2.

Nach einer jeden öffentlichen ordentlichen Impfung, trägt d Gerichtsarzt den Inhalt der dabei geführten Impftabelle das Formular 2 ein. (§. 7.) Von einem jeden ohne Erfolg g impften muss stets in der Columne 10 des Formulares 2 beme werden, ob der Impfling zum ersten, zweiten oder dritten M der Impfung unterlag, weil nach der allerh. Verordnung vom

December 1852 die gänzliche Befreiung eines Kindes von der Impfpflichtigkeit erst dann eintritt, wenn die Impfung an demselben in drei nach einander folgenden Jahren erfolglos geblieben war. — (*Allerh. Verordnung vom 22. December* 1830. §. 4. b.)

Formular 3. Ueber eine jede bei der ordentlichen öffentlichen Schutzpocken-Impfung vollzogene Impfung von unzweifelhaftem Erfolge, stellt der Gerichtsarzt, (in München der Central-Impfarzt) am Tage der Controle der stattgefundenen Impfung, also am 8. Tage nach der Impfung, jedem Impflinge den vorgeschriebenen Schutzpocken-Impfungs-Schein aus.

Formular 4. Ausländer oder Inländer, welche keine Impfzeugnisse haben, deren Schutzpockennarben jedoch den unzweifelhaften Erfolg der überstandenen Schutzpocken-Impfung darthun, werden von dem Gerichtsarzte, (in München von dem Central-Impfarzte), mit dem Schutzpocken-Impfungs-Revisionsscheine versehen.

Formular 5. Der Menschenblatter-Schein wird Denjenigen ertheilt, welche die Menschenblattern überstanden haben, wodurch selbige von der Impfpflichtigkeit gänzlich befreit werden.

Formular 6. Zu §. 9. Schutzpocken-Impfungs-Zeugniss, von einem zur Vornahme einer Privatimpfung berechtigten Arzte ausgestellt, welches dem betreffenden Gerichtsarzte vorzustellen ist.

Formular 7. Zu §. 6. Der Gerichtsarzt (in München der Central-Impfarzt), nimmt das nach dem Formular 6 abgefasste Schutzpocken-Impfungs-Zeugniss zu seinen Acten, und stellt dagegen den nach dem Formular 7 bestimmten Schutzpocken-Impfungs-Schein aus.

Diese Maassregel ist deshalb unumgänglich nöthig, um jedes Individuum, das weder von einem Gerichtsarzte, noch von dem Central-Impfarzte in München geimpft worden, als mit Erfolg geimpft in die nur von den Gerichtsärzten und dem Cen-

tral-Impfärzte in München geführten Impflisten ein[t]
gen zu können.

Formular 8. Zu §. 19. Tritt der Fall ein, dass aus d[e]
Schutzpocken-Impfungs-Zeugnisse eines Privatarztes (Formular
ersichtlich ist, dass die Impfung mit dem unzweifelhaften Erfol[g]
nur einer ächten Kuhpocke begleitet gewesen ist, so stellt d[er]
Gerichtsarzt (in München der Central-Impfarzt), den Schut[z]
pocken-Impfungs-Interims-Schein in der Art aus, da[ss]
der Geimpfte nach fünf Jahren zur wiederholten Schutzpocke[n]
Impfung sich zu stellen hat, worüber auch in der Liste der Im[pf]
pflichtigen bis zum fünften Jahre alljährlich die nöthige Beme[r]
kung gemacht wird.

Wenn nach Verlauf von fünf Jahren, über den nur mit ein[er]
Schutzpocke versehenen Impfling, dem Gerichtsarzte, (in Münch[en]
dem Central-Impfarzte), weder ein Zeugniss von einem Privatar[zt]
über den Erfolg einer wiederholten Impfung vorgestellt worden, no[ch]
der Impfling zu festgesetzter Frist zur ordentlichen öffentlichen Impfu[ng]
erschienen, auch über den Grund der an ihm nicht wiederholt[en]
Impfung kein legales Zeugniss beigebracht worden, ferner v[on]
demselben die ihm unter obrigkeitlichem Schutze noch ein M[al]
angebotene Impfung ausgeschlagen worden, so werden nach §. 4 d[er]
allerhöchsten Verordnung über die Schutzpocken-Impfung vom [27.]
August 1807, die säumigen und widersetzlichen Eltern, oder Pfleg[e]
eltern und Vormünder bis nach Verfluss des achtzehnten Jah[res]
des zu impfenden Individuums von der Polizeibehörde sofort z[ur]
Erlegung der in dem erwähnten §. 4 bestimmten Geldstrafe ang[e]
halten. Nach Verfluss des achtzehnten Jahres des zu impfend[en]
Individuums, gehen aber die Geldstrafen auf Rechnung des Le[tz]
teren, wie dieses überhaupt für alle Contravenienten in der alle[r]
Verordnung vom 27. August 1807 über die Schutzpocken-Impfu[ng]
festgesetzt worden.

Formular 9. Zu §. 22. Binnen vier Wochen nach Be[en]
digung der öffentlichen gesetzlichen Schutzpocken-Impfung, hat [e]

Gerichtsarzt über den Erfolg derselben den General-Conspect hierüber, und die Impftabellen der Polizeibehörde einzuliefern.

Die für einen jeden Straffälligen (wenn solche vorhanden) zu leistende Zahlung, wird in dem General-Conspecte, nach §. 4 der allerhöchsten Verordnung über die Schutzpocken-Impfung vom 27. August 1807, berechnet.

Der Betrag der Impfkosten in der vorletzten Columne, wird von dem Impfarzte, nach §. 23 der allerh. Verordnung über die Schutzpocken-Impfung vom 22. December 1830, in der Art aufgestellt, dass für jede gelungene öffentliche Impfung in den Städten und grösseren Märkten acht Kreuzer, und auf dem Lande zwölf Kreuzer von ihm zu beziehen sind. Die Polizeibehörden sorgen für die summarische Uebermittelung der Impfgelder von Seiten der betreffenden Gemeinden an den Impfarzt.

Formular 10. Gemäss der Entschliessung des k. b. Staatsministeriums des Innern vom 28. Februar 1857, ist der Conspect über die Revaccinationen nach diesem Formulare anzufertigen.

IX. Summarische Uebersicht der gegenwärtig im Königreiche Bayern bestehenden gesetzlichen Bestimmungen über die Schutzpocken-Impfung.

Aus Vorstehendem ergiebt sich, dass das in Bayern gegenwärtig gültige Gesetz der Schutpocken-Impfung im Wesentlichen nachstehende Principien enthält.

1) **Zwangs-Vaccination,** nach den zum festgesetzten Termine von den Pfarrern eingelieferten Conscriptions-Listen der Impfpflichtigen, in der Art, dass Keiner, der nicht durch ein legales Zeugniss sein Ausbleiben von der öffentlichen

4 *

Impfung rechtfertigen kann, derselben ungestraft sich zu er
ziehen im Stande ist, da die Polizeibehörde für die baldi
und vollständige Beitreibung der bestimmten Geldstrafe sel
verantwortlich ist.

2) Wird die Vaccination von möglichst wenigen Aerzte
namentlich zum weitaus grössten Theile von den Gerich
ärzten vollzogen, wodurch die nothwendig streng zu treffen
Wahl der Mutterimpflinge zu Weiterimpfungen ermöglic
wird.

3) Finden die ordentlichen öffentlichen Impfungen der Gerich
ärzte in fest bestimmten Impfsprengeln und Impfstatione
nur in der zu dieser Operation besonders günstigen Jahr
zeit, zu festgesetzten Terminen statt.

4) Sind genaue Bestimmungen über die gänzliche od
zeitliche Befreiung von der Impfpflichtigkeit gegeben.

5) Ausserordentliche öffentliche Impfungen finden statt, so
an einem Orte die Blattern oder Varioloiden ausbreche
Impfpflichtig sind in diesem Falle alle Kinder jeden Alte
und daher auch die im Laufe des Jahres selbst geborene
sofern denselben weder eine gänzliche noch eine zeitlic
Befreiung von der Impfpflichtigkeit zukommt.

6) Ist die Absperrung der an den Blattern, Varioloiden od
Varicellen Erkrankten geboten, worüber die Polizeibehör
streng zu wachen hat.

7) Aerzten, welche die Anzeige von dem Ausbruche der Bl
tern, Varioloiden oder Varicellen, wenn dieselben in ein
Hause ausgebrochen, an die Ortsbehörde unterlassen, wi
mit ergiebigen Strafen, ja selbst mit der Einziehung d
Praxis-Licenz ausdrücklich gedroht.

8) Wird zu jeder Zeit zuverlässiger guter Impfstoff, der al
jährlich durch die Kuh regenerirt worden, stets
flüssiger Form an die Gerichtsärzte versendet.

9) Die Regenerirung des Impfstoffes durch die Kuh und

Versendung desselben an alle Gerichtsärzte, die mit diesem
Impfstoffe die nöthigen Vorimpfungen zu den ordentlichen
öffentlichen Impfungen zu machen gehalten sind, liegt lediglich dem k. b. Central-Impfarzte in München ob. Auch kann
von demselben zu jeder Zeit Stoff zu ausserordentlichen
Impfungen abgegeben werden.

10) Dürfen Kinder, welche jünger als drei Monate sind, ausser
es wäre Gefahr auf Verzug, nicht geimpft werden.

11) Haben nur die von den Gerichtsärzten ausgestellten
Blattern - Impf- oder Ausnahme - Scheine legale Gültigkeit,
auch in dem Falle, wenn die Schutzpocken - Impfung von
einem Privatarzte vollzogen wurde.

12) Ist die ganze Buchführung über alle im Lande Geimpfte,
lediglich den k. bayer. Gerichtsärzten und dem Centralimpf-
arzte übertragen, wodurch zu jeder Zeit eine genaue Controle aller Geimpften und Ungeimpften ohne Schwierigkeit
statt finden kann.

13) Ist die Annahme von Kindern in Schulen jeder Art streng
verboten, wenn selbige vor ihrer Annahme nicht den legalen Blattern - Impf- oder Ausnahme - Schein vorgewiesen haben. Von Seiten der Polizei findet die Controle hierüber
statt.

14) Die Revaccinationen sind mit Zwang lediglich beim
Militair eingeführt. Im Civilwesen darf aber deshalb in
keinem Falle ein Zwang statt finden.

Die k. bayerischen höheren Staatsbehörden, gern sich jeder
Arbeit zur Vervollkommnung der Schutzpocken - Impfung unterzie-
hend, haben den Gerichtsärzten wiederholt aufgegeben, in der Abfassung ihrer Jahresberichte, ihre Wünsche und Anträge in der
Vaccination zu erörtern.

Durch dieses fortgesetzte Zusammenwirken höherer
Staatsbeamten mit den Gerichtsärzten, auch dem k. bayer. Central-
Impfarzte in München, zu der gemeinschaftlich zu erstrebenden

Verbesserung der Schutzpocken-Impfung, ist selbige im Königreich Bayern, wenn auch zu keinem vollendeten Werke, doch auf ein Standpunct gediehen, der als ein musterhafter anzuerkennen, u bei der hohen Wichtigkeit des Gegenstandes, der Beachtung all Regierungen unbedingt zu empfehlen ist.

X. Resultate der Schutzpocken-Impfung im Königreiche Bayer

Zunächst möchte die Erörterung der Frage am Orte sei worin bestehen die Resultate der seit dem Jahre 1807 in Baye mit grosser Consequenz durchgeführten Zwangs-Impfung, und d seit 25 Jahren von allen Gerichtsärzten stets nur mit alljährli frisch regenerirter Retrovaccinlymphe unternommenen Vorimpfu gen, welche den ordentlichen öffentlichen Impfungen von Arm Arm ausnahmlos zur Grundlage dienten.

Die Zwangs-Impfung wurde stets streng beobachtet, u die des ungehorsamen Ausbleibens von der öffentlichen Impfu Schuldigen, deren Anzahl in dem Jahre 1831 bis 1860 (s. 1. Beilag jährlich über Tausend betrug, der gesetzlich bestimmten Ahndu unterworfen. Hierdurch, auch durch die nach ausgebrochen Blattern ausserordentlichen öffentlichen Zwangs-Impfungen, wur es möglich, der Vaccination allgemeine Verbreitu im Königreiche Bayern zu verschaffen.

Nach der 2. Beilage starben in Bayern in 21 Jahren von 18 bis 1860 einschliesslich, 8606 Menschen an Blattern. Von dies Anzahl erlagen den Blattern: Kinder unter einem Jahre · 353 Kinder im Alter von 1 bis 5 Jahren 1163; mithin beträgt d Summe der im Alter von 0—5 Jahren an den Blattern Verstorb nen mehr als die Hälfte aller in dem erwähnten Zeitrau an Blattern Verstorbenen.

Dieser Umstand bedarf einer besonderen Erörterung.

Der Verfasser glaubt sich keines Vorwurfes schuldig zu machen, wenn von der Thatsache ausgehend, dass ärztliche Erfahrungen und darauf begründete Gutachten, die Gesetzgeber im Königreiche Bayern fortwährend veranlasst haben, Vervollständigungen und Abänderungen in der Schutzpocken-Impfung zu treffen, er in Nachstehendem seine Vorschläge der Entscheidung Sachkundiger anheimstellt.

Nach §. 1 der allerhöchsten Verordnung vom 17. December 1852, werden mit dem ersten Mai eines jeden Jahres, sämmtliche in dem zunächst vorhergegangenen Kalenderjahre geborene Kinder impfpflichtig, und sind dem zu Folge im Laufe des Jahres der Schutzpocken-Impfung zu unterwerfen. Es sind jedoch nach der allerhöchsten Verordnung vom 17. December 1852, auch die in dem laufenden Jahre Geborenen, auf freiwilliges Anmelden keinesweges von der Impfung auszuschliessen, jedoch sollen Kinder unter drei Monaten, ausser es wäre Gefahr auf Verzug, nicht geimpft werden.

Nach §. 5 der allerh. Verordnung vom 17. December 1852, beginnen die ordentlichen öffentlichen Impfungen der k. bayerischen Gerichtsärzte am 15. Mai, und sind bis zum 31. Juli zu vollenden. Es ergiebt sich demnach, dass die in dem vorhergehenden Kalenderjahre geborenen, im laufenden Jahre impfpflichtigen Kinder, gemäss den Conscriptionslisten, im Alter von 5 bis 6, aber auch von 17—18 Monaten zur Impfung gestellt werden.

Da in Bayern keine Beispiele vorliegen, dass mit Erfolg geimpfte Kinder, im Alter von weniger als einem Jahre von den Blattern ergriffen wurden und denselben erlagen, so lässt sich mit Sicherheit annehmen, dass sämmtliche in den 21 Jahren von 1840—1860 incl., im Alter von 0—1 Jahre an den Blattern verstorbene 3532 Kinder fast sämmtlich ungeimpft waren, diejenigen etwa ausgenommen, welche wegen Krankheit nicht geimpft, oder aus Ungehorsam der Impfung entzogen worden.

Von den 1—5 Jahr alten Kindern starben in demselben Z
raume an den Blattern 1163. Es ist nicht zu bezweifeln, (
unter den auch in dieser Rubrik aufgeführten Verstorbenen n
ungeimpfte Kinder waren, weil für die in den Monaten Jann
Februar, März, April und Mai des vorhergegangenen Jahres
borenen, die Impfpflichtigkeit erst dann eintrat, als dieselben ü
ein volles Jahr alt waren. Es ist sogar wahrscheinlich, dass in
den im Alter von 1—5 Jahren verstorbenen Kindern, ein sehr
deutender Theil im Alter von 12—18 Monaten stand, da nach
bestehenden genau befolgten Zwangs-Impfung angenommen wer
muss, dass alle Kinder im Alter von mehr als 18 Monaten bis
5 Jahren, nur mit Ausnahme der durch erstandene Blattern, le
Zeugnisse über ihre Krankheit, oder derer, welche in Folge
Impfung nur eine Vaccinepustel erstanden, fast sämmtlich
Erfolg vaccinirt worden waren, daher die weitaus überwiege
Anzahl der Kinder, die im Alter von 1—5 Jahren starben, ebe
geschützt gegen die Blattern war, als die Kinder von 5—10, (
von 10—20 Jahren, von denen in demselben einundzwanzigjä
gen Zeitraume in jeder dieser Altersklassen nur 303 den Blatt
erlagen.

Zur wesentlichen Verminderung der sich so auffallend l
ausstellenden, überwiegenden Sterblichkeit an Blattern in frü
Kindheit, dürfte möglicher Weise die Ansicht Berücksichtig
finden, dass die von den Pfarrern im Jahre 1862 aufzustellen
Conscriptionslisten für die Impfpflichtigen ihrer Pfarrbezirke, n
allein die im Laufe des Jahres 1861, sondern auch die in
Monaten Januar, Februar und März des Jahres 1862 geborc
Kinder zu umfassen hätten.

Im Jahre 1863 würden dann die Conscriptionslisten der l
pflichtigen, die vom 1. April 1862 bis zum 31. März 1863 g
renen Kinder enthalten, und auf dieselbe Weise in den folge
Jahren fortgefahren werden können.

Die Genehmigung dieses Vorschlages würde keineswegs

im Uebrigen getroffenen Bestimmungen entgegenstehen, indem die
Pfarrer, die nach §. 1 der Instruction für die Schutzpocken-Impfung vom 27. December 1830 allerdings gehalten sind, diese
Listen bis zum 10. März anzufertigen, dieselben im Laufe des
Monates März in der Art alphabetisch aufstellen können, dass
die in den letzten Tagen des März im laufenden Jahre geborenen
Kinder am gehörigen Orte nachgetragen werden können, worauf
die Conscriptionsliste am 1. April, gemäss §. 3 der Impfinstruction,
dem Gerichtsarzte einzuliefern ist, der nach Verlauf von fünf Tagen
(wie in §. 4 der Instruction vorgeschrieben ist) die von ihm ergänzten Listen der Polizeibehörde zustellt.

Nach §§. 4 und 5 der Impfinstruction ist die Polizeibehörde
gehalten, die aus den ergänzten Conscriptionslisten der Pfarrer
hergestellten Impftabellen in spätestens 16 Tagen dem Gerichtsarzte
zuzusenden.

Letzterem würden die Impftabellen mithin spätestens am 23.
April zugehen, also noch vor Beginn der Vorimpfungen, die den
am 15. Mai beginnenden ordentlichen öffentlichen Impfungen vorhergehen.

Die gegenwärtig bestehende Bestimmung, dass die im laufenden Jahre Geborenen auf freiwilliges Anmelden keinesweges von
der Impfung auszuschliessen sind, würde, im Falle der Genehmigung dieses Vorschlages, nur auf die im Monate April des laufenden Jahres Geborenen Bezug haben, wenn solche im Monat Juli
zur öffentlichen Impfung gebracht würden, da nach dem bestehenden gewiss höchst zweckmässigen Gesetze, Kinder unter drei Monate, ausser es wäre Gefahr auf Verzug, nicht geimpft werden
sollen.

Die ersten günstigen Resultate der allgemeinen Verwendung
durch alle k. bayerischen Gerichtsärzte nur der Retrovaccinlymphe
zu ihren Vorimpfungen, finden sich in der Schrift des k. bayer.
Central-Impfarztes Dr. M. Reiter „*Beiträge zur richtigen Beurtheilung und erfolgreichen Impfung der Kuhpocken, München,* 1846.

8. *S.* 157 *und* 158", wo eine Uebersicht der Ergebnisse der I
pocken-Impfung im Königreiche Bayern vom Jahre 1831 bis
Jahre 1845 einschliesslich, mitgetheilt wird. Die Schrift sch
der Haus-Wundarzt an der k. k. Findelanstalt zu Wien, Dr. Fr
dinger (*über die Einführung einer neuen Genitur der Kuhpoci
lymphe, sowie über den Werth und die Geschichte der Regenerir*
Nr. 15 *und Nr.* 16 *der Zeitschrift der k. k. Gesellschaft der Ae*
zu Wien, 1859) übersehen zu haben, da er bewiesen zu ha
glaubt, dass es „unverständig" wäre, alle Aerzte zum Behufe
Jahres-Impfung mit der nöthigen Menge regenerirter Vaccine
sehen zu wollen.

Mögen Thatsachen entscheiden, wem das von Herrn
Friedinger gebrauchte Prädicat zuzuerkennen ist!

Die Uebersicht der Ergebnisse der Kuhpocken-Impfung
Königreiche Bayern vom Jahre 1831 bis zum Jahre 1845 (
schliesslich, ist nach den amtlichen Berichten der k. bayerisc
Gerichtsärzte, im k. b. Ministerium des Innern zusammenges
worden.

Diese Uebersicht giebt die Summen der in den erwähn
Jahren alljährlich öffentlich und privat Geimpften an, ferner
Zahlen der mit und ohne Erfolg geimpften Kinder. Es erg
sich hieraus, dass der ältere Impfstoff (humanisirte Vaccine),
dem bis zum Jahre 1835 geimpft wurde, immer Fehlimpfun
von mehr als $1\frac{1}{2}$ % und sogar gegen 3 % zur Folge hatte,
dies aus den Impfergebnissen der Jahre 1831 bis 1835 incl.,
ersehen ist. (S. Bemerkungen auf der ersten Beilage.) Die Fe
impfungen des regenerirten Impfstoffes betrugen dagegen in d
Jahren, in welchen nur mit regenerirtem Impfstoffe geimpft wur
von 1837 bis einschliesslich 1845, beiläufig $\frac{3}{4}$ %, zuweilen nur $\frac{1}{2}$

Das Ergebniss der Fehlimpfungen des Jahres 1835 schwa
zwischen den Ergebnissen des älteren und regenerirten Impfstof
weil Dr. Reiter im Jahre 1835 erst am 11. März die Gesch
der k. bayer. Central-Impfanstalt München übernahm, zu wele

Zeit schon mehrere öffentliche Impfärzte ihre Vorimpfungen mit altem Stoffe begonnen hatten. Auch im Jahre 1836 impften nach dem Zeugnisse des Dr. Reiter noch einige Aerzte mit altem Impfstoffe. (*Beiträge u. s. w.* 1846. *S.* 158.)

Die Beilage 1 giebt die Ergebnisse der Schutzpocken-Impfung im Königreiche Bayern in den Jahren 1831 bis 1860 einschliesslich. Sie ist für die Jahre 1831 bis 1845 incl., der Uebersicht des Dr. Reiter entlehnt; von 1846 bis 1860 incl., sind die Ergebnisse der Schutzpocken-Impfung genau nach dem von dem Dr. Reiter für die vorhergegangenen Jahre in Anwendung gekommene Schema, von dem Herausgeber aus amtlichen Quellen vervollständigt worden.

Die Beilage 1 weiset nach, dass in den Jahren 1831—1834, also vor der allgemeinen Einführung der Retrovaccinlymphe: auf je 52 Impfungen eine Fehlimpfung kam. Nach Einführung der Retrovaccinlymphe: kam in den 13 Jahren von 1835 bis 1847 incl., auf 136 Impfungen eine Fehlimpfung; in den letzten 13 Jahren von 1848 bis 1860 incl. auf 180 Fehlimpfungen nur eine einzige Fehlimpfung, — ein Resultat, das als ein höchst günstiges anzuerkennen ist, da im Königreiche Würtemberg, wo seit vielen Jahren die Vaccination mit grosser Umsicht geübt wird, vom Jahre 1825 bis 1860 incl., nach den Veröffentlichungen des k. Würtembergischen Medicinal-Collegiums, 209 Fälle von originairen durch erfolgreiche Impfung auf Menschen erprobte Kuhpocken zur amtlichen Anzeige und gesetzlichen Belohnung kamen, (*Medic. Correspondenz-Blatt des Würtemberg. ärztlichen Vereines. Band XXVI. No.* 32. 1856. *S.* 249. — *Band XXVIII. No.* 11. 1858. *S.* 84. — *Band XXIX. Nr.* 22. 1859. *S.* 171. — *Band XXXI. Nr.* 14. 1861. *S.* 107), und das Verhältniss der erfolglosen Impfungen seit Jahren ein ziemlich stationaires ist, unter etwa 150 Impfungen eine erfolglose. (*Band XXXI. No.* 14. 1861.) Demnach kamen in Bayern, wo in dreissig Jahren, namentlich 1830, 1845 und 1847, also nur drei Mal, originaire Poc-

kenlymphe von Kühen entnommen, mit Erfolg auf den Mensc
verimpft wurde, in Folge einer mit Sachkenntniss geübten Re
vaccination, weit weniger Fehlimpfungen als in dem benachba
Würtemberg vor, in dem innerhalb 35 Jahren die origin
Pockenlymphe an Kühen fast alljährlich aufgefunden und mit Er
verimpft wurde*).

Kann das Resultat der sehr geringen Zahl der Fehlimpfun
in Bayern, als ein guter Beweis für die kräftige Wirkung des
jährlich regenerirten Kuhpockenstoffes gelten, so ist noch wie
ger: zu untersuchen, ob die auf die angegebene Weise seit e
einem Viertel-Jahrhundert im ganzen Königreiche Bayern Gein
ten — mehr oder weniger gegen Blatterninfectionen sich
schützt erwiesen als Solche, welche mit einer durch viele Hunde
ja Tausende von Generationen durchgegangenen Kuhpockenlym
geimpft worden waren.

---

*) In Frankreich betrugen noch im Jahre 1856 die Fehlimpfun
mit dem von der Französischen Akademie versendeten Impfstoffe 5
nach den Erfahrungen des Prof. Trousseau sogar 80%. (Bulleti
l'Academie Impér. de Médec. Tome XXIII. 1857—1858. 8. p. 93—
Die Versendung des Impfstoffes in Frankreich, geschieht noch gegenw
tig fast nur in trockner Form zwischen Glasplatten. Mit dem auf d
Weise aufbewahrten Schutzpockenstoffe hatte schon Dr. Albert u
500 Impfungen 393 Fehlimpfungen, also etwa 80% erlebt. (Rapport
l'Academie Royale de Médecine sur les vaccinations pratiquées en Fra
Paris, 1842. p. 165.) Im Kanton Zürich, wo die Impfung sehr allgen
ist, und in den Jahren 1841 bis 1858 jährlich weit über 5000 Kinder
impft wurden, war die kleinste Zahl der Fehlimpfungen: eine auf
gelungene Impfungen; die grösste Zahl der Fehlimpfungen: eine au
gelungene Impfungen (Dr. W. Stricker, Studien über Menschenblatt
Vaccination und Revaccination. Frankfurt a. Main. 1861. 8. S. 70.)
Marson in London, gewiss einer der erfahrensten Impfärzte, sagt,
mit guter Lymphe, und bei Beobachtung der erforderlichen Vorsicht, n
mehr Fehlimpfungen als eine auf 150 vorkommen möchte. (General Be
of Health. Papers relating to the history and practice of Vaccination.
don, 1857. 4. p. LXXIV.)

In Bezug darauf, giebt die Beilage 2 den gewünschten Aufschluss. Aus dieser, den Berichten sämmtlicher k. b. Gerichtsärzte entnommenen Tabelle über alle an Blattern im Königreiche Bayern **Verstorbene**, zusammengestellt nach Alter und Geschlecht, für die Jahre 1840 bis einschliesslich 1860, ergiebt sich, dass in den Jahren 1849 bis 1852 incl., in denen Blatternepidemien in Bayern herrschten, an dieser Krankheit starben:

1.	2.	3.	4.
Im Alter von 10—20 Jahren:	Im Alter von 20—30 Jahren:	Im Alter von 30—40 Jahren:	Im Alter von 40—50 Jahren:
männliche 37	männliche 91	männliche 149	männliche 230
weibliche 29	weibliche 105	weibliche 155	weibliche 174
Zusammen 66.	Zusammen 196.	Zusammen 304.	Zusammen 404.

Es starben mithin von den in der Rubrik 1 Verzeichneten, die seit dem Jahre 1837 sämmtlich mit alljährlich durch die Kuh regenerirtem Impfstoffe geimpft worden waren,

im Verhältniss zur 2. Rubrik nur ⅓

„ „ „ 3. „ weniger als ¼

„ „ „ 4. „ „ „ ⅙.

Erwägt man, dass die unter Rubrik 2, 3 und 4 an Blattern Verstorbenen, sämmtlich mit einem alten durch viele Hunderte von Generationen gegangenen Impfstoffe geimpft worden waren, so ergiebt sich hieraus der unzweifelhaft grössere Schutz des alljährlich durch die Kuh erneuerten Schutzpockenstoffes, der zum weitaus überwiegenden Theile (wie die Beilage 1 nachweiset) auf den öffentlichen Impfungen der Gerichtsärzte, weit weniger durch Privatärzte, zur Verwendung kam.

Die öffentlichen Impfungen der Gerichtsärzte beginnen alljährlich am 15. Mai, und müssen am 31. Juli geschlossen sein, mithin wird auf diesen wöchentlich ein Mal statt findenden öffentlichen Impfungen der Stoff durch etwa 12 Generationen von Arm zu Arm übertragen. Rechnet man hierzu, dass der Central-Impfarzt in

München, die unmittelbar von der geimpften Kuh entnomme
Lymphe nicht wohl versenden kann, weil bekanntlich die Haftu
des Stoffes direct von der Kuh auf den Menschen unsicher
daher der Impfstoff von der Kuh, vor seiner Versendung an
k. b. Gerichtsärzte, durch eine oder zwei Generationen ausgesu
gesunder (nicht städtischer) Kinder gehen muss, um sodann
erforderlicher Menge den Gerichtsärzten zu ihren Vorimpfung
zugeschickt werden zu können, so lässt sich ermessen, dass (
auf der letzten öffentlichen Impfung im Monate Juli verwend
regenerirte Impfstoff, im Ganzen durch etwa 15 bis 16 Generat
nen gewandert ist. Nach den Erfahrungen des Dr. Reiter (*L
träge u. s. w. München*, 1846. S. 160), behält der regenerirte Im
stoff in beiläufig zwanzig Durchgängen durch den Menschen, se
ihn auszeichnenden Eigenschaften bei.

Im Jahre 1854 starben (nach Beilage 2) im Alter von 10—
Jahren, 26 männliche und 26 weibliche an Blattern Erkran
Die Höhe dieser Ziffern enthält keinen Grund gegen die gröss
Schutzkraft der Retrovaccinlymphe. Diese Ziffern erklären s
daraus, dass im Jahre 1834 viele, 1835 mehrere, und im Jal
1836 noch einige öffentliche Impfärzte mit altem Impfstoffe im
ten (Dr. Reiter, *Beiträge u. s. w. S.* 158), dass also erst :
dem Jahre 1837, alle k. b. Gerichtsärzte, die durch den k.
Central-Impfarzt alljährlich regenerirte Kuhpockenlymphe zu ih
Vorimpfungen verwendeten. Es ist wahrscheinlich, dass unter (
26 männlichen und 26 weiblichen an Blattern im Jahre 1:
Verstorbenen, ein ansehnlicher Theil von den noch mit al
Impfstoffe Geimpften miteinbegriffen ist.

Vom Jahre 1855 an, bis auf die neueste Zeit, wo die ül
wiegende Mehrzahl der mit alljährlich regenerirtem Kuhpock
stoffe geimpften Kinder in die Rubrik der Tabelle von 20—
Jahren gehört (Beilage 2), kommt auf diese Jahre weniger
die Hälfte der Todesfälle im Vergleich zu den Zahlen, welche
den Altersklassen von 30—40 und von 40—50 Jahren sich e

ben. Sämmtliche in beiden letzteren Altersklassen Verstorbene
waren mit altem, durch viele Hunderte von Generationen durchgegangenen Schutzpockenstoffe geimpft worden.

In den Jahren 1855 bis 1860 incl., starben an Blattern

1. Im Alter von 20 — 30 Jahren:	2. Im Alter von 30 — 40 Jahren:	3. Im Alter von 40 — 50 Jahren:	4. Im Alter von 50 — 60 Jahren:
männliche 32	männliche 69	männliche 73	männliche 54
weibliche 33	weibliche 67	weibliche 69	weibliche 53
Zusammen 65.	Zusammen 136.	Zusammen 142.	Zusammen 107.

Somit lässt sich erwarten, dass in Folge der
streng durchgeführten Zwangs-Vaccination mit alljährlich regenerirter Retrovaccinlymphe (falls keine
originaire echte Pockenlymphe an Kühen vorhanden), die Sterblichkeit an den Blattern in Bayern immer geringer
werden wird, je älter die mit diesem regenerirten Stoffe
geimpften Individuen werden, und endlich als grössere
Sterblichkeit in gewissen Lebensaltern nicht mehr erscheinen wird.

Die Sterblichkeit an Blattern überhaupt, wird in der Folge
um so sicherer abnehmen, je eher man sich entschliessen wird,
die von so grossen Erfolgen begleitete Zwangs-Revaccination,
wie sie seit einer langen Reihe von Jahren im bayerischen, würtembergischen, preussischen und badischen Militair besteht, ausnahmlos für alle Stände zu einer allgemeinen Maassregel zu erheben, wovon weiterhin in dieser Schrift gehandelt wird.

Zu der Tabelle der vom Jahre 1840 bis 1860 incl. in Bayern
an den Blattern Verstorbenen, hätte der Herausgeber gern
die Zahlen der in diesem Zeitraume jährlich an den Blattern Erkrankten hinzugefügt, weil die mit Erfolg einmalig vollzogene
Vaccination, obschon sie nicht immer absolut gegen spätere Blatterninfectionen schützt, doch den Vortheil gewährt, dass, wenn
Blatternerkrankungen eintreten, die Form der Krankheit in der

Mehrzahl der Fälle eine leichtere, die Sterblichkeit aber eine entschieden weit geringere als bei Nichtvaccinirten ist.

Nach eingezogenen Erkundigungen, liegen den einzelnen
bayerischen Landesregierungen über die Zahlen der an Blattern
Erkrankten keine Berichte vor. Es wäre sehr wünschenswerth
dass in Zukunft die Zahlen der an Blattern und modificirten Blattern (Varioloiden und Varicellen) Erkrankten, nach denselben
Altersklassen von den Gerichtsärzten alljährlich den k. Landes-
Regierungen eingeliefert würden, wie dies zeither mit den an
Blattern Verstorbenen geschah. Es würden dann aus dem Ver-
gleiche der Zahlen der an den ächten und modificirten Blattern
Erkrankten und Gestorbenen, Schlüsse gezogen werden können,
die nicht ohne Einfluss auf die fernere Ausübung der Schutz-
kenimpfung in und ausserhalb Bayern sein möchten. Dabei ist
indessen nicht zu übersehen, dass die Zahl der an Blattern Erkrankten nie mit vollständiger, kaum mit annähernder Genauig-
angegeben werden kann, weil, wenn Blatterepidemien, namentl.
in Bayern auftreten, wo für jeden nicht sofort der Ortsbehörde
angezeigten Fall, der Schuldige einer unausbleiblichen Ahndung
zu gewärtigen hat, nicht selten Personen, die von leichten Fieber-
bewegungen, besonders bei gleichzeitigem Ausschlage irgend einer
Art ergriffen wurden, leicht für Blatternkranke gehalten werden
können. Einen Beleg hierzu giebt uns ein durchaus zuverlässiger
Beobachter, Mr. Marson, Arzt am Blattern-Hospitale in London
(*J. F. Marson, on Small Pox and Vaccination. London.* 18
8. *p.* 8. Separat-Abdruck aus dem 36. Bande der *Medico-Chirurgical Transactions*). In den 16 Jahren von 1836 bis 1851 i.
behandelte Marson im Hospitale 5982 Blatternkranke. In die
Zeit wurden noch 185 mit Eruptionsfiebern behaftete Kranke
Hospitale aufgenommen, die man für von den Blattern ergriffen
ansah. Die Folge zeigte, dass nicht Einer von ihnen an den Blattern erkrankte. Dr. Seaton (*on the protective and modify-
powers of Vaccination. London.* 1857. 8. *p.* 5. Separat-Abd

aus dem *Journal of Public Health and Sanitary Review*) empfiehlt zur richtigen Beurtheilung des Schutzes, den die Vaccine gegen die Menschenblattern gewährt, die Geimpften, welche nur scheinbar mit den Vorläufern der Blattern befallen, bei denen aber diese Krankheit gar nicht entsteht, von den wirklich an den Blattern Erkrankten in Abzug zu bringen. In London, wo alle effectiv oder scheinbar von den Blattern Befallenen in das Blattern-Hospital geschafft werden, mag dies ebenso ausführbar sein, wie in jeder andern grossen Stadt, in der ein besonderes Blatternhaus besteht. In den meisten Städten, in allen kleineren Orten und Dörfern, also in der überwiegenden Mehrzahl der Blatternerkrankungen, wird dieser Abzug um so weniger genau gemacht werden können, als die in ihren vereinzelten Wohnungen lebenden Kranken nicht alle von Aerzten besucht werden können.

Die Ziffern der an Blattern Gestorbenen lassen sich mithin mit ungleich grösserer Genauigkeit ermitteln, als die Ziffern der an Blattern Erkrankten. Wenn auch von den in 21 Jahren in Bayern 8606 an Blattern Verstorbenen, (Beilage 2), 3898 dieser Krankheit ohne ärztliche Hülfe erlagen, so sind doch die Formen der tödtlich gewordenen Blattern so charakteristisch, dass sie von den Angehörigen der Verstorbenen und andern Zeugen deutlich angegeben werden können, um mit ziemlicher Gewissheit die vorhanden gewesenen Blattern daraus entnehmen zu können.

Zur richtigen Würdigung der Bayerischen Zwangs-Vaccination, welche zum weitaus grössten Theile von den Gerichtsärzten ausgeübt wird, auch des Nutzens der allgemeinen Einführung des alljährlich durch die Kuh regenerirten Schutzpockenstoffes, mögen auch nachstehende Thatsachen dienen.

In der Stadt München, welche gegenwärtig etwa 122,000 Einwohner hat, stirbt in manchem Jahre nicht ein Pockenkranker, während der Primararzt Dr. C. Haller aus vorgelegten Tafeln nachweiset, dass die Blattern im Krankenhause zu Wien nie völlig verschwunden sind, die grösseren Zahlen aber den Wintermonaten angehörten (*Zeitschrift der k. k. Gesellschaft der Aerzte zu Wien* 1860. *No.* 50. *S.* 792). In dem ganzen Jahrzehent vom Jahre 183 bis 1845 starben in München an Blattern, Varioloiden und Var cellen nur 55 Individuen, darunter 14 Kinder unter einem Jahre welche höchst wahrscheinlich nicht geimpft waren. (*Beilage zu Augsburger allg. Zeitung vom 4. März* 1851. *No.* 63.)

Vom 1. October 1853 bis zum 31. März 1861, mithin in 7¹ Jahren, erkrankten in München nach amtlichen Erhebungen, a Blattern, Varioloiden und Varicellen 683 Individuen, von denen 37 im Blatternhause zu München, 305 ausserhalb desselben ärztlic behandelt wurden. Nachstehende Tabelle zeigt, dass die Gesammt zahl der Todten 30 betrug, demnach starb von etwa 23 Erkrankte einer. Dabei ist zu bemerken, dass sehr viele in München Blatternd **Ausländer** waren.

in München.	Blatternerkrankungen			Blatternsterbefälle.		
	Ausserhalb des Blatternhauses Behandelte.	Im Blatternhause Behandelte.	Summe.	Männliche.	Weibliche.	Summe.
Vom 1. Oct. 1853 bis 1. Oct. 1854	37	40	77	5	3	8
„ 1. „ 1854 „ 1. „ 1855	233	230	472	14	3	17
„ 1. „ 1855 „ 1. „ 1856	20	52	72	1	2	3
„ 1. „ 1856 „ 1. „ 1857	6	3	9	—	1	1
„ 1. „ 1857 „ 1. „ 1858	2	13	15	—	—	—
„ 1. „ 1858 „ 1. „ 1859	2	6	8	—	—	—
„ 1. „ 1859 „ 1. „ 1860	3	17	20	—	1	1
„ 1. „ 1860 „ 31. März 1861	2	8	10	—	—	—
	305	378	683	20	10	30

In dem Hauner'schen Kinder-Hospitale in München, wurde in den 13 Jahren von 1846 bis 1859 23,349 Kinder im Alte von unter einem bis zu zwölf Jahren behandelt. *Variola vera* kam in 13 Jahren **nur ein einziges Mal** bei einem ungeimpfte ½ Jahr alten Kinde, durch Uebertragung von der Mutter vo

(*Behrend und Hildebrand*, *Journal für Kinderkrankheiten*. 18. *Jahrgang*. *Erlangen* 1860. S. *S*. 122 *u*. 127.)

Nach den Physicatsberichten des Dr. C. Fr. Majer, erkrankten in Nürnberg, in Bayern, an den Blattern: vom 1. October 1858 bis zum 15. Mai 1860, also in 587 Tagen 570 Personen, so dass auf einen Tag nahezu eine Erkrankung trifft, wodurch eine genaue, mithin besonders werthvolle Beobachtung der Erkrankten möglich wurde.

Nach den verschiedenen Lebensaltern erkrankten in dieser Epidemie:

Im ersten Lebensjahre 6 Kinder, oder 1,07 Proc.

Im Alter von 11 mit 15 Jahren . 2,67 ,,

,, ,, ,, 16 ,, 20 ,, 12,64 ,,

,, ,, ,, 21 ,, 30 ,, 27,22 ,,

,, ,, ,, 31 ,, 40 ,, . . 18,15 ,,

,, ,, ,, 41 ,, 50 ,, . 24,20 ,,

,, ,, ,, 51 ,, 60 ,, 12,10 ,,

,, ,, ,, 61 ,, 70 ,, 1,42 ,,

,, ,, ,, 71 ,, 80 ,, . . 0,53 ,,

Es starben von diesen 570 Blatterkranken:

im Alter unter einem Jahre 3 (2 männl. und 1 weibl.)

,, ,, von 1—30 Jahren 0

,, ,, ,, 31—40 ,, 3 männl.

,, ,, ,, 41—50 ,, 6 (3 männl. und 3 weibl.)

,, ,, ,, 51—60 ,, 3 weibl.

,, ,, ,, 61—70 ,, 1 weibl.

Zusammen 16 Todte, fast 2,8 %.

Die im ersten Lebensjahre gestorbenen 3 Kinder waren sämmtlich ungeimpft. Zwei im 59. und 70. Jahre gestorbene Frauen waren nicht geimpft, hatten aber in der Kindheit geblattert. Bei einer im 4. Monat Schwangeren mit confluirenden Blattern, erfolgte der Tod durch Pyaemie; bei zwei Kranken kam delirium tremens hinzu und die übrigen Todesfälle wurden durch das Eiterungsfieber erzeugt.

Im Alter von 1—10 Jahren erkrankte Keiner, ein Be-

5*

weis, dass die mit Zwangs-Vaccination verbundene
gemeine Anwendung der Retrovaccinlymphe einer
deutenden Schutz für ein gewisses Lebensalter gew
(*Aerztliches Intelligenz-Blatt, herausgegeben vom ständigen
schuss bayerischer Aerzte. No. 46. 17. November* 1860.)

In der Berliner Blattern-Epidemie, in den Jahren von
bis 1859, erkrankten vom 1. bis 10. Lebensjahre 758, von (
104 starben. (*Medic.-Zeitg.*, *herausgegeben von dem Verein
Heilkunde in Preussen. Berlin*, 7. *März* 1860. *No.* 10. *S.*
Ferner, im Alter von 11—15 Jahren 221 Personen, von (
4 starben. In Nürnberg starb im Alter von 1—30 Jahren
Geimpfter, während in demselben Lebensalter im Jahre
auf der Klinik des Prof. Hebra in Wien, von 337 Geim
welche an Blattern erkrankt waren 14 starben. (*Zeitschrift der
Gesellschaft der Aerzte zu Wien.* 15. *Jahrgang. Wien* 1859. *S.*

Unter 570 Blatterfällen in Nürnberg, ergaben sich m
Sterbefälle, also nur 2,8, oder es starb nur einer von 35 Erkra
in München einer von 33, während in Berlin in den Jahren
bis 1859 auf 5634 Blattern-Erkrankungen 499 Todesfälle k
mithin ein Todesfall auf 11 Erkrankungen. In der von
d'Espine in Genf, vom März 1858 bis März 1859 beobach
Epidemie, starben 10,8 der an Blattern Erkrankten.

In der Pockenepidemie in Preussen 1857—58 erkran

	1857:	1858:	Es starben 1858 Proc.:
In Preussen .	48	37	—
„ Pommern	151	2.898	10
„ Posen . . .	358	2.317	11
„ Sachsen , .	810	4.125	7
„ Brandenburg	1.440	10.846	8
„ Rheinland .	1.660	5.528	8
„ Westfalen .	2.315	2.109	15
„ Schlesien .	2.570	3.183	17
Summa	8.992	30.843	

Im Jahre 1857 war die Sterblichkeit für den Staat 914 Menschen oder 10 %, im Jahre 1858: 2789 Personen oder 9 % der Erkrankten. Sehr bedeutende Schwankungen zeigten sich hinsichtlich der Sterblichkeit in den einzelnen benachbarten Gegenden im Jahre 1858; so betrug dieselbe im Regierungsbezirk Arnsberg 20 %, im Regierungsbezirk Köln 3 %. Von 30.843 Erwachsenen waren 25.995 (85 %) geimpft, und 4.753 (15 %) nicht geimpft. Von 22.209 Erwachsenen (über 15 Jahr alten) waren 2.331 oder 10 %, von den 8.634 erkrankten Kindern (unter 15 Jahr alten) waren 2.427 (28 %) nicht geimpft.

Von 25.995 geimpften Erkrankten starben 1.730 oder 7 %, von 4.758 ungeimpften Erkrankten 1.055 oder 22 %.

Von 6.187 geimpften Kindern starben 503 oder 8 %, von 19.808 geimpften Erwachsenen 1.227 oder 6 %. Von 2.427 nicht geimpften Kindern starben 782 oder 32 %, von 2.331 ungeimpften Erwachsenen 273 oder 12 %. Die Sterblichkeit der geimpften Kinder verhielt sich also zu der der ungeimpften wie 1 : 4, die der ungeimpften Erwachsenen wie 1 : 2. (*Dr. W. Stricker, Studien über Menschenblattern, Vaccination und Revaccination. Frankfurt a. M. 1861. 8. S. 77.*)

Im Europäischen Russland herrschten, nur nach den Berichten der Civil-Hospitäler im Jahre 1855, Blattern-Epidemien in 14, im darauf folgenden Jahre in 17 Gouvernements. Nicht selten wurden auch Geimpfte von den Blattern befallen. Im Jahre 1855 betrug in 7 Gouvernements die Sterblichkeit zwischen 7 und 20 % der Erkrankten, in 7 andern Gouvernements von 22 bis 57 % der Erkrankten. Im Jahre 1856 starben in 13 Gouvernements von den an Blattern Erkrankten zwischen 6 und 20 %; in 4 Gouvernements betrug die Sterblichkeit 28, 30, 43 und 50 % der Erkrankten. (*Bericht über den Volksgesundheitszustand und die Wirksamkeit der Civil-Hospitäler im Russischen Kaiserreiche. Herausgegeben von dem Director des Medic.-Departements des Ministeriums des Innern, Civil-Generalstabsdoctor Fr. Otsolig. In Commission bei A. Hirschwald in Berlin. St. Petersburg 1856 und 1857.*)

Dass Blatternepidemien, wenn ihnen nicht durch eine zw
mässig geleitete allgemeine Vaccination vorgebeugt wurde, auch
neuerer Zeit sehr bösartig gewesen, lässt sich zumal in Frankr
nachweisen. Von mehreren Blatternepidemien, die in Frankr
in den Jahren 1850 und 1852 herrschten, wird erwähnt, dass (
ergriffen wurden, in denen die Mehrzahl der Bewohner gar n
vaccinirt worden war, z. B. in Lozère, wo unter 315 Erkranl
89 Todesfälle vorkamen. (*Mémoires de l'Acad. Impér. de Médec*
Tome 18. Paris 1854. 4. p. CLV.) In der Gemeinde Fou
im Arrondissement Rochefort, erkrankten innerhalb 8 Monaten
833 Bewohnern 73 an Blattern, von denen 23, also etwa ⅓
Erkrankten, starb. Es wird ausführlich erörtert, dass die Epide
keine lokale Begünstigung zu ihrer Verbreitung fand. (*Mém*
l'Acad. Impér. de Méd. Tome 17. Paris 1853. 4. p. XCI.)

Im Jahre 1854 erhielt die Französsische Academie der Med
13 Berichte über verderbliche Variola- und Varioloiden-Epidemiei
Innern Frankreichs, die sowohl den Norden als Süden, den O
und Westen des Landes betrafen, auf Gebirgen und am Meeres
auftraten. (*Ibid. Tome 20. Paris 1856. 4. p. CCI.*) Trouss
berichtete der Akademie, dass alle Aerzte, die im Jahre 185'
Frankreich Blatternepidemien beobachtet haben, erklärt hätten,
fast alle an Blattern Erkrankte welche starben, nicht vaccinirt
wesen sind. Man zählt noch gegenwärtig in Frankreich Gemein
die in Bezug auf die Vaccination vergessen wurden, oder in de
der Arzt, der hätte vacciniren sollen, mehrere Jahre lang
nicht gezeigt hat. Trousseau frägt: Wenn nun die Mensch
blattern, und der Fall ist eingetreten, in eine solche Geg
kommen, welche Hindernisse werden ihre Entwickelung hemm
(*Ibid. Tome 23. Paris 1859. p. XLVII.*] In verschiedenen
genden Frankreichs hat, wie aus den an die Akademie der Med
aus dem Innern Frankreichs ergangenen ärztlichen Berichten
sichtlich ist, die Bevölkerung der Vaccination sich hartnäckig wi
setzt, wenn eine Blattern-Epidemie ausgebrochen war, z. B

Jahre 1856 in der Epidemie, die zu Drombat-sur-Vair herrschte.
(*Ibid. Tome* 22. *Paris* 1858. *p. XC.*) Ob das erschütterte Vertrauen des Französischen Volkes zur Impfung, eine Folge des von
der Franz. Akademie vorzugsweise in trockener Form zwischen
Glasplatten versendeten Impfstoffes war, welcher, wie schon erwälnt,
von 50 und mehr % Fehlimpfungen begleitet war, wird in den
Mémoires der Akademie nicht erörtet. Im Jahre 1855 wurde von
der Franz. Akademie der Medicin 9.970 mit trockenem Impfstoffe
gefüllte Plattenpaare, und 4.200 mit flüssiger Lymphe gefüllte Röhr-
chen versendet. (*Bulletin de l'Acad. Impér. de Médecine. Tome
XXIII.* 1857—1858. 8. *p.* 93—97.)

Die Pocken-Epidemieen, welche während der Jahre 1847 bis
1855 in Schweden herrschten, waren im Jahre 1850 über das
ganze südliche und mittlere Schweden (in 19 Länen) verbreitet, im
Jahre 1851 in 22 Länen. Es starben an den Pocken 6.347 Menschen. (*Schmidt's Jahrb. d. ges. Medicin.* 1859. *Bd.* 104. *S.* 276.)

Der Kürze wegen mögen vorstehende der neuern Zeit entnommene Beispiele über den Ausgang von Blatternepidemien in
verschiedenen Ländern genügen, um nachzuweisen, dass die Resultate der Schutzpocken-Impfung im Königreiche Bayern günstiger
als in andern Staaten gewesen sind.

Bemerkenswerth scheint, dass in denjenigen Staaten, in welchen
in Folge eingetretener Blatternepidemien höhere Sterbeziffern als
in Bayern vorkommen, auch kein entschieden grösserer Schutz der
vollzogenen Impfung für ein gewisses Lebensalter mit Bestimmtheit nachgewiesen werden kann, (wie dies für Bayern durch
die Beilage 2 geschehen) — weder eine der Bayerischen ähnliche
Zwangs-Impfung, noch eine allgemeine Anwendung des alljährlich
durch die Kuh regenerirten Impfstoffes eingeführt ist.

1. Beilage. **E r g e**

der Schutzpocken-Impfung im Königrei

Jahr.	Geimpft wurden				Zur Impfung des nächsten Jahres verwiesen			We Erste der u lic Blat kran von Imp bef
	öffentlich		privat		wegen ungehor-samen Ausblei-bens	wegen durch Krankheit ent-schuldigten Aus-bleibens	wegen erfolglo-ser aber noch nicht drei Mal wiederholter Impfung	
	mit Erfolg.	ohne	mit Erfolg.	ohne				
*) 1831	82.207	1.395	1.614	22	1.409	3.828	1.338	2(
1832	96.798	1.426	2.134	256	1.262	4.910	830	8
1833	96.841	2.056	2.660	91	1.302	5.597	1.362	2(
**) 1834	101.341	1.685	3.169	241	1.373	4.678	1.490	30
	377.187	7.162						
1835	104.505	1.387	2.276	23	1.827	5.036	863	23
1836	107.411	995	3.303	21	981	5.987	626	2(
1837	101.938	817	2.798	24	1.326	4.973	1.098	4(
1838	99.954	707	2.538	22	1.744	5.057	356	1(
1839	103.753	758	2.649	11	1.591	5.571	415	(
1840	106.469	771	3.009	112	1.455	4.798	569	1(
1841	110.610	780	2.711	36	2.112	4.418	471	22
1842	106.439	710	2.586	15	1.714	4.531	403	1(
1843	111.569	741	2.461	19	1.695	.5.093	391	19
1844	107.532	666	2.708	18	1.182	4.082	420	14
1845	106.450	559	2.708	22	1.764	4.386	343	14
1846	111.513	615	2.851	15	811	4.599	369	1
1847	106.827	632	2.744	13	1.115	4.300	537	2
	1.385.009	10.174						
1848	99.169	590	2.589	6	1.094	4.062	349	4
1849	103.869	625	2.648	9	1.514	4.317	361	18
1850	117.648	764	3.092	61	1.135	4.590	309	52
1851	107.036	797	2.747	16	1.218	3.977	486	29
1852	110.462	740	2.751	7	724	4.104	479	27
1853	98.933	634	2.639	12	515	3.427	431	20
1854	106.440	675	2.702	4	488	3.511	418	23
1855	98.877	605	2 367	11	376	3.355	458	14
1856	100.466	557	2.991	15	418	3.388	389	8
1857	106.589	364	3.072	25	455	2.992	170	9
1858	106.709	475	3.096	22	366	2.957	262	12
1859	107.745	388	3.006	11	441	2.670	235	6
1860	110.791	381	3.216	22	334	2.774	231	6
	1.374.734	7.595			9.108			

s s e   1. Beilage.

rn in den Jahren 1831 bis 1860 inclusive.

Bemerkungen.

*) Für das Jahr 1831 sind die Impfergebnisse für den Untermainkreis, gegenwärtig Unterfranken und Aschaffenburg, nicht aufgeführt, weil das sie enthaltende Verzeichniss nicht aufgefunden werden konnte. .

**) In den Jahren 1831 bis 1834 inclusive, sind für den ehemaligen Rheinkreis, jetzt Pfalz, nur die mit Erfolg geimpften Kinder berechnet. Alle übrigen Rubriken sind nicht berechnet, weil die Ziffer für dieselben in den Berichten der k. Regierung nicht angegeben ist. Wäre die Ziffer für alle Rubriken angegeben, so würden die Rubriken, welche die Fehlimpfungen enthalten, in jenen Jahren noch mehr belastet erscheinen.

In den Jahren 1831 bis 1834 inclusive, wurde mit altem, durch viele Hunderte von Generationen durchgegangenen Impfstoffe geimpft. Auf 377.187 gelungene öffentliche Impfungen kamen 7.162 Fehlimpfungen. Mithin kam auf 52 gelungene Impfungen eine Fehlimpfung.

In den dreizehn Jahren von 1835 bis 1847 inclusive, wo in den Jahren 1835 und 1836 einige Aerzte noch mit altem Impfstoffe impften (*s. Dr. Reiter, Beiträge zur richtigen Beurtheilung und erfolgreichen Impfung der Kuhpocken, München* 1816. 8. *S.* 158), wurden auf den öffentlichen Impfungen 1.385.000 Kinder mit, und 10.172 ohne Erfolg geimpft. Mithin kam auf 136 gelungene Impfungen eine Fehlimpfung.

In den letzten dreizehn Jahren von 1848 bis 1860 inclusive, wurden 1.371.734 Kinder auf den öffentlichen Impfungen mit, und 7.595 ohne Erfolg geimpft. Demnach kam auf 180 gelungene Impfungen nur eine Fehlimpfung.

.

2. Beilage.

über sämmtliche an Blattern im Königreiche Ba~

Aus den Berichten sämmtlicher königl. Bayerische~

(Das Etatsjahr beginnt mit dem 1. October un~

Jahre.	0—1 Jahr		1—5 Jahre		5—10 Jahre		10—20 Jahre		20—30 Jahre		30—40 Jahre	
	männl.	weibl	männl.	weibl.	männl.	weibl.	männl.	weibl.	männl.	weibl.	männl.	weibl.
1839/40	99	83	35	42	5	14	6	7	24	31	42	32
1840/41	94	85	18	27	12	6	13	10	46	35	66	65
1811/42	121	105	23	34	3	6	12	8	18	18	52	47
1842/43	97	82	26	25	9	9	8	10	16	14	33	41
1843/44	93	76	36	27	13	7	6	6	31	24	44	38
1844/45	60	42	23	20	6	3	13	3	4	12	13	14
1845/46	42	33	16	19	—	8	—	1	1	4	4	3
1846/47	43	29	13	17	2	6	—	1	1	3	1	2
1847/48	36	43	26	23	9	7	20	19	7	5	7	4
1848/49	118	120	33	38	10	9	14	4	24	21	37	38
1849/50	228	217	47	42	9	10	13	10	36	46	78	72
1850/51	116	114	27	23	10	15	3	12	15	17	19	24
1851/52	132	110	05	40	5	9	7	3	16	21	15	21
1852/53	94	87	52	57	10	9	6	7	9	7	22	21
1853/54	125	88	55	62	18	19	26	26	6	16	21	17
1854/55	92	67	9	16	8	6	4	3	5	6	17	18
1855/56	101	123	33	39	9	4	6	3	10	12	15	17
1856/57	32	27	7	8	4	3	2	2	4	6	10	9
1857/58	90	80	7	28	4	3	1	4	7	5	14	14
1858/59	32	27	2	2	—	1	—	—	3	1	4	1
1859/60	20	29	5	7	1	2	2	2	3	3	0	8
	1.865	1.667	558	605	147	156	162	141	286	307	523	506
	3.532		1.163		303		303		593		1.029	

XI. Anderweitige Belege zu den guten Erfolgen des alljährli~ durch Kühe regenerirten Schutzpockenstoffes.

Im Jahre 1842 waren über die von der französischen A~ demie der Wissenschaften gestellte Preisaufgabe, die Vaccinati~ betreffend, 35 concurrirende Abhandlungen eingegangen. Der a~

l l e   2. Beilage.

ene, zusammengestellt nach Alter und Geschlecht.

für die Jahre von 1840 bis einschliesslich 1860.

lem letzten September des folgenden Jahres.)

—60 Jahre	60—70 Jahre		70—80 Jahre		80—90 Jahre		90 Jahre u. darüber		Summa		Von Aerzten behandelt.	Ohne ärztliche Hülfe.
weibl.	mnnl	weibl.	mnnl.	weibl.	mnnl	weibl.	mnnl.	weibl.	mnnl.	weibl.		
6	2	2	—	8	—	—	—	—	248	245	269	224
3	3	3	—	2	—	1	—	—	307	273	350	230
7	—	2	—	2	—	—	—	—	277	259	314	222
13	1	3	—	4	—	—	—	—	241	217	232	226
4	4	7	—	4	—	—	—	—	264	221	269	216
6	1	—	1	—	—	—	—	—	140	106	138	108
1	3	3	—	—	—	—	—	—	72	74	78	68
1	—	—	—	—	—	—	—	—	65	59	65	59
1	4	2	—	—	—	—	—	—	119	108	113	114
9	4	1	—	—	—	—	—	—	308	285	319	274
23	9	7	—	1	1	—	—	—	570	509	580	499
10	1	2	1	—	—	—	—	—	239	242	247	234
30	6	18	6	9	1	—	—	—	308	293	364	237
12	7	—	4	4	—	—	—	—	251	220	238	233
18	3	2	—	1	—	—	—	—	307	280	321	266
5	1	1	1	—	—	—	—	—	160	139	186	113
21	13	19	10	11	1	—	—	—	227	259	233	253
9	3	1	2	—	—	—	—	—	79	77	92	64
9	3	1	—	—	—	—	—	—	156	160	155	161
6	7	2	1	—	—	—	—	—	67	41	54	57
13	1	2	1	1	—	—	—	—	54	77	91	40
207	76	78	27	47	3	1	—	—	4.459	4.147	4 708	3.808
455	154		74		4				8.606		8.606	

gesetzte Preis (10,000 Franken) wurde zwischen drei Bewerbern getheilt, während den Verfassern der eingekommenen Abhandlungen Nr. 23, 22, 7 und 9, ohne dass ihre Namen veröffentlicht wurden, eine ehrenvolle Erwähnung zu Theil wurde. (*Comptes rendus hebdomadaires des séances de l'Académie des Sciences; Tome XX. Nr. 10. (10. Mars 1845.) Paris 1845. 4. p. 632.*)

Aus dem kurzen Auszuge, welchen diese *Comptes rent*
(p. 648) aus der unter **Nr. 22** eingegangenen Abhandlung e
halten, geht zweifellos hervor, dass der Verfasser derselben 1
Dr. Reiter in München gewesen sein kann, da kein Anderer s
dem Jahre 1830 Rückimpfungen vom Menschen auf Kühe in Bayc
gemacht hat (*Bayerische Annalen*. 8. *October* 1833. *Nr.* 1:
Blatt für Vaterlandskunde, Nr. XLI. — *Dr. Reiter, Beitre*
zur richtigen Beurtheilung und erfolgreichen Impfung der Kt
pocken, München 1846. *S.* 150), auch auf Befehl der k. bay
Regierung nur Dr. Reiter vergleichende Versuche zwischen c
Wirkung der Retrovaccinlymphe (*cow-pox artificiel*) und des dur
viele menschliche Generationen gewanderten Kuhpockenstof
(*ancien vaccin*) angestellt hat, ferner Dr. Reiter in seiner so eb
erwähnten Schrift auf S. 157 und 158 nachgewiesen hat, dass c
mit Retrovaccinlymphe vollzogenen Impfungen weniger als 1
Fehlimpfungen zur Folge hatten, während die mit altem Stoff (a
cien vaccin) vollführten Impfungen nahe an 3 % Fehlimpfung
ergaben.

In dem citirten *Comptes rendus* heisst die betreffende Stel
S. 648, also:

„*En effet, il résulte des expériences de l'auteur du n° 2*
commencées en 1830 et continuées les années suivantes, que
vaccin de l'homme se régénère en traversant l'organisme de
vache. Cette conclusion est fondée sur des milliers de vaccinatio
faites dans le royaume de Bavière, par ordre du gouverneme:
et comparativement avec le cow-pox artificiel et l'ancien vacc.

Du tableau comparatif que produit l'auteur, il résulte que
vaccin ainsi régénéré offrait moins d'un insuccès sur cent, tan:
que l'ancien vaccin en présentait près de trois.

En recherchant la cause de ces résultats opposés, votre Co.
mission croit l'avoir entrevue dans les conditions particulières c
vaches soumises à l'expérimentation. En effet, les auteurs c
n° 7, 23, 19 et 24 choisissent pour leurs inoculutions des génisse

*tandis que l'auteur du n° 22 recommande de les prendre
pleines, ou au début de la lactation.*"

Die mit der Durchsicht der eingegangenen Preisaufgaben be-
auftragte Commission erkennt, dass der Verfasser der Abhandlung
Nr. 22, eben deshalb weil er trächtige, oder neumilchende Kühe
zu seinen Rückimpfungen verwendete, eine wirklich regenerirte
Kuhpockenlymphe erzielte, während Andere, die den Impfstoff
vom Menschen auf Kuhkälber (*génisses*) übertragen hatten, zu
dem zu absoluten Schlusse gelangt waren, dass die Kuh den von
ihr durch Impfung aufgenommenen Stoff ebenso wiedergiebt, wie
sie ihn empfangen hatte. Die von dem Dr. Reiter seit Jahren
nur mit Retrovaccinlymphe vollzogenen vom günstigsten Erfolge stets
begleiteten Impfungen, haben demnach bereits im Jahre 1845 die
Prüfungs-Commission der Französischen Akademie der Wissenschaften
zu der Anschauung gebracht, dass nur in der Milchsecretion stehende
Kühe geimpft werden müssen um einen regenerirten kräftigen Impfstoff zu erzielen, eine Ansicht, die in den fortgesetzten Erfahrungen
des Dr. Reiter, des Dr. Unger in St. Florian, des Herausgebers
und Anderer, ihre volle Bestätigung gefunden hat.

Die intensive durchaus befriedigende Wirkung des von dem
Dr. Reiter in der Nähe von München alljährlich regenerirten Schutzpockenstoffes hat ausser der erwähnten Bestätigung durch 300 bayerische Gerichtsärzte, auch Anerkennung im
Auslande gefunden.

Belege hierzu sind: die ausführliche Beschreibung der Wirkung
des Münch'ner Impfstoffes durch den ehemaligen Wiener Findelhaus-
Wundarzt A. F. Zöhrer (*Der Vaccineprocess und seine Krisen.
2te Aufl. Wien 1846. 8. S.* 61—67), das Zeugniss des Prof. Hörmann in Wien (*Amts-Bericht des Vorstandes über die 4te, zu
Brünn vom 20. bis 28. Sept. 1840 abgehaltene Versammlung der
deutschen Land- und Forstwirthe, herausgeg. v. Prof. J. K. Nestler.
Olmütz 1841. 8. S.* 112—114), ferner ein dem Herausgeber vor-
liegendes Schreiben des Dr. Horstmann aus Marburg, vom 28.

März 1855, nach welchem, in Folge der von dem Dr. Reiter erh&
tenen und in Marburg verimpften Retrovaccinlymphe, die entstanden(
Pusteln eine viel schönere und charakteristischere Form zeigten &
bei der gewöhnlichen Impfmethode. Derselbe bezeugte in einem sp
teren Schreiben aus Marburg, vom 24. Juli 1859, dass die schon s(
Jahren durch die Münch'ner Retrovaccinlymphe in Kurhessen erzeu
ten Pusteln ausgezeichnet schön sind. Ferner bezeugten am 4. u)
8. Februar 1848 Dr. Scheffer, Physicus zu Rauschenberg, u)
Dr. Clauss, Physicus zu Rosenthal, beide in Kurhessen, mit B(
drückung ihrer Amtssiegel, dass die von dem Dr. Reiter regen
rirte und von ihnen verwendete Kuhpockenlymphe, im Verglei(
zu dem bisher in Kurhessen gebräuchlichen Schutzpockenstoff
der durch sehr viele Generationen gewandert war, eine weit inte.
sivere Ansteckungskraft besitzt, und durch dieselbe stets echte Ku
pocken erzielt worden.

Der Herausgeber hatte erfahren, dass der Kurfürstl. Hessiscl
Kreisphysicus Dr. König in Ziegenhain, seit einer langen Reil
von Jahren, mittelst der von dem k. b. Central-Impfarzte Dr. Reit(
alljährlich bezogenen Retrovaccinlymphe viele amtliche Impfung(
unternommen hatte, daher ersuchte er Herrn Dr. König brieflic
um das Resultat seiner Erfahrungen hierüber. Hierauf erfolg
unter dem 8. März 1861 die Antwort: „dass Dr. König seit d(
„Jahre 1837 in seinem, dem grössten Physikatsbezirke von Kurhesse
„die alljährlich gesetzlich vorgeschriebenen öffentlichen Impfung(
„mit der von dem Dr. Reiter alljährlich regenerirten Kuhpocke
„lymphe vollzogen habe, wodurch dem Dr. König nicht allein (
„Beruhigung gewährt worden, auf den Impfling keinen krankhaft
„Stoff von Andern zu übertragen — eine Besorgniss, welche unwid(
„legbar der durch viele Generationen gegangenen Lymphe ankle.
„sondern auch in der angedeuteten langen Reihe von Jahren, il
„die Ueberzeugung eingeflösst worden, dass im Vergleich zu d(
„Verfahren vermittelst künstlich conservirter Lymphe zu impf(
„der Weg der er betreten, als ein viel schützenderer und zuv(

„lässigerer sich herausgestellt, da — dieses ist Dr. König's und
„einer Menge seiner Collegen Erfahrung, welche durch ihn angeregt,
„sich ebenfalls regenerirte Kuhpockenlymphe von München kom-
„men liessen:

> „ungeachtet seit **24 Jahren** in den Physicats-Bezirken von
> „Kurhessen wiederholt zum Vorschein gekommener Epide-
> „mien von Varioloiden, nach sorgfältigst eingezogenen Er-
> „kundigungen, auch nicht ein einziges der mit regenerir-
> „tem (Münch'ner) Stoffe geimpften Individuen, weder von
> „modificirten noch von wirklichen Menschenblattern heim-
> „gesucht worden."

Gestützt auf diese Erfahrung, beantragte Dr. König bei dem
Kurfürstl. Hessischen Ober-Medicinal-Collegium, dass vom Frühjahre
1861 an, im gesammten Kurstaate kein impfpflichtiges Kind mit
anderem Stoffe als mit durch Retrovaccination regenerirter Kuhpockenlymphe geimpft werde, die von dem k. b. Central-Impfarzte
Dr. Reiter in München zu beziehen wäre.

Das Kurfürstl. Hessische Ober-Medicinal-Collegium ersuchte in
einem Schreiben vom 15. Januar 1861, den Dr. Reiter um Einsendung von 30 Portionen Retrovaccinlymphe zur Verbreitung dieses
Stoffes im Kurstaate. Dieser Aufforderung entsprach Dr. Reiter
im Frühlinge desselben Jahres durch Zusendung von 30 mit Retrovaccinlymphe zweiter Generation gefüllter Glasröhrchen.

Nach Erwähnung der Erfahrungen, die mit der aus München
erhaltenen Retrovaccinlymphe seit einer langen Reihe von Jahren
in- und ausserhalb Bayern gemacht sind, gestattet sich der Herausgeber seine eigenen Beobachtungen hierüber vorzulegen.

Er ist wiederholt Zeuge der erfolgreichen Uebertragung des
Vaccinestoffes vom Menschen durch Herrn Dr. Reiter auf Kühe
gewesen, und hat den ordentlichen öffentlichen Impfungen desselben
mit Retrovaccinlymphe in München beigewohnt, wo in wenigen
Wochen mehr als tausend Kinder geimpft wurden, indem über 200,
an einigen Impftagen fast 300 Kinder gleichzeitig erschienen. Vor

Ertheilung des Impfzeugnisses, wurde jedes vor 8 Tagen gein
Kind am Contraltage genau besichtigt. Hierbei war deutlich zu
merken, dass bei allen Kindern (auf jedem Arme waren 4—5 I
stiche gemacht worden) die Schutzpocken in fast durchgän
gleicher Vollkommenheit: deutlich rund, erhaben, mit au
prägter Delle, perlfarben, tief im corium gebettet, dabei prall
hart anzufühlen waren, bei kaum beginnender oder gar nicht
handener Randröthe am 8. Tage. Im Monat Mai 1861 bewi
die kühle Witterung eine allgemeine Verspätung in der Entwi
lung der Impfpusteln, die aber am 9. Tage, obwohl etwas k
doch zu vollkommen normaler Entwickelung gediehen.

Die nur am Rande geöffneten Pusteln liessen deutlich
charakteristischen zelligen Bau erkennen; die langsam aus il
hervortretende, wasserhelle, klebrige Lymphe sammelte sich zu
nen, klaren Tröpfchen, und wurde nur von den gesundes
Kindern sofort zu Weiterimpfungen verwendet. Die in Folge
Zwangs-Impfung zahlreich zum Contraltage erschienenen Impfl
gestatteten eine sehr sorgfältige Answahl der Mutterimpflinge, w
hautunreine, mit scrophulöser oder rhachitischer Anlage, oder a
gend einem Grunde nicht für ganz gesund zu halten, oder überh
jüngere als sechsmonatliche Kinder ganz vermieden werden kon
Einen solchen im Allgemeinen bei fast allen Impflin
durchaus gleichmässigen Erfolg der Schutzpocken
pfung wie in München, hat der Herausgeber in andern öffentli
Impf-Anstalten, wo die Impfungen mit einem durch sehr zahlr
menschliche Generationen durchgewanderten Impfstoffe an oft
wenige Wochen oder Monate alten Kindern vollzogen werden,
in London, Paris, Wien, Dresden und Berlin nicht wahrgenom
Diese von der Constitution der Impflinge weit weniger bed
Wirkung des Schutzpockenstoffes, glaubt der Herausgeber der (
die Kuh alljährlich regenerirten Retrovaccinlymphe zuschreibe
müssen, welche durch keine grosse Zahl von menschlichen (
rationen fortgepflanzt wird.

Fernere beachtenswerthe Zeugnisse über die intensive Wirkung der alljährlich durch Kühe erneuerten Retrovaccinlymphe möchten folgende sein:

Nach einer Mittheilung vom Dr. Magliari, ist es seit dem Jahre 1806 in Neapel etwas Alltägliches, Vaccine von Kindern auf die Kuh zu verpflanzen. Diesem Process dankt man dort zweifellos das Freibleiben von bösartigen Varioloiden-Epidemien, welche andere Länder heimsuchen. (*Schmidt, Jahrbücher der ges. Medicin.* 1834. 2. *Bd. S.* 171.)

Dr. Carganico, Kreisphysikus in Darkehmen, im Regierungsbezirk Gumbinnen, hat seit dem Jahre 1830 bis 1834 alljährlich, also fünf Jahre nach einander, in jedem Frühjahre eine Kuh geimpft, und mit der auf den Kühen erzeugten Lymphe einen und zwar immer denselben Theil eines Kreises durchvaccinirt. (*Medic. Zeitung, herausgeg. von dem Vereine für Heilkunde in Preussen.* 1834. *Nr.* 41. *S.* 193). Es wurde jedes Mal ein gewisser Abschnitt des Kreises, 310 bis 350 Impflinge enthaltend, und zwar in jedem Jahre in 7—8 Derivationen (Generationen) durchgeimpft. Es wurde immer wieder derselbe Theil des Kreises mit Impfung aus dieser Quelle versehen, in der Idee, dass wenn hieraus wirklich ein stärkerer Schutz erwachsen sollte, sich dies, bei längerer Fortsetzung des Experimentes und bei wieder eintretender Pocken-Gefahr, in augenfälliger Art und geographisch dadurch nachweisen lassen müsste, dass diese ganze Gegend vorherrschend befreit bliebe.

Diesen Impfversuchen des Dr. Carganico widmete Dr. J. N. Rust seine Beachtung. (*Rust, Aufsätze und Abhandlungen aus dem Gebiete der Medicin, Chirurgie und Staatsarzneikunde.* 2. *Bd.* 1836. 8. *S.* 495). Es konnten jedoch, der Natur der Sache nach, diese Versuche erst nach Verlauf von einigen Jahrzehnten — ob die mit alljährlich regenerirter Retrovaccinlymphe bis in die siebente oder achte Generation Geimpften, mehr oder weniger gegen Blatterninfectionen als auf gewöhnliche Weise Geimpfte sich als geschützt erwiesen — ihre richtige Würdigung erhalten.

Da über den Erfolg der Versuche des Dr. Carganico bis[
keine Veröffentlichung statt gefunden, so ersuchte der Herausge[
im März 1860 Herrn Regierungs-Medicinalrath Dr. Keber in Gu[
binnen, um gefällige Auskunft hierüber. (Dr. Carganico war
Jahre 1858 als Regierungs-Medicinalrath in Gumbinnen gestorb[
Herr Reg.-Medic.-R. Dr. Keber hatte die Güte mitzutheilen, d[
der von dem ehemaligen Kreisphysikus Dr. Carganico in D[
kehmen, im Wege der Retrovaccination geimpfte Theil des D[
kehmer Kreises, wie die vorhandenen Acten beweisen, nicht b[
das Kirchspiel Dombrowken, sondern auch, zum Theile wen[
stens, die Kirchspiele Szabienen und Kleszowen umfass[
Gleichzeitig theilte Herr Dr. Ungefug, Kreisphysikus zu Dark[
men, in Folge der an ihn deshalb ergangenen Bitte, mit gröss[
Bereitwilligkeit unter dem 12. April 1860 dem Herausgeber in ein[
ausführlichen Schreiben das Ergebniss seiner Forschungen über [
Erfolge der Impfungen des Dr. Carganico mittelst Retrovacc[
lymphe mit. Nach dem Zeugniss des Herrn Reg.-Medic.-R. [
Keber, sind diese Forschungen überaus gewissenhaft und sorgfäl[
angestellt worden.

Aus denselben ergiebt sich nach den noch vorhandenen Im[
listen für die Jahre von 1830 bis 1833 incl., dass der damali[
Kreisphysicus zu Darkehmen Dr. Carganico alljährlich eine K[
impfte, und den von derselben genommenen Impfstoff mit Erf[
auf Kinder, und von diesen zu Weiterimpfungen vorzugsweise [
Kirchspiele Dombrowken übertrug; ferner, dass im Darkehmer Kre[
in den Jahren 1835/6 die Menschenblattern geherrscht haben. H[
Reg.-Medic.-R. Dr. Keber bezeichnete damals in seinen Bericht[
das Fermersche, am 26. Mai 1835 zu Kruschinnen (Kirchspiel Bal[
ten) an den Varioloiden leicht erkrankte Kind als beachtenswer[
weil es in der Impfliste des Dr. Carganico für 1832, sub Nr. 4[
als am 26. Juni geimpft, und am 3. Juli als „gut" in Betreff [
Erfolges verzeichnet worden war.

Herr Dr. Ungefug theilt ein ausführliches Verzeichniss v[

55 in 6 Kirchspielen gelegenen Ortschaften des Darkehner Kreises mit, durch welche die Menschenblattern vom Januar 1854 bis
Juni 1855 epidemisch die Runde durch den ganzen Kreis mach-
ten, auch in der Stadt Darkehmen auftraten, während in dem
ganzen grossen Kirchspiele Dombrowken die Menschenblattern
nur im Januar 1854 im Dorfe Gurren sich vorfanden, wohin
sie, nach dem Physikalsberichte vom 29. Januar 1854 an das
königl. Landrathsamt, durch einen 40jährigen Ziegelbrennerknecht
eingeschleppt worden, und wo ausser diesem zwei noch ungeimpfte Kinder, eins von ¾, das andere von 1½ Jahren erkrankten.

Auserdem ist nur noch das dem Dombrowker Kirchspiele angehörige Dorf Gr. Illmen im Jahre 1854 von den Blattern betroffen, und zwar wurden sie dort durch einen Mann, G.
Paschke, 39 Jahr alt, eingeschleppt.

Alle andern Ortschaften, funfzehn an der Zahl,
welche in Dombrowken, wo Dr. Carganico nach den
noch vorhandenen Impflisten geimpft hatte, ihre Impf-
station haben, sind von der Blatternepidemie in den
Jahren 1854/5 verschont geblieben.

Das namentliche Verzeichniss aller von Menschenpocken in
dieser Epidemie betroffenen Kranken ergiebt aber, nach der Mittheilung des Herrn Kreisphysikus Dr. Ungefug, mit voller Bestimmtheit, dass nur ein einziger Impfling aus den Jahren
1830 bis 1833 ebenso erkrankt ist, und zwar der in der Impfliste
pro 1832, sub No. 509 aufgeführte Sohn Albrecht, 1½ Jahr alt,
des Bauern Jacob Moritz zu Rogalen, (Kirchspiel Szabienen), welcher den 27. Juni 1832 zu Szabienen mit „gut" in Betreff des Erfolges vom Dr. Carganico geimpft worden war. Derselbe hatte,
bei der am 11. April 1854 durch Herrn Dr. Ungefug unternommenen sanitätspolizeilichen Untersuchung, keine Impfnarben,
keinen Impfschein, und einen nur geringen zerstreuten Pocken-
ausschlag.

Von den Impflingen des Dombrowker Kirchspieles der Jahre

1831 bis 1834 sind Herrn Dr. Ungefug einige persönlich
kannt. Von denselben hat keiner später die Blattern gehabt.

Nach den namentlichen Listen ergiebt sich indessen in
treff der andern Kirchspiele, dass im Ganzen

im Alter von 20 Jahren fünf
„   „   „ 21   „   zwei
„   „   „ 22   „   fünf
„   „   „ 23   „   drei
„   „   „ 24   „   drei Personen an den Mensch
blattern erkrankt waren.

Hiernach dürfte nach der Ansicht des Herrn Dr. Ungel
feststehen, dass die Retrovaccinationsversuche des Dr. Cargani
die Impflinge für die Dauer von 20 Jahren gegen das Pockenc
tagium genügend geschützt haben, und wohl die Wiederhol
verdienen.

Der Herausgeber tritt dieser Ansicht völlig bei, und eracl
für seine Schuldigkeit, den Herren Reg. Med. Rath Dr. Keb
gegenwärtig in Danzig, Kreisphysikus Dr. Ungefug in Dark
men, Dr. Carl Carganico, praktischem Arzte in Elberfeld, c
Sohne des in Gumbinnen im Jahre 1858 als Reg. Med. Rath v
storbenen Dr. Carganico, seinen ergebensten Dank für
grosse Gefälligkeit und Genauigkeit abzustatten, mit welcher sell
den Herausgeber über den Erfolg vorstehender Versuche bele
haben. Herr Dr. C. Carganico in Elberfeld, hat auf die B
des Herausgebers nicht nur einige schwer lesbare Stellen der Ha
schrift seines seligen Vaters in den Acten zu entziffern die G
gehabt, sondern ausserdem auch eine Abschrift aus den Physik
Acten des Darkehner Kreises von 1830—1834, betreffend die
trovaccinations-Versuche seines verdienstvollen Vaters, dem Hera
geber zur Benutzung und Verwerthung gütigst zugestellt.

Umfassendere Erfahrungen über die Gewinnung, Verbreit
und den Schutz der Retrovaccinlymphe gegen Blatterninfetio

hat Dr. F. Unger im Lassnitzthale, zu St. Florian, in Steiermark, seit mehr als 20 Jahren alljährlich gemacht.

Der Herausgeber, der in St. Florian in zwei Sommern, im Jahre 1859 und 1860 längere Zeit gewesen, und dort nach Anleitung des Dr. Unger selbst Kühe mit Erfolg geimpft hat, ist vielfach Zeuge der gelungenen Uebertragungen des durch Dr. Unger von Kindern entnommenen Vaccinestoffes auf Kühe, und der Wirkung des von letzteren auf den Menschen übertragenen Stoffes gewesen, kann mithin über die Leistungen des Dr. Unger nach eigener Anschauung urtheilen.

Bereits im Jahre 1838 hatte J. Hörmann, Professor des k. k. Thierarznei-Institutes in Wien, nachdem er von der durchaus befriedigenden Wirkung der von dem Dr. Reiter aus München erhaltenen Retrovaccinlymphe sich überzeugt hatte, der k. k. steiermärkischen Landwirthschafts-Gesellschaft vorgeschlagen, sie möge durch Ueberlassung von Kühen zur Einimpfung der Kuhpockenlymphe, eine Anstalt gründen, von welcher Schutzpockenstoff stets frisch und ächt bezogen werden könne. Dieser Vorschlag fand allgemeinen Beifall. Der Graf Theodor v. Schönborn stellte sogleich seine schöne Meierei zu Dornegg, zur Verfügung, wo auch, wie das noch vorhandene Protokoll vom 17. October 1840 nachweiset, die ersten Impfversuche mit dem von **Sr. Kais. Hoheit dem Erbherzoge Johann** direct aus dem Londner National-Vaccina-Institute erhaltenen Impfstoffe, von dem Dr. Unger mit Erfolg ausgeführt wurden.

Der nächste Zweck dieser Rückimpfungen auf Kühe, war die unentgeldliche Versorgung der 120 in Steiermark angestellten Bezirksärzte mit alljährlich durch die Kuh regenerirter Retrovaccinlymphe.

Eine Kuhpocken-Regenerirungs-Anstalt, wie Dr. Macher berichtet, (*Medicinisch-statistische Topographie des Herzogthums Steiermark. Eine gekrönte Preisschrift. Graz. 1860. 4. S. 435*) giebt es in St. Florian nicht. (*Dr. Pienitz über die Impfanstalt*

zu St. Florian, im Jahresberichte für 1858—1860 von der
sellschaft für Natur- und Heilkunde in Dresden. Dresden. 1
8. S. 70.) Dr. Unger impft Kühe in den vereinzelten Ställen
Viehbesitzer in St. Florian und in andern Orten des Lassnitz
tes, je nachdem ihm die Kühe hierzu geeignet erscheinen, und
Viehbesitzer geneigt sind, ihm eine oder die andere ihrer in
Milchsecretion stehenden Kühe, aus Dankbarkeit gegen ihn für s
als Landarzt häufig geleistete Hülfe, zur Impfung, gegen eine
sehr mässige Vergütung von 2 Gulden für eine Kuh, und 40 K
zer für die Stallleute zu überlassen.

Durch das k. k. Hofkanzlei-Decret vom 13 Februar 1
sind jährlich 400 Gulden zur Kuhpocken-Regenerirung in St.
rian bewilligt worden. Diese Summe ist sehr klein um den
genthümern der Kühe (letztere dürfen vom Tage der Impfung
etwa 3 Wochen lang nicht gemolken werden) einen entsprech
den Ersatz für den Milchverlust zu gewähren, weil aus derse
Summe die Fahrten des Impfarztes, die üblichen Prämien
Mutterimpflinge, die zur Impfung nöthigen Utensilien und die K
leiausgaben des Impfarztes zu bestreiten sind.

Seit dem Jahre 1841 werden in St. Florian und Umgeg
etwa 12—15 Kühe alljährlich im Frühlinge und Sommer d
den Dr. Unger geimpft. Dr. Macher (ebendas. S. 435) giebt
dass nach einem amtlichen Ausweise vom Jahre 1858, in St.
rian vom Jahre 1845 bis 1857: 922 Kinder und 721 Kühe
impft wurden. — Dieser amtliche Ausweis beruht auf einem
thume, von welchem der Herausgeber bereits im Jahre 1859
zu überzeugen Gelegenheit hatte. In den 12 oder 13 Jahren
1845 bis 1857 sind etwa 150, höchstens 200 Kühe in St. Flo
geimpft worden. In der Wahl der Kühe wie der Impflinge
gleiche Sorgfalt verwendet, und nur von ausgezeichnet schö
Pocken Lymphe gesammelt. Bei der ersten Uebertragung des h
stoffes von der Kuh auf den Menschen, schlägt derselbe nicht
mer an, oder es erfolgt eine geringere Anzahl von Pusteln

Impfstiche gemacht wurden. Bei der 2. und besonders von der dritten Uebertragung dieses Impfstoffes von einem Menschen auf den andern, werden auf gesunden Kindern stets ausgezeichnet schöne Pusteln erzielt, welche den vom Herausgeber beschriebenen in München gesehenen, in jeder Hinsicht sehr ähnlich sind, während die durch directe Uebertragung des Impfstoffes von der Kuh auf den Menschen erzeugten Pusteln, in der Regel um 1 bis 2 Tage sich später entwickeln und auch kleiner sind, im Uebrigen aber alle charakteristischen Kennzeichen einer normal verlaufenden Impfpustel haben. —

Mit der alljährlich durch die Kuh regenerirten Schutzpockenlymphe werden in St. Florian und Umgegend, bis in die sechste oder achte Generation, im Ganzen etwa 120 Kinder im Jahre geimpft. Vorzugsweise wird nur die von der dritten Generation an, von Kindern entnommene Lymphe versendet, weil sie nicht nur viel sicherer haftet, sondern auch eine intensivere lokale und allgemeine Wirkung auf die Impflinge hat als der unmittelbar von den Eutern und den Strichen der Kühe auf den Menschen übertragene Stoff.

Die Impfungen in St. Florian geschehen mit 3—4 Impfstichen auf jedem Arme. Der zur Versendung bestimmte Impfstoff wird in Glasröhrchen, nie anders als in flüssiger Form versendet. Vom Jahre 1810 bis zum 12. März 1858 sind überhaupt 21.704 Phiolen (Glasröhrchen) versendet worden. (*Wochenblatt der k. k. steiermärk. Landwirthschafts-Gesellschaft.* 1858. 4. *No.* 13. *S.* 98.) Ueber die mit diesen Impfstoff-Versendungen erzielten günstigen Resultate sind dem Dr. Unger zahlreiche Dankschreiben zugegangen.

Die befriedigende Wirkung der von dem Dr. Unger seit einer Reihe von Jahren bezogenen Retrovaccinlymphe, hat den Begehr darnach aus fast allen Städten der k. k. österreichischen Staaten, auch aus dem Auslande, in einer Art gesteigert, dass demselben kaum mehr entsprochen werden kann, obwohl dem Herausgeber keine in öffentlichen Blättern erschienene Bekanntmachung: dass aus St. Florian Kuhpockenstoff zu beziehen sei, Gesicht gekommen ist.

Aus dem, von dem Herausgeber eingesehenen Versendun Protokolle der Kuhpockenlymphe aus St. Florian vom Jahre 18: ergiebt sich, dass in Folge eingegangener Zuschriften, an Aerz Impfärzte, Behörden, Impf - Institute, Hospitäler, Regiment und Privatpersonen, in Allem 577 an der Zahl, mit Retrovacc lymphe gefüllte Glasröhrchen versendet wurden. Die einem E pfänger übersendete Anzahl der Glasröhrchen betrug mindeste zwei, doch erhielten viele Empfänger 4, andere 6, ja 8 und einige sogar 16 Glasröhrchen in einer einmaligen Sendung. Na Wien allein, gingen auch im Jahre 1858 an 500 Glasröhrchen. demselben Jahre wurden Impfstoff - Versendungen an 28 Wien Aerzte gemacht, von denen Viele mehr als ein Mal Impfstoff hielten. Unter diesen finden sich die Namen renommirter Kind ärzte: Dr. Dr. Mayr, Pollitzer, Luczinsky, Lederer, U bantschitsch, Docent Dr. Bednar, welche mithin den a St. Florian erhaltenen Impfstoff, dem ohne Briefwechs aus dem Wiener Findelhause zu beziehenden vorzuzi hen scheinen.

Auf die von dem Herausgeber dem Dr. Unger vorgetrag Bitte: Nachforschungen anzustellen, ob Individuen, welche von i mit Retrovaccinlymphe geimpft wurden, später von den Mensch blattern oder ihren Abarten befallen wurden, antwortete derse unter dem 27. September 1859 Nachstehendes:

„An meinen Vaccinirten habe ich keinen spätern Ausbru „von *Variola vera* oder Varioloiden beobachtet, ungeachtet währ „meiner 20jährigen Anwesenheit im Lassnitzthale, mehrmals „*Variola vera* unter den Ungeimpften aufgetreten und bei die „Gelegenheit auch erwachsene Geimpfte in den Kreis dieser „krankungen gezogen wurden; doch erhob sie sich nie zu ei „Epidemie. Dieses Gesichertbleiben meiner Vaccinirten gegen „Arten der Variola, suche ich in der That in der zeitgemäs

„Regenerirung der Schutzpockenlymphe, vorzugsweise aber in
„dem strengen Festhalten: nur von eminenten Vaccine-
„Pusteln weiter zu impfen, und dabei auch der Quan-
„tität des Contagiums Rechnung zu tragen, daher 6—8
„Impfstiche auf jeden Impfling zu machen sind. Kein
„Geschäft duldet weniger einen Schlendrian als das
„des Impfens."

Der Herausgeber, der in St. Florian in zwei Sommern vielfach
Zeuge der Uebertragung des Impfstoffes durch den Dr. Unger auf
Kühe, und direct von diesen auf den Menschen, auch der Weiterimpfungen war, bezeugt mit bestem Gewissen, dass Dr. Unger
nur von vollendet ausgeprägten, durchaus normal entwickelten
Pusteln, von gesunden Kindern und Kühen, weiterimpfte. Gerechte
Anerkennung verdient aber, dass durch die Sachkenntniss, Gewis-
senhaftigkeit und unermüdliche Thätigkeit des Dr. Unger, die
günstige Lokalität des Lassnitzthales mit seinen kerngesunden, biedern
Bewohnern und schönen Kühen, schon seit einer ansehnlichen Reihe
von Jahren zu einer segensreichen Pflanzstätte für die Verbreitung
eines reinen und wirksamen Schutzpocken-Impfstoffes geworden ist.
Seit dem Jahre 1858 hat der Mag. chir. A. Lowy in Wien,
(*Ausserordentliche Beilage zu No. 9 der Wiener Medicinal-Halle*,
3. März 1861. *S.* 89) mit Hülfe einer auf drei Jahre von der k. k.
österreichischen Regierung ihm bewilligten Subvention von jährlich
500 Gulden, den von Menschen auf Kühe übertragenen Schutzpockenstoff verimpft, und nach seinem Berichte (*Ausserordentliche
Beilage zu No. 13 der Wiener medicin. Wochenschrift*, 26. *März*
1859. *S.* 211) mit Erfolg sowohl auf andere Kühe (?) als auch
auf Menschen weitergeimpft. Aus seinen oft wiederholten Bekanntmachungen über die von ihm zu hohen Preisen zu beziehende regenerirte Kuhpockenlymphe (z. B. *Spitals-Zeitung. Beilage zur
Wiener medic. Wochenschrift No.* 11. 4. *Juni* 1859. *S.* 163; *ferner
ebendas. No.* 35. 1. *Sept.* 1860, *und No.* 17. *S.* 259), ersieht man,
dass Lowy Impfstoff in flüssiger und trockener Form versendet,

auch dass Lowy Inhaber eines k. k. subventionirten Impfinsti
zur Regenerirung von Kuhpockenlymphe in Wien ist.

Lowy spricht (*Ausserordentl. Beilage zu No. 9 der W*
Medicinal-Halle. 3. März 1861. *S.* 94) sich dahin aus, dass
Creirung des Retrovaccinationsinstitutes in Wien, trotz der O
sition gegen dasselbe von Seiten der Direction des Findelha
erfolgte, „welche nur aus eigennützigen Motiven gegen die G
„dung desselben sich ausgesprochen haben konnte."

Dass Retrovaccinations-Institute in Städten angelegt, i
Zweck nicht vollständig erfüllen können, ist bereits durch die
fahrung hinreichend constatirt worden. Lowy giebt an, seit
Bestehen seines Retrovaccinations-Institutes, auf verschiedenen
ereien und in Wien vom Jahre 1858 an, im Ganzen 130 I
und Kalbinnen, in Allem 315 Kinder, und noch an 300 Aerzte
abgerechnet jene Aerzte, welche sich in den Orten und Umgel
gen, wo die Meiereien, auf denen er Kühe impfte, sich befin
— mit Phiolen, die mit regenerirter Lymphe gefüllt und mit
nernen Lanzetten, die mit derselben imprägnirt waren, verse
zu haben. (*Ebendas. S.* 89).

Wenn aber Lowy die Hoffnung ausspricht, die origina
Kuhpockenlymphe, falls sie aufgefunden würde, durch Fortp
zung auf Kühe zu erhalten, (*Ausserordentl. Beilage zu No.* 13
Wiener medicin. Wochenschrift. 26. *März* 1859. *S.* 213), so
innert dies an dieselbe schon vor 40 Jahren von Dr. Leo W
angegebene unausführbare Idee. (*Die bisher befolgten Maassre*
zur Verbreitung der Kuhpocken. Hamburg 1822. 8. *S.* 63)
Lowy hat ein unter dem 25. April 1860 von dem Dr. v. V
zanik, k. k. Primararzte und Decan des Doctoren Collegiums
medicinischen Fakultät zu Wien, ihm ertheiltes Zeugniss über
günstigen Erfolg seiner Impfungen mit regenerirter Kuhpoc
lymphe, in der allgemeinen Wiener medic. Zeitung (1861. *No.*
S 289) veröffentlicht.

XII. Ueber den gegenwärtigen Standpunkt der Schutzpocken-Impfung im Königreiche Preussen.

Nach dem Bayerischen Impfgesetze erfolgt die Strafe schon für ungehorsames Ausbleiben von der Impfung. Eben dadurch wird die Vaccination fast aller Impfpflichtigen rechtzeitig erzielt, woraus einzig und allein der allgemeine Nutzen der Schutzpocken-Impfung hervorgehen kann.

Anders ist es in Preussen, wo nach Dr. L. Pappenheim (*Handbuch der Sanitäts-Polizei. II. Bd. Berlin* 1859. *S.* 354) jedes Departement sein eigenes Impfreglement hat.

Der §. 1 des Regulativs über die Ausführung der öffentlichen Schutzpockenimpfung bestimmt, nach gesetzlicher Grundlage vom 8. August 1835, dass die Eltern und resp. Vormünder derjenigen Kinder, welche bis zum Ablaufe ihres ersten Lebensjahres ohne erweislichen Grund ungeimpft geblieben sind, und demnächst von den natürlichen Blattern befallen werden, wegen der versäumten Impfung, in Hinsicht der dadurch hervorgebrachten Gefahr der Ansteckung, in eine Geldstrafe bis zu fünf Thaler genommen werden. (*Dr. W. Horn, das Preussische Medicinalwesen, aus amtlichen Quellen dargestellt. Theil* 1. *Berlin* 1857. *gr.* 8. *S.* 227.)

Hieraus ist ersichtlich, dass die Straffälligkeit der Eltern oder Vormünder nicht durch ungehorsames Ausbleiben von der Schutzpockenimpfung, sondern lediglich dadurch bestimmt wird, ob das vor ihnen nicht zur Impfung gebrachte und über ein Jahr alte Kind, von den Blattern ergriffen worden, oder nicht. Dass durch ein solches Gesetz, der Verbreitung der Menschenblattern Vorschub geleistet wird, bedarf keiner Erörterung. Die Folgen dieses Gesetzes ergaben sich aus der Berliner Blatternepidemie in den Jahren 1858—1859. Im Alter von einem bis zu zehn Jahren erkrankten 284 nicht geimpfte Kinder, von denen 37 starben. So zahlreiche

Erkrankungen und Todesfälle nicht geimpfter Kinder werden nicht wiederkommen, wenn in Preussen die Entschliessung erfolgt, dass die Geldstrafe der Eltern oder Vormünder für ein nicht im ersten Lebensjahre geimpftes Kind, unmittelbar nach dem ungehorsamen Ausbleiben von der bereits geschlossenen öffentlichen Impfung polizeilich beigetrieben wird, vorausgesetzt, dass auch keine Privat-Impfung stattgefunden, auch dem Kinde keine zeitliche oder gänzliche Befreiung von der Impfung im Sinne der Bayerischen Gesetzgebung zu Theil wurde.

Zur Zeit der letzten Blatternepidemie in Berlin, erliess das dortige Königl. Polizei-Präsidium am 17. März 1858 eine Verordnung, nach welcher (§. 2) Eltern, Vormünder oder Pfleger, welche ohne zureichenden Grund die von dem Arzte geimpften Kinder zu der von ihm festgesetzten Zeit nicht vorgestellt haben, in eine Geldstrafe bis zu 10 Thaler, oder im Unvermögensfalle in eine Gefängnissstrafe bis zu 14 Tagen verfallen. (*Archiv der deutschen Medicinalgesetzgebung, von Dr. E. Müller und O. A. Ziurek. II. Jahrg. Erlangen* 1858. *S.* 111–115.) Erkennt man die Nothwendigkeit des Impfzwanges während des Verlaufes einer Blatternepidemie, weshalb will man nicht vor dem Erscheinen derselben den Impfzwang einführen, durch welchen erfahrungsmässig die Verbreitung von Blatternepidemien wesentlich beschränkt wird?

Die Zwangsmaassregeln in Betreff der Schutzpockenimpfung im Königreich Preussen (*Horn, l. c. Th.* 1. *S.* 180. §. 54) bestimmen, dass Schulvorsteher wohl thun, sich die Ueberzeugung zu verschaffen, dass die bei ihnen in Unterricht tretenden Personen geimpft sind. Im Gegensatz zu dieser Bestimmung entscheidet aber eine Ministerial-Verfügung vom 13. August 1856 (*Lehnert*), dass es in der Gemeine N. nicht statthaft ist, von dem Nachweise der Impfung die Aufnahme schulpflichtiger Kinder in die öffentliche Schule abhängig zu machen, oder gar nicht geimpfte Kinder aus der Schule zu entfernen. Sollte aber in N. eine Pockenepidemie ausbrechen, so wäre die Impfung sofort vorzunehmen. (*Horn, l. c. Th.* 1. *S.* 239.)

Dagegen ist zu bemerken, dass in Preussen (*Horn, l. c. Th.* 1. S. 244) die gewiss sehr nützlichen Revaccinationen in der Armee auch deswegen angeordnet sind, weil durch das Zusammenziehen der Soldaten in den Casernen, Lazarethen und Quartieren, die Blattern verhältnissmässig eine grössere Ausdehnung erlangen. Obige Ministerial-Verfügung vom 13. August 1856 scheint aber vorauszusetzen, dass gar nicht vaccinirte Schulkinder, wenn sie auch in oft dicht gefüllten Schulstuben sitzen, weniger der Blatternansteckung ausgesetzt sind als Erwachsene, die in ihrer Jugend vaccinirt worden. Eine solche Annahme würde aber mit allen bisherigen Erfahrungen in Widerspruch stehen.

In Bezug auf die im Königreiche Preussen zur Verwendung kommende **Kuhpockenlymphe** heisst es in dem Auszuge aus dem Landtags-Abschiede vom 30. December 1843 des 7. Provincial-Landtages der Provinz Sachsen: „Dem Vorschlage, dass von Seiten der „Regierung eine Veranstaltung getroffen werde, um stets und überall „gute Kuhpockenlymphe zum Impfen zu haben, stellt sich die Schwie„rigkeit entgegen, dass erfahrungsmässig die Gelegenheit zur Er„langung echter Kuhpockenlymphe nur höchst selten sich darbietet, „indess wollen Wir, dass von Seiten der Verwaltung Alles geschehe, „was zur Herbeischaffung echter Kuhpockenlymphe förderlich sein „kann." (*Horn, Th.* 1. *S.* 236.)

Aus dem Reglement der Königl. Schutzpocken-Impfungsanstalt zu Berlin, vom 30. October 1850, ist ersichtlich, dass nach §. 1 diese Anstalt eine doppelte Bestimmung hat:

a) den Bewohnern Berlins eine fortwährende Gelegenheit zur Impfung mittelst **echter Kuhpockenlymphe** zu verschaffen.

b) die zur Impfung berechtigten Medicinalpersonen des Preussischen Staates, auf Ansuchen derselben, mit **echter Kuhpockenlymphe** zu versorgen. (*Horn, Th.* 1. *S.* 239.)

In dem Regulativ über die Ausführung der öffentlichen Schutzpockenimpfung wird den Bezirks-Impfärzten vorgeschrieben, den Impfstoff jährlich **frisch** in den Monaten März und April aus dem

Königl. Impf-Institute in Berlin zu entnehmen. Wird der Impfstoff auf anderem Wege entnommen, so haben die Bezirks-Impfärzte solches in ihren Impfberichten ausdrücklich zu bemerken. (*Horn, Th. 1. S. 232. §. 17.*)

Es entsteht nun die Frage, welche Mittel stehen der Königl. Schutzpocken-Impfungs-Anstalt zu Gebote, um in den Besitz reichlicher, stets e c h t e r und f r i s c h e r Kuhpockenlymphe zu zahlreichen Versendungen in den Preussischen Staat, auch zur erfolgreichen Impfung in Berlin selbst, gelangen zu können?

Die erwähnte Bemerkung, dass erfahrungsmässig die Gelegenheit zur Erlangung echter Kuhpockenlymphe nur höchst selten sich darbietet, ist eine begründete. In den Jahren 1851—57 sind in 18 Regierungsbezirken und Kreisen Preussens, die Kuhpocken nur 37 Mal aufgefunden worden. (*Gerlach, Mittheilungen aus der thierärztlichen Praxis im Preuss. Staate. 5. Jahrgang. Bericht* 1856/57. *Berlin* 1858. 8. *S.* 57—58.) Im Jahre 1859 nur in fünf Regierungsbezirken. (*Canstatt's Jahresbericht über die Fortschritte der ges. Medicin im Jahre* 1859. *VI. Bd. Thierheilkunde. Würzburg* 1860.) In wie vielen dieser Fälle, der direct von der Kuh entnommene Stoff mit Erfolg auf den Menschen verimpft wurde, ist nicht angegeben. Wahrscheinlich war in den meisten dieser Fälle kein Erfolg, wenigstens lässt sich dieses nach den von H e r i n g (*über Kuhpocken an Kühen, Stuttgart* 1839. 8. *S.* 164) aus Acten gezogenen Zahlen annehmen, indem in Würtemberg innerhalb 10 Jahren in 283 Fällen, wo Pocken an mehr als 400 Kühen vorkamen, nur in 69 Fällen mit Erfolg auf den Menschen geimpft wurde; in 17 Fällen fand zufällige Ansteckung beim Melken statt; in 152 Fällen von wahrscheinlich echten Kuhpocken, sind die Impfversuche theils erfolglos geblieben, theils unterlassen, oder unausführbar gefunden. In weiteren 49 Fällen war der Ausschlag nach Verlauf, Form u. s. w. wesentlich abweichend, und die in 18 dieser Fälle versuchte Impfung ohne Erfolg.

In den 12 Jahren 1844 — 1855 (*Medicin. Corresp. Blatt des*

Würtemberg. ärztlichen Vereines. Bd. 26. Nr. 32. 15. Juli 1856.)
kamen in Würtemberg im Ganzen 316 Fälle von Pocken an Kühen
zur Anzeige, von denen 82, somit etwa der vierte Theil, als preis-
würdig auf Grund der erfolgreichen Impfung erkannt wurden.

Allerdings hat die Königl. Schutzpocken-Impfungs-Anstalt zu
Berlin, bisweilen originaire von Kühen entnommene Lymphe erhalten, namentlich vom Lande her von Seiten des Königl. Kreis-
Thierarztes Herrn Burmeister in Anclam, in den Jahren: 1844
aus Sarnow (Kreis Anclam), 1846 aus Bauer (Kreis Greifswald),
1847 aus Putzar (Kreis Anclam), und 1852 aus Gessendin (Kreis
Anclam). Herr Burmeister hat sich hierdurch ein namhaftes Verdienst erworben. Dem Herausgeber ist aus eigener Erfahrung hinreichend bekannt, dass das ohnehin mühsame Aufsuchen von Pocken
an Kühen, nicht nur mit grossem Zeitaufwande, sondern auch mit
vielen vergeblichen Fahrten und Reisekosten verbunden ist. Auch
wird die Krankheit, welche nur selten an einzelnen Kühen vorkommt, gewöhnlich in schon zu weit vorgeschrittenem Stadium angezeigt, als dass eine Lympheentnahme stattfinden könnte. Grössere
Viehbesitzer, welche die Pockenkrankheit an Kühen, als eine unge-
fährliche meist schon kennen, rufen, wenn das Uebel sich zeigt,
den Thierarzt nicht hinzu, verzichten auch lieber auf die von der
Königl. Preussischen Regierung bewilligte Prämie von fünf Thalern
(*Horn, das Preussische Medicinalwesen. 1. Th. Berlin 1857. S. 240.*)
für Pocken an Kühen, von denen die Lymphe zur Anstellung von
Impfversuchen verwendet werden kann, als dass sie dem Verkauf
ihrer Milch, Sahne und Butter Abbruch thun, was zu erwarten
stände, wenn eine unter ihrem Milchvieh ausgebrochene Krankheit
zur Kenntniss ihrer Abnehmer käme. Aus diesen Gründen, zumal
wegen der verspäteten Anzeige der Pocken an Kühen, wozu sich
auch in den Canstatt'schen Jahresberichten über die Fortschritte
der gesammten Medicin, (VI. Band, Thierheilkunde,) zahlreiche Belege finden, sind mit alleiniger Ausnahme von Würtemberg, wo
aber im Jahre 1834 auch keine Pocken an Kühen aufgefunden

werden konnten (*Medicin. Corresp.-Blatt des Würtemb. ärztlichen Vereines. Bd. 26. Nr. 32. 15. Juli 1856. S. 249—254*), die von verschiedenen Regierungen ausgesetzten Prämien für das Auffinden von echten Pocken an Kühen, fast völlig erfolglos geblieben, z. B. in B a y e r n eine Prämie von drei Ducaten (Ministerial-Entschliessung vom 5. August 1829; wiederholt am 6. August 1833); im G r o s s - h e r z o g t h u m H e s s e n zwei Karolin (*A. Henke, Zeitschrift für Staatsarzneikunde. 38. Jahrgang. 1858. Zweites Vierteljahrheft. Erlangen 1858. S. 411.*); im K ö n i g r e i c h e S a c h s e n zehn Tha- ler, laut Ánordnung der Königl. Sächsischen Landes-Direction vom 21. August 1833 (*Dr. L. Choulant, neue Sammlung sächsicher Medi- cinalgesetze. 1. Band. Leipzig 1834. 8. S. 383—387*); im H e r - z o g t h u m e S a c h s e n - A l t e n b u r g zehn Thaler, nach dem höch- sten Rescript vom 23. December 1836 und der Bekanntmachung der Herzogl. Sachsen-Altenburgischen Landesregierung vom 19. Ja- nuar 1837 (*Archiv der deutschen Medicinalgesetzgebung und öffent- lichen Gesundheitspflege von Dr. E. Müller und O. A. Ziurek. Erster Jahrgang. 1857. Erlangen. 4. S. 62*); im G r o s s h e r z o g t h u m B a d e n zwei Ducaten, nach der Verordnung des Grossherz. Mini- steriums des Innern vom 5. Mai 1829 (*Regierungsblatt. 1829. Nr. 11*). Am 24. April 1855, also nach 26 Jahren, hob dasselbe Ministerium die Verordnung vom 5. Mai 1829 wieder auf, weil „die Erfahrung „gelehrt hat, dass echte Kuhpocken bei inländischen Kühen nur „äusserst selten vorkommen, und dass die Anzeige von solchen „Fällen meistens so spät geschieht, dass eine weitere Verwendung „mit günstigem Erfolge nicht mehr stattfinden kann. Zur Förde- „rung der Vaccination im Allgemeinen, wird von Zeit zu Zeit f r i s c h e „K u h p o c k e n l y m p h e aus London (sic!) oder Berlin bezogen, „und es ist in den Impf-Instituten des Grossherzogthums stets „frische Schutzpockenlymphe in genügender Menge vorräthig." (*Dr. C. A. D i e z , Zusammenstellung der gegenwärtig geltenden Ge- setze, Verordnungen, Instructionen der Medicinal-Beamten und Sa- nitäts-Diener im Grossh. Baden. Carlsruhe 1857. 8. S. 420—421.*)

Im Königreiche Neapel 50 Ducati, wie die Neapolitanische Zeitung „Luna" meldete. (*F. S. Pluskal, die Ursachen des Fortbestandes variolöser Epidemien. Brünn* 1851. 8. *S. S.* 5.) In den Oesterreichischen Staaten bot der Dr. Ritter v. Wirer im Jahre 1837 eine Belohnung von 25 Species-Ducaten für das Auffinden ursprünglichen Kuhpockenstoffes aus. (*Med. Jahrbücher des k. k. österreichischen Staates.* 28. *Band. Wien* 1839. *S.* 325.) Dr. v. Fradeneck in Klagenfurt, zwei Ducaten (*über das Vorkommen von Kuhpocken an Kühen. Klagenfurt* 1841. 8. *S. X*). Das k. k. Hofkanzlei-Decret vom 18. November 1841 enthält eine Verordnung über die Auffindung originairer Kuhpocken. (*A. F. Zöhrer, der Vaccineprocess und seine Krisen.* 2. *Aufl. Wien* 1846. 8. *S.* 13.) Nach Lowy (*ausserordentliche Beilage zu Nr.* 13 *der Wiener medic. Wochenschrift.* 26. *März* 1859. *S.* 211) wird vom Aerar in Oesterreich, für die Anzeige von originairen Pocken an Kühen, eine Remuneration von 4 Ducaten zugesichert.

In England blieben die von der Jenner'schen Gesellschaft ausgesetzten Prämien für die Auffindung originairer Kuhpocken erfolglos. (*Gazette médicale de Paris. Deuxième Série. Tome IV.* 1836. 4. *p.* 173.) Durch wiederholte, auch im Jahre 1850 aus England erhaltene Berichte, erfuhr das K. Schwedische Vaccinecomptoir, dass genuiner Vaccinestoff an Kühen höchst selten in England sich findet. (*A. Henke, Zeitschrift für die Staatsarzneikunde.* 34. *Jahrgang.* 1854. 2. *Vierteljahrheft. S.* 309.) Die gegenwärtig neueste am National-Vaccine-Institut in London im Gebrauch befindliche Kuhpockenlymphe, wurde von dem Arzte J. F. Marson im Jahre 1837 sowohl auf seiner Impf-Station Surrey Chapel, Blackfriars' Road, als auch auf dem Impfsaale des Blattern- und Vaccinationshospitales (Small pox and Vaccination-Hospital) eingeführt. Seiner Mittheilung zu Folge an den Herausgeber, entnahm er in dem genannten Jahre diesen Impfstoff von den Händen einer Frau, die bei dem Melken einer Kuh inficirt worden war.

In der Umgegend von Berlin wurden, so viel dem Heraus-

7

geber bekannt ist, nur ein Mal, am 14. Mai 1812, von Dr. Bremer an den Strichen der Kühe des Amtmann Welle in Malchow, Kuhpocken gefunden, von denen mit bestem Erfolge geimpft und weitergeimpft wurde. (*Hufeland und Himly, Journal der pract. Heilkunde. XI. Stück. Novbr.* 1812. *S.* 4—12.) Im Jahre 1833 beobachtete Dr. Bremer die Kuhpocken auf dem Amte Babe, 12 Meilen von Berlin, welche er bis 1842 in einer Reihe von 475 Descendenzen fortführte. Gegen Ende Juni 1842 beobachtete Dr. Bremer Pocken an Kühen auf dem Amte Doberzin, 10 Meilen von Berlin. Von 1833 bis 1842 wurden in zehn Fällen Kuhpocken angezeigt und sechs Mal mit Erfolg auf Kinder übergeimpft. (*A. F. Zöhrer, der Vaccineprocess und seine Krisen.* 2. *Aufl. Wien* 1846. 8. *S.* 34.)

In Passy, nahe bei Paris, wurden echte Kuhpocken im Jahre 1836 aufgefunden (*J. B. Bousquet, sur le Conpox, à Paris* 1836. 4.). Seitdem wurden bis zum Jahre 1853 an zwanzig verschiedenen Orten Pocken an Kühen in Frankreich in verschiedenen Departements zur Anzeige gebracht. (*Rapport par l' Acad. Impér. de Médecine sur les vaccinations, pratiquées en France pendant l'année* 1853. *Paris* 1855. *S.*) In wieviel Fällen echte Kuhpocken angetroffen wurden, erfährt man nicht, da die näheren Angaben fehlen.

Im Gouvernement Mohilew wurden im April 1858 am Euter einer Kuh originaire Pocken entdeckt, und von diesen mit gutem Erfolge einige Kinder geimpft. Die von diesen Kindern entnommene, dem Medic.-Departement des Ministeriums des Innern in St. Petersburg eingesendete Lymphe, wurde durch die Fürsorge des Directors dieses Departements Herrn Geheimenrath Dr. v. Otsolig im kaiserl. Findelhause mit ausgezeichnetem Erfolge zu Weiterimpfungen benutzt.

Vieljährige, vielen Ländern entnommene Erfahrungen berechtigen zu dem Schlusse, dass die Auffindung von echten Pocken an Kühen schwierig und vom Zufalle abhängig ist, wenn auch zugegeben werden muss, dass echte Pocken an Kühen in einigen Ländern, wie in Würtemberg und in Holstein, häufiger als in andern bisher beobachtet wurden.

Thatsache ist, dass für die weitaus meisten, wenn auch im
Uebrigen erfahrenen Thierärzte, bei der Seltenheit des Vorkommens
von Pocken an Kühen, immer misslich bleibt, von ihnen mit Bestimmtheit verlangen zu wollen, ob im gegebenen Falle echte zur
Abimpfung geeignete Pocken an einer Kuh vorliegen, ob überhaupt
die dem Euter der Kuh entnommene Lymphe ohne alle Gefahr auf
den Menschen übertragen werden kann. In dem Berichte des
National-Impf-Institutes in London vom Jahre 1838, wird vor der
Regeneration durch genuinen Kuhpockenstoff gewarnt, weil die Kuh
an mehreren Ausschlägen leidet, und leicht ein falsches virus übertragen werden könnte. (*Zeitschrift für die ges. Medicin, herausgegeben v. Fricke und Oppenheim. 11. Bd. Hamburg 1839. S. S. 287.*)
Estlin (*ebendas. 10. Bd. Hamburg 1839. S. S. 103*) sah in Folge
der Impfung von Kindern mit genuiner Kuhlymphe, zuweilen Er-
brechen, einige Male Achsel-Abscesse oder Geschwüre und Abscesse
statt Pocken, auch vesiculöse und papulöse Exantheme entstehen.
Ueber Jenner's ungenaue Beschreibung der echten Pocken an
Kühen (*Inquiry into the causes and effects of the variolae vaccinae,
the 3d. edit. London 1801. 4. p. 3 and 4*) ist vielfach geklagt worden, z. B. von Choulant (*Zeitgenossen. 1. Bd. Leipzig 1829. S. 42*).
Ob aber Jenner im Stande war, eine genauere Beschreibung und
eine Abbildung der echten Pocken an Kühen zu geben, wie Lüders
(*Vacciolarum nativarum historia. Kiliae 1826. 4. p. 5*), verlangte,
ist eine andere Frage, deren Beantwortung nicht so leicht sein
möchte. Hat die von der Kuh auf den Menschen übertragene
Lymphe keine Pocken hervorgebracht, so ist damit noch kein Beweis für die Unechtheit der Lymphe gegeben, denn da sich öfter
ereignet hat, dass, wenn mehrere Kinder direct von der Kuh und
gleichzeitig geimpft wurden, die erfolgreiche Haftung nur bei einem
Kinde erfolgte, so kann eben so gut die von der echten Pocke von der
Kuh entnommene Lymphe, wenn sie auf mehrere Kinder übertragen
wurde, bei keinem einzigen Kinde haften, dennoch aber nach der Ansicht des Experten echte Kuhpockenlymphe verwendet worden sein.

Jenner gesteht selbst, dass seine Versuche die Kuhpocken von der Kuh auf den Menschen zu übertragen häufig missglückt sind. (*An Inquicy into the causes and effects of the variolae vaccinae. the third edit. London* 1801. 4. *p.* 111.) Er verlangt, dass der Unterschied zwischen ächten und unächten Pocken an Kühen gründlich erlernt werde, mit dem Zusatze: „bis die Erfahrung dieses bestimmt hat, sehen wir unsern Gegenstand durch einen Nebel." (*Ibid. p.* 74.) Wo bietet sich aber die Gelegenheit, häufig ächte und unächte Pocken an Kühen zu sehen, um diese Erfahrung erlangen zu können? Jenner selbst konnte vom Mai 1796 bis zum Frühling 1798, also zwei Jahre lang, keine Pocken an Kühen auffinden. (*Ibid. p.* 30—32.)

Wenn der übrigens verdienstvolle Dr. Hering in Stuttgart, als Regel aufstellt, (*Canstatt's Jahresberichte über die Fortschritte der ges. Medicin im Jahre* 1858. *VI. Band. S.* 45), dass weil die originairen Kuhpocken am Menschen schwer haften, man daher bei der Uebertragung mehrere Kinder, und jedes mit 10—12 Stichen impfen müsse, weil von allen diesen manchmal nur eine Pocke kommt, von der man dann mit grösster Leichtigkeit und bestem Erfolge weiterimpfen könne — so muss dieses Verfahren für zu gewagt erklärt werden, da bekanntlich jeder mit direct von der Kuh entnommener originärer Lymphe erzeugte Impfstich, wenn er am Menschen haftet, eine bedeutende Reaction, nicht selten partielle Entzündung des Armes hervorbringt, die durch eine so ansehnliche Anzahl von Impfstichen, leicht zu einer lebensgefährlichen Affection gesteigert werden kann, was schon Jenner bemerkte. (*Inquiry etc. p.* 110). Jenner selbst impfte direct von der Kuh nur mit einem Stiche auf jedem Arme (*Inquiry etc. p.* 99).

Marson sah in vier oder fünf Fällen bedeutende Anschwellung der Arme, in Folge der direct von der Kuh übertragenen Lymphe entstehen. (*General Board of Health. Papers relating to the history and practice of vaccination. London* 1857. 4. *p.* 25).

Eben so wenig lässt sich einer andern Regel Hering's beistimmen. (*Dr. E. Hering, specielle Pathologie und Therapie für Thierärzte. 3. Aufl. Stuttgart* 1858. 8. *S.* 377). Er sagt: „Da „die ächten Pocken selbst mancherlei Abweichungen in der Farbe, „Grösse und dergl. zeigen, so ist es oft schwer, über ihre Aecht- „heit zu entscheiden. Ein Impfversuch allein kann, wenn er ge- „lingt und der regelmässige Verlauf sich dabei wiederholt, völlig „darüber ausser Zweifel setzen." Im Jahre 1841 stellten in Frankreich drei Aerzte Sallot, Rinquelet und Metzgner Impfversuche mit einem aus der Grafschaft Glocester in England an dem Euter einer Kuh aufgefundenen originairen Impfstoffe an. Die Haftung erfolgte bei vier Personen; sehr grosse Pusteln traten auf, denen langwierige Ulcerationen folgten, überdiess eine merkliche Anschwellung der Ganglien der Achselhöhle, daher der fernere Gebrauch dieser Lymphe eingestellt wurde. (*Rapport par l'Académie Royale de Médecine sur les vaccinations pratiquées en France pendant l'année* 1841. *Paris, Imprimerie Royale* 1843. 8. *p.* 173). Die badische Ministerialverfügung vom 15. April 1828 warnt nicht ohne Grund gegen das Weiterimpfen von unächten Kuhpocken, die zuweilen eine täuschende Aehnlichkeit mit den ächten haben, deren Verwechselung aber, im Falle man davon weiter impfen wollte, die gefährlichsten Folgen nach sich ziehen könne. (*Prof. Dr. Fr. Heim, historisch-kritische Darstellung der Pockenseuchen etc. Stuttgart* 1838. 8. *S.* 495). Beispiele von Abweichungen im Normalgange der ächten Kuhpocken führt ebenfalls Heim an (*Ebendas. S.* 496—498). Schon der erfahrene E. Viborg (*Sammlung von Abhandlungen für Thierärzte und Oeconomen.* 4. *Bändchen. Copenhagen* 1805. *S.*) hat, obwohl er nie ächte Pocken an Kühen gesehen, nach fremden und eigenen Erfahrungen acht Arten unächter Pocken an Kühen beschrieben, von denen nach vorliegenden Erfahrungen einige, wenn der Mensch durch Berührung derselben angesteckt worden, Geschwüre, Fieberzufälle und heftige Schmerzen erzeugen, ja bei den *variol. vacc. succin. Nissenii* sogar Gefahr entsteht, ein Glied des Fingers zu verlieren. Im Jahre

1806 beobachtete Viborg eine neue Art von unächten Blattern an den Strichen einer Kuh, welche er die herpetische nannte. (*A. F. Lüders, Vacciolarum nativarum historia. Kiliae* 1826. 4 *p.* 16).

Viborg gesteht ein, dass unsere Kenntnisse über die Arten der Kuhpocken unvollkommen sind, und dass der Gegenstand verdient, weiter untersucht und bearbeitet zu werden. Dasselbe gilt noch heute. Flechtenartige, weissliche, erbsengrosse Pusteln am Euter der Kühe führt Dr. Funke an: (*Dr. Thaer, in der Wochenschrift für die gesammte Heilkunde von Dr. Casper. Berlin* 1834. 8. *No.* 18. *S.* 286).

Leichtfertig hat man vor wenigen Jahren über die falsche und wahre Vaccine an Kühen in der Kais. Akademie der Medicin zu Paris gesprochen. In dem *Rapport par l'Académ. Impér. de Médecine sur les vaccinations pratiquées en France pendant l'année* 1856, *Paris. Imprim. Impér.* 1858. 8. *p.* 28, findet sich folgende bemerkenswerthe Stelle: *Il est si vrai que les deux vaccines sont de même nature, que la fausse reproduit la vraie avec la même facilité que la vraie engendre la fausse: tout dépend des dispositions des sujets* (!). *Il y a, comme on sait, des vaccines douteuses aux sens, declarées vraies par les uns, fausses par les autres; c'est dans ces cas que nous avons puisé les principes que nous emettons ici. Si, pour sortir d'incertitude, on inocule le virus suspect à un enfant vierge de toute éruption varioleuse ou vaccinale, on voit paraître presque infailliblement une bonne vaccine. Quelle meilleure preuve que le vaccin en expérience n'avait rien de faux? — Les Membres de la Commission de vaccine. Signé par Depaul, Bricheteau, Leblanc, Caseaux, Bouvier et Bousquel, rapporteur.*

Man sieht, man weiss bereits in Frankreich Alles, ohne die nöthigen Versuche und Beobachtungen angestellt zu haben, oder die Erfahrungen Anderer zu beachten. Schon Sacco hat bemerkt, dass die Kühe auch eine abgeleitete falsche Vaccine bekommen

können, die eine Ausartung der wahren ist; besonders wenn die
beim Melken zu stark gedrückten Pusteln in Verschwärung über-
gehen. Wird ihre Materie einem Menschen oder andern Thiere
eingeimpft, so bekommen diese ebenfalls eine falsche Vaccine.
(*L. Sacco, neue Entdeckungen über die Kuhpocken, die Mauke
und die Schaafpocken. Aus dem Italienischen übersetzt von W.
Sprengel. Leipzig 1812. 8. S. 68*). Nicht die Disposition der
geimpften Subjecte, wohl aber die stark gedrückte und in Verschwärung übergegangene Pustel, von welcher weitergeimpft wird,
ist in diesen Fällen die Ursache der Uebertragung einer falschen
Vaccine gewesen.

Nur im Vorübergehen möge des ganz unausführbaren Vorschlages von Dr. Wolff erwähnt werden, eine Anstalt für ganz
Deutschland zu errichten, in der stets einige Kühe gehalten werden, welche Kuhpocken am Euter haben, um von ihnen stets die
primaire Kuhpockenlymphe erhalten zu können. (*Dr. Leo Wolff,
die Gefahren der bisher befolgten Maassregeln zur Verhütung
der Kuhpocken. Hamburg 1822. 8. S. 63*).

Dr. Wolff hat übersehen, oder nicht gewusst, dass die Uebertragung der originairen ächten Pocken an Kühen auf gesunde,
nicht ausführbar ist, indem keine Haftung erfolgt.

Ebenso unpraktisch erwies sich das von dem Dr. Sonder-
land in Barmen, mit grosser Zuversicht empfohlene Verfahren
(*Hufeland's Journal der pract. Heilkunde. 1831. Januar. S. 66—71*),
Kühe durch Behängen mit wollenen Decken, die von schwer an
den Blattern Erkrankten genommen waren, zu inficiren, um auf
diese Weise an den Kühen Pusteln am Euter und andern Körper-
theilen zu erzeugen.

Die auf diese Weise an verschiedenen Orten Englands, in
Berlin, Dresden, Weimar, Wien, Utrecht, Bergen, Stockholm, Ka-
san, München, St. Florian in Steiermark und andern Orten angestellten Versuche blieben sämmtlich erfolglos.

Einiges Aufsehen erregte vor einigen Jahren die von Dr. J.

Simon in London, in einer officiell herausgegebenen Schrift (*General Board of Health. Papers relating to the history and practice of vaccination. London* 1857. 4. *p. XV*) mitgetheilte Notiz, dass Mr. Badcock, ein Apotheker in Brighton, seit dem Jahre 1840 Kühe mit Menschenblatternstoff inficirt, hierauf mit dem von diesen Kühen entnommenen Impfstoffe über 14.000 Personen vaccinirt, auch mit demselben Stoffe über 400 praktische Aerzte versorgt habe.

Der Herausgeber, welcher zur näheren Ermittelung dieser Angaben, im Auftrage der Kaiserl. Freien Oeconom. Gesellschaft zu St. Petersburg, sich nach London begab, erfuhr dort im Mai 1860 vom Dr. Simon, dass diese Notiz lediglich dem von Badcock der allgemeinen Gesundheits-Commission eingesendeten Berichte entnommen ist. — Badcock hat bereits seit einigen Jahren seine Impfungen in Brighton eingestellt, lebt zur Zeit in London. Eine genaue, von competenten Personen in dieser Angelegenheit höchst wünschenwerthe Untersuchung, ob Badcock in der That den Menschenblatternstoff mit Erfolg auf Kühe übertragen hat, ist nicht angestellt worden.

Badcock, der den Herausgeber in London persönlich kennen lernte, gab demselben ein Exemplar des *Appendix, Correspondence from members of the medical profession, relative to recent supplies of variolae vaccinae or modified small pox,* welcher zu der völlig vergriffenen Schrift von Badcock *Detail of experiments proving the Identity of Cowpox and Smallpox, Brighton* 1845. 8. gehört. Dieser *Appendix* enthält Zuschriften und Danksagungen von 23 Aerzten an Badcock, welche von demselben Impfstoff erhalten hatten. Unter diesen Aerzten sind 13 in Brighton wohnhaft. Nicht ein einziger von ihnen sagt, dass er selbst Zeuge gewesen, dass Badcock den Menschenblatternstoff auf die Kuh übertragen habe. Das ist es aber, was ärztlich hätte constatirt werden sollen. Der allgemeinen Gesundheits-Commission hat Badcock berichtet, dass er vom Jahre 1840

bis 1856, im Ganzen an 300 Kühe mit Menschenblatternstoff geimpft hat, dass aber an nur 42 Kühen ihm diese Versuche ge-
glückt sind, mithin bei nur etwa $\frac{1}{7}$. Die von Badcock in London angeblich mit diesem Stoffe im Jahre 1860 geimpften Kinder
(bis in die wievielste Generation möchte nicht leicht zu ermitteln
sein), benutzte derselbe zu Weiterimpfungen.

Der Preis für einen mit trockener Lymphe armirten bei-
nernen Spatel, der zur Impfung einer Kindes hinreicht, ist 25 Sil-
bergroschen (eine halbe Krone). Da die Pusteln der von Badcock geimpften Kinder keinen Unterschied von den am National-
Vaccine-Institut kostenfrei Geimpften darbieten, so sind die Impfungen durch Badcock zur Zeit wohl nur wenig in London begehrt.
Er selbst äusserte wiederholt, für die Anschaffung von Kühen zu
Impfversuchen, grosse Geldopfer in Brighton verwendet zu haben,
auf deren Wiedererstattung er nicht rechnen könne.

Es ist augenscheinlich, dass die Königl. Schutzpocken-Impfungs-
anstalt zu Berlin, mittelst der erörterten Wege nicht in den Besitz
von stets ächter und frischer Kuhpockenlymphe gelangen kann,
um sowohl den Bewohnern von Berlin eine fortwährende Gelegenheit zur Impfung mittelst ächter Kuhpockenlymphe zu verschaffen,
als auch um die zur Impfung verpflichteten Medicinalbeamten des
preussischen Staates auf ihr Ansuchen mit ächter Kuhpockenlymphe
zu versorgen.

Die der königl. Schutzpocken-Impfungsanstalt zu Berlin gestellte Aufgabe ist von hoher Wichtigkeit für den Gesundheitszustand der Bewohner des Preussischen Staates. Die in dieser Anstalt
im Gebrauch befindliche Lymphe wird das ganze Jahr hindurch von Arm zu Arm allwöchentlich übertragen. Haben, wie
im Herbste, in den Wintermonaten und an kühlen Frühlingstagen,
geschehen kann, die durch viele Generationen übertragenen Schutzpocken nicht allein einen langsameren, sondern auch einen in ihrer Entwickelung alienirten Verlauf angenommen, so dass zumal
bei hautunreinen Kindern nicht abzuweisende Zweifel an der Aecht-

heit der vorliegenden Schutzpocken entstehen können, so muss
dennoch, wenn eben kein anderweitiger Impfstoff vorhanden ist,
von den die Impfärzte nicht vollständig befriedigenden Pocken weiter geimpft werden, weil die das ganze Jahr hindurch zur
Impfung gestellten Kinder sofort zu impfen sind.

Eine strenge Auswahl von guten Mutterimpflingen wird dann,
zumal bei rauher Witterung, bei welcher nur einige Kinder an den
Impftagen erscheinen, zur Unmöglichkeit — jedoch muss weitergeimpft werden, weil eben hierin die Verpflichtung der Anstalt
dem Publicum gegenüber liegt. Ist nun den Winter hindurch —
wie sich ereignen kann — eine von kleinen, wenig entwickelten
oder überhaupt nicht völlig normalen Pusteln entnommene Lymphe
von Arm zu Arm verpflanzt worden, wobei in einer grossen Stadt
wie Berlin, der Durchgang des Impfstoffes durch kränkliche, auch
mit noch latenten Uebeln behaftete Kinder nicht zu vermeiden gewesen, so ist man auch kaum im Stande, den Bewohnern von Berlin stets echte Kuhpockenlymphe zu verschaffen, eben so wenig
in den Monaten März und April von der königl. Schutzpocken-
Impfungs-Anstalt frischen Impfstoff an die Bezirksärzte zu versenden, wie es das Gesetz verlangt. (*Horn, das Preuss. Medicinalwesen. Th* 1. *S.* 232. §. 17 *und S.* 239.)

Mehr Erfolg lässt sich von der Schutzpocken-Impfung erwarten, wenn die ordentlichen öffentlichen Impfungen in Berlin, im
Monat Mai beginnen und spätestens gegen Mitte August geschlossen
würden, wobei an guten Mutterimpflingen kein Mangel sein wird.
Auch wäre zu wünschen, dass zur Vermeidung des zu grossen
gleichzeitigen Andranges der Impflinge, die Bestimmung getroffen
würde, dass die impfpflichtigen Kinder (im Alter von mindestens
3 Monaten wenn nicht Gefahr auf Verzug ist, bis zu einem Jahre)
aus bestimmten Stadttheilen, wie dies auch in München geschieht,
zu bestimmten öffentlichen Impftagen gestellt würden. Dass bei
ausgebrochenen Blatternepidemien zu jeder Zeit geimpft und revaccinirt werden müsse, kann keinen Zweifel unterliegen.

Dass im Allgemeinen die Schutzpocken-Impfungen, wie sie gegenwärtig in Berlin bestehen, einen nicht eben befriedigenden Schutz gegen Blattern-Ansteckungen und nachfolgende Sterbefälle gewähren, erhellt schon aus dem Umstande, dass dort in den Jahren 1857—1859 4297 Geimpfte an Blattern erkrankten, von denen 225 starben. Von 250 Geimpften, welche im Alter von unter einem Jahre bis zu fünf Jahren an den Blattern erkrankt waren, starben 51, mithin volle 20 %.

Nach dem Berichte des Mr. Marson in London, eines der erfahrensten Impfärzte, an das Haus der Gemeinen vom 26. Mai 1856, starben von Geimpften, die hinterher an den Blattern erkrankten, durchschnittlich 7 %, von schlecht Geimpften 15 % (*General Beard of Health. Papers relating to the history and practice of vaccination. London* 1857. 4. *p.* 25), während bei Geimpften, die an den Blattern erkranken, aber 4 oder 5 deutliche Impfnarben haben, die Sterblichkeit, nach Marson's umfassenden Erfahrungen, weniger als 1 % beträgt (*J. F. Marson, on Smallpox and Vaccination. Medico-Chirurgical Transactions, published by the Royal Medical and Chirurgical Society of London. Vol. XXXVI. London* 1853).

In der Medicin. Zeitung des Vereins für Heilkunde in Preussen (Neue Folge, 3. Jahrgang. 7. März 1860. N. 10. S. 47), wird zur Erklärung dieser bedeutenden Sterblichkeit von 20 % der Geimpften im Alter bis zu 5 Jahren „angenommen, dass unter den ge- „impften erkrankten Kindern nicht wenige, und vielleicht alle bei „denen die Krankheit mit dem Tode endete, solche waren, welche „erst kurz vor der Pockenerkrankung geimpft, von der Variolo be- „fallen wurden, ehe noch die Vaccine ihre Schutzkraft ausüben „konnte". Schliesslich erklärt aber der Referent „sich ausser „Stande, positiv zu behaupten, dass alle tödtlich verlaufenen „Pockenfälle bei geimpften Kindern in den ersten Lebensjahren, „zu dieser Kategorie gehören".

Einfacher erscheint, als Ursache der grossen Anzahl der ge- impften Erkrankten und der hohen Sterbeziffer derselben, beson-

ders der im Alter bis zu fünf Jahren Verstorbenen, den durch zahlreiche menschliche Generationen zu ungünstiger Jahreszeit gewanderten, und dadurch alienirten Impfstoff anzusehen, der vor und
zur Zeit der Berliner Blatternepidemie von nicht immer vollkommen
geeigneten Mutterimpflingen verwendet werden musste. Einen Beleg
zu dieser Ansicht scheinen die Beobachtungen des Dr. Badt in
Berlin zu liefern, der vom 1. Januar 1858 in 4 Monaten, 243 Individuen vaccinirt und 632 revaccinirt hat. Er hat Individuen,
welche von den Varioloiden befallen waren und die eine bedeutende
Eruption von Pusteln hatten, etwa 6 Wochen nach ihrer Genesung,
und ebenso Geimpfte, bei denen gute Pusteln vorgekommen waren, wieder geimpft und wiederum Pusteln
hervorgerufen (welcher Art, ist nicht gesagt). (*Allgem. medicin.
Central-Zeitung, redig. v. Dr. L. Posner. 27. Jahrg. 46. Stück.
Berlin* 1858. 4.)

Die Lymphe, deren sich Dr. Badt bediente, war bereits seit
einigen Jahren bei ihm im Gebrauch. Wie oft dieselbe, bevor er
sie erhielt, schon von einem Individuum auf das andere übertragen,
und wie der Gesundheitszustand aller dieser Individuen war, kann
nicht ermittelt werden. In dem Umstande, dass Geimpfte, bei denen
gute Pusteln vorgekommen waren, nach sechs Wochen als sie wieder geimpft wurden, wiederum Pusteln bekamen, liegt der factische
Beweis für die bei der ersten oder zweiten Impfung, oder bei beiden
zusammen, verwendete unechte Schutzpockenlymphe.

Der Herausgeber ist weit entfernt den an der Schutzpocken-
Impfungs-Anstalt zu Berlin wirkenden, oder andern dortigen Impfärzten auch nur den leisesten Vorwurf machen, zu wollen. Im
Gegentheil hat er in Berlin sich selbst überzeugt, dass von Seiten
d r Aerzte, nach Maasgabe der ihnen zu Gebote stehenden Lymphe, überall mit möglichster Umsicht verfahren wird.
Es ist aber hoch an der Zeit es offen auszusprechen, dass eine
Regierung im Irrthume ist, wenn sie durch Errichtung von Schutz-
pocken-Impfanstalten und Anstellung von Impfärzten glaubt, Alles

gethan zu haben, um der Verbreitung der Blatternkrankheit Schranken zu setzen. Hat eine Regierung, und das haben die meisten gethan, die Schutzpocken-Impfung zum Gesetz erhoben und die Revaccination dringend empfohlen, so ist es auch ihre unabweisbare Pflicht, für guten alljährlich durch die Kuh regenerirten Impfstoff zu sorgen, und die dazu erforderlichen wahrlich nicht bedeutenden Kosten zu bewilligen, wie dieses namentlich in Bayern geschehen, wo der Central-Impfarzt in geeigneter Lokalität auf dem Lande alljährlich im Frühlinge mehrere in der Milchsecretion stehende, zumal jüngere Kühe, mit von gesunden Kindern entnommenem Kuhpockenstoffe impft, und nur von denjenigen Kühen Impfungen auf den Menschen vollzogen werden, bei welchen die Pocken einen durchaus normalen Verlauf zeigten und in ausgeprägter Vollendung sich entwickelten. Die Erfahrung hat hinreichend gelehrt, dass in Städten oder Thierarzneischulen, wo die Kühe weder die zu ihrem vollständigen Gedeihen nöthige Luft, noch eine ihnen vollkommen angemessene Nahrung haben können, solche Impfungen nicht den gewünschten Erfolg haben. Dr. Bremer in Berlin sagt, dass die im Jahre 1827 in der dortigen k. Thierarzneischule veranstalteten Impfungen mehrerer Kühe mit Mauke, Blattern und Schutzblatternstoff ohne Erfolg blieben. Eben so wenig hafteten im Jahre 1830 die Impfungen einer Kuh. (*Hufeland und Osann. Journ. d. pract. Heilkunde* 1830. *Septbr. S.* 121.) Dr. Prinz stellte in den Jahren 1833—1838 an der K. Thierarzneischule zu Dresden fünfundzwanzig verschiedene Impfversuche an Kühen an, welche alle ganz erfolglos blieben (*Dr. Prinz prakt. Abhandl. über die Wiedererzeugung der Schutzpockenlymphe. Dresden* 1839. 4. *S.* 22). In Folge dieser Schrift des Dr. Prinz, wurden auf höhere Anordnung abermalige Impfversuche auf einige Kühe an der Berliner Thierarzneischule, auch vereinzelte Versuche ausserdem von vielen im Preussischen Staatsdienste stehenden Aerzten auf Kühe angestellt, welche aber kein günstiges Resultat geben konnten, weil zur Impfung in der Milchsecretion stehender und gut genährter jüngerer Kühe auf dem Lande, vom Staate nicht die dazu erforderlichen Geldmittel bewilligt worden waren. Noch weniger lässt sich ein guter Erfolg erwarten, wenn, wie Dr. Friedinger und Andere in Wien gethan: „jedes Mal nur eine Kuh geimpft wird" (*Zeitschrift der k. k. Gesellschaft der Aerzte zu Wien.* 1859. *Nr.* 15). Hieraus ergiebt sich zur Genüge, dass die vereinzelten Versuche und Schlüsse des Dr. Friedinger über den Werth oder Unwerth der Retrovaccinlymphe, jeder richtigen Begründung ermangeln.

Es müssen durchaus nur auf dem Lande, unter besonders günstigen localen Verhältnissen, gleichzeitig einige, besser aber mehrere zur Impfung geeignete gut genährte, gesunde Milchkühe geimpft werden. Nur von einer solchen Kuh, welche in jeder Beziehung durchaus normale Pocken darbietet, darf die Impfung auf entschieden gesunde Kinder von gesunden Eltern unternommen werden, um frischen Impfstoff zu erlangen.

Genaue und Jahre lang fortgesetzte Beobachtungen, die der Herausgeber in verschiedenen Ländern hierüber anzustellen Gelegenheit hatte, berechtigen ihn, diesen Ausspruch mit Bestimmtheit zu thun. Kein Viehbesitzer wird aber seine in der Milchsecretion stehenden gesunden Kühe ohne angemessene Entschädigung zu Impfversuchen hergeben. Diese Entschädigung ist Pflicht des Staates, der die Impfung zum Gesetz erhoben hat.

Ueber die Operation der Impfung, und die zum Gelingen derselben erforderlichen Cautelen, gedenkt der Herausgeber nach fremden und eigenen Erfahrungen gelegentlich sich besonders auszusprechen. Offenbar ist dabei mehr zu beobachten, als es auf den ersten Blick scheinen möchte, daher auch vorzuziehen ist, dieses Geschäft einem Impfarzte etwa für einige Provinzen des Preussischen Staates zu übertragen. Um zum Beginn der ersten Impfung auf Kühe, einen möglichst zuverlässigen Impfstoff verwenden zu können, wäre zu empfehlen, falls keine originaire Lymphe vorhanden, im Laufe des Monates April regenerirte Kuhpockenlymphe von dem k. b. Central-Impfarzte Dr. Reiter aus München, oder von dem Dr. Unger aus St. Florian zu beziehen, mit diesem Stoffe einige gesunde Kinder zu impfen, und den von diesen Kindern entnommenen Impfstoff auf Kühe zu übertragen, deren specielle Auswahl auf Staatskosten, dem zu diesem Geschäfte bestimmten Impfarzte zu überlassen wäre. Nur wenn erprobte originaire Pocken-lymphe von Kühen vorhanden, von der man überzeugt ist, dass sie nur durch gesunde Kinder gegangen, keine Veränderung in ihrer Wirkung erlitten, und durch nicht zu zahlreiche Generationen ge-wandert ist, wird man vor der Hand die Retrovaccinlymphe ent-behren können. Aber auch diesen Impfstoff wird man im nächsten Frühjahre mit Nutzen auf mehrere Kühe übertragen, und nur von solchen Kühen weiterimpfen, an denen die Pusteln sich am Aus-geprägtesten entwickelt hatten.

XIII. Ueber den gegenwärtigen Standpunkt der Schutzpocken-Impfung in den k. k. österreichischen Staaten.

Eine Zwangs-Impfung im Sinne der k. bayerischen Gesetzge-bung, giebt es in den k. k. österreichischen Staaten nicht. Die noch gegenwärtig gültige Vorschrift über die Kuhpocken-Impfung vom 9. Juli 1836 (*J. J. Knolz, Sammlung der Sanitäts-Verord-nungen für das Erzherzogthum Oesterreich unter der Enns. 8. Band. Wien 1843. 8. S. 330 u. folg.*) besagt in §. 12: „Sollte die Kuh-„pocken-Impfung das leisten, was durch selbige für die Mensch-„heit bewirkt werden kann, d. i. grösstmöglichste Verminderung „und endlich gänzliche Ausrottung der Kinderblattern, so muss „selbige allgemein verbreitet sein."

Dass ohne Zwangs-Impfung, ohne Bestrafung der Contravenien-ten, eine allgemeine Verbreitung der Vaccination nicht erreicht

werden kann, hat die Erfahrung in allen Ländern hinreichend dar-
gethan, ebenso, dass die vor etwa 60 Jahren in den k. k. österreichischen Staaten erlassene Verordnung, dass bei der Taufe eines
jeden neugeborenen Kindes für die Impfung desselben mit Schutzblattern, die Eltern und Taufzeugen gleichsam verantwortlich gemacht werden (*J. J. Bremer, die Kuhpocken.* 2. *Aufl. Berlin*
1804. 8. *S.* 29), — eine Zwangsimpfung nicht ersetzen kann.

Die über die Aufsammlung, Aufbewahrung und Versendung
des flüssigen und trockenen Impfstoffes in '§. 9 der erwähnten
Vorschrift enthaltenen Regeln sind für die Jetztzeit grösstentheils
unbrauchbar. In Abschnitt II, §. 2 der Vorschrift für Aerzte und
„Wundärzte wird bestimmt, „dass selbige verbunden sind — sich
„ganz genau nach den hier gegebenen Vorschriften zu benehmen.
„Wer dagegen handelt, verliert das Recht weiter eine Kuhpocken-
„Impfung vorzunehmen, und hat auch andere der Grösse des aus
„seinem Vergehen erfolgten Nachtheiles angemessene Ahndungen
„zu erwarten.‟

Somit ist jedem wissenschaftlichem Fortschritte von Seiten der
Aerzte in der Ausübung der Schutzpocken-Impfung, ein Hemm-
schuh angelegt. Ein solcher Befehl mag in einer Instruction für
Vaccinatoren, die Nichtärzte sind, unter Umständen angemessen erscheinen, wenn aber eine Regierung geprüften und zur Praxis berechtigten Aerzten, eine den Fortschritten in der Vaccination so
entgegenstehende Bedingung stellt, dann lässt sich mit vollem Rechte
eine mit grösserem Verständniss ausgearbeitete Vorschrift über die
Kuhpocken-Impfung von der Regierung erwarten.

Allmählich scheint man in Oesterreich zu derselben Erkenntniss zu gelangen. Ein Erlass des k. k. Ministeriums des Innern
befahl am 20. November 1853 eine Revision des Gesammterfolges
der Kuhpocken-Impfung, und eine Revision der Impfvorschriften.
Bezügliche Gutachten sind von der Direction des Vaccine-Haupt-
Institutes und von den öffentlichen Impfärzten, auch von den Kreis-
und Bezirksärzten seit Jahren an die Statthalterei abgegeben wor-

den. (*Dr. Friedinger, die Kuhpocken-Impfung. Wien* 1857.
S. S. 3.) Noch ist es aber beim Alten geblieben, obwohl die auf
Befehl der Regierung für die Jahre 1854 bis 1859 veröffentlichten
ärztlichen Berichte des k. k. Gebär- und Findelhauses zu Wien,
die in letzterem ausgeübte Schutzpocken-Impfung in nicht eben
glänzendem Lichte erscheinen lassen.

Das Findelhaus zu Wien bildet noch immer den Haupt-
ort zur Verbreitung der Schutzpockenlymphe im Reiche. Weder
in Frankreich oder England, noch in irgend einem deutschen
Lande, wohl aber in Wien — ist einem Findelhause die Bestimmung geworden, ausser der Aufnahme der Findelkinder, gleichzeitig den Centralpunkt zu bilden, von wo aus, die oft ungesunden
Findelkindern entnommene Schutzpockenlymphe allen Impfstoff
Bedürfenden zugesendet wird.

In den beschränkten Räumen des Wiener Findelhauses können
gleichzeitig 200, höchstens 250 Kinder angemessen unterge-
bracht werden. In besonderen, nicht eben seltenen Fällen, sind
auch schon 400 Kinder und darüber gleichzeitig dagewesen. Dass
dieses gedrängte Beisammensein der Kinder, mit unvermeidlich
daraus hervorgehenden Uebelständen und grösserer Sterblichkeit
der Findlinge verbunden sein muss, bedarf keiner Erörterung. Im
Jahre 1857 wurden überhaupt 9291, im Jahre 1858: 9566, im Jahre
1859: 9779 Kinder, fast alle uneheliche, nur selten und ausnahmsweise
eheliche, aufgenommen. Es liegt auf der Hand, dass bei der durchschnittlich von Jahr zu Jahr steigenden Anzahl der aufgenommenen
Findlinge, dieses Findelhaus für die Jetztzeit viel zu klein ist. Die Bettstellen der Kinder, eigentlich hölzerne Kasten nach alter Art, müssten
durch eiserne Bettstellen ersetzt werden, was schon zur Abhaltung
des Ungeziefers nothwendig ist.

Findelkinder, immer zweifelhafter Gesundheit, die in engen,
oft mit verdorbener Luft gefüllten Räumen leben, sind also die
gesetzlich bestimmten Mutterimpflinge für die Bewohner der k. k.
österreichischen Staaten.

8

Die Schutzpocken-Impfung, so weit sie das Findelhaus zu Wien betrifft, lernt man in ihren nächsten Folgen am Besten aus den ärztlichen Berichten des k. k. Gebär- und Findelhauses zu Wien kennen, welche in Folge einiger Ministerial- und Statthalterei-Erlasse, durch die Direction dieser Anstalt veröffentlicht wurden.

In Nachstehendem wird aus diesen für die Jahre 1854 bis 1859 erschienenen Berichten ein kurzer Auszug mit einigen Bemerkungen mitgetheilt.

Aerztlicher Bericht des k. k. Gebär- und Findelhauses zu Wien vom Solar-Jahre 1854. Wien 1856. 8. S. 74—98. Das Schutzpocken-Impfungs-Institut. Zufolge hohen Ministerial-Erlasses vom 23. Juli 1855, No. 14.838, hohen Statthalterei-Erlasses vom 10. August 1855, No. 34.908; veröffentlicht durch die Direction dieser Anstalt.

Im Findelhause in Wien, wurden eine Menge neugeborener, und höchstens 4—6 Wochen alter Kinder vaccinirt, ohne dass die Gefahr der Ansteckung von Menschenblattern hierzu aufforderte, weil nur einzelne Menschen-Blatternfälle an Wöchnerinnen, Ammen und Neugeborenen vorkamen, und die Befallenen auf der Stelle in die Blatternabtheilung des allgemeinen Krankenhauses übergeführt wurden, somit nicht so viele Kinder gefährden konnten, als geimpft wurden.

Neugeborene zu impfen, ist immer nicht ohne Gefahr, weil das mit der Kuhpockenimpfung verbundene Fieber, bei der noch unentwickelten schwachen Hautdecke, die Ursache ist, dass am 10. Tage nach geschehener Impfung, die Kuhpocken sich noch mehr ausbreiten, und anstatt dass an diesem Tage die Eintrocknung beginnen sollte, gehen sie nicht selten in tiefe Geschwüre über, und verursachen Entzündungen, die den ganzen Oberarm einnehmen, und als Erysipele nach und nach über den ganzen Kindeskörper sich verbreiten, wodurch für den Impfling grosse Gefahr, öfter sogar der Tod verursacht wird. Unter 1180 im Wiener Findelhause, im Jahre 1854 geimpften Kindern, sind 11 an Erysipelen gestorben, und viele mögen durch das frühe Impfen an ihrer Gesundheit mehr oder weniger erheblichen Schaden erlitten haben; wie viel mögen vielleicht in Folge davon, erst ausser dem Institute erlegen sein? da man schon im Institute 30 Erkrankungen an Erysipelas nach der Impfung beobachtete, dieses Erysipel sich aber noch ausser dem Institute entwickeln konnte, indem es gewöhnlich erst nach dem 10. Tage der Impfung beginnt.

Hat man nicht allen Grund, anzunehmen, dass diese 11 Kinder nicht gestorben wären wenn man sie nicht geimpft hätte, und dass sie gewisser Maassen hingeopfert sind, da die Impfung durch eine grössere Gefahr der möglichen Ansteckung durch die Menschenblattern nicht gefordert war.

Dieser Bericht lehrt uns also unwiderleglich, dass wir so kleine Kinder nicht impfen dürfen. Marshall, der schon im Jahre 1799 nach Jenner's Anleitung 423 Kinder geimpft hatte, unterwarf dieser Operation nur solche Kinder, die mindestens drei Monate alt waren. (*Edw. Jenner, an Inquiry etc. the third edition. London* 1801. 4. *p.* 155. 156.) Dr. Doepp, Oberarzt am Kais. Findelhause zu St. Petersburg, welchem die Rose bei Neugeborenen, durch die Vaccination veranlasst, viel zu schaffen machte, indem am 8. — 10. Tage nach der Impfung, häufig eine Weiterverbreitung des Hofes der Vaccine bemerkt wurde, erkannte schon vor 30 Jahren als Grund des *Erysipelas post vaccinationem* das zu frühe Impfen der Säuglinge. (*Vermischte Abhandlungen aus dem Gebiete der Heilkunde, von einer Gesellsch. prakt. Aerzte zu St. Petersburg. 5. Sammlung. Hamburg* 1835. 8. *S.* 325.) Als Grund, weshalb so junge Kinder im Findelhause zu Wien geimpft wurden, ergiebt sich aus dem Berichte ganz deutlich: die Fortpflanzung des Impfstoffes, der aus dieser Quelle auch an Aerzte ausserhalb Wien versendet wird. Auch diese Art der Fortpflanzung, und besonders in einem solchen Institute, in dem nach Angabe des Berichtes selbst, der Auswurf der Wiener Gesellschaft

8*

repräsentirt ist, muss als eine zweckwidrige, ja höchst bedenkliche erklärt werden. Denn abgesehen davon, dass ein neugeborenes Kind, selbst wenn es übrigens gesund ist, nicht im Stande ist, einen vollkommen guten Impfstoff zu liefern, weil es keine ganz normalen Kuhpocken entwickeln kann, so sehen wir aus dem Berichte, dass im Findelhause bei verdorbener Luft und in Folge von Unreinlichkeit, auch Ueberfüllung der Räumlichkeiten des Hauses, eine Menge Impflinge von Krankheiten der verschiedensten Art, als Stomatitis, Pemphigus, Abscessen, Diarrhöen, Induration des Zellgewebes ergriffen wurden, denen sie zum Theile sogar erlagen, namentlich der Stomatis diphterica, woran die Kuhpocken-Impfung wohl auch einigen Antheil haben mochte, da sie, was nicht zu bezweifeln ist, jeden acuten Krankheitsprocess verschlimmert. Auch wenn die Kinder nicht förmlich erkranken, so leiden sie jeden Falles durch die schlechte Luft des Institutes, und erzeugen schlechte Kuhpockenlymphe.

Man sieht deshalb auch aus dem Berichte, dass ganze Reihen von Impfungen fehlschlugen, oder die Kuhpocken von Pemphigus-ähnlichen Blasen umgeben wurden, Erscheinungen, die immer auf eine Degeneration der verwendeten Kuhpockenlymphe schliessen lassen.

Wie kann man nun Kinder aus einem solchen Institute zu Mutterimpfungen für andere Kinder dadurch verwenden, dass man von ihnen Stoff abnimmt und an auswärtige Aerzte versendet? Es widerstreitet dieses den Regeln der gewöhnlichen Vorsicht.

Wahrlich, die Wiener Anstalt verdient keine Nachahmung. Wir müssen von 6—12 monatlichen, gesunden, in eigenen Wohnungen lebenden Kindern den Impfstoff aufsammeln und an auswärtige Aerzte versenden. Im Gegentheile würden wir Gefahr laufen, durch solchen versendeten Impfstoff eine Ursache von vielen Fehlimpfungen, von alienirtem Verlaufe der Kuhpocken, ja sogar von Fortpflanzung nicht beabsichtigter Krankheiten zu sein. (*Dr. A. Bednar in Wien, über die Krankheiten der Impflinge, Zeit-*

schrift der k. k. Gesellsch. der Aerzte zu Wien. 9. Jahrgang.
1. Bd. Wien 1853. S. *S.* 31—39).

Aerztlicher Bericht des k. k. Gebär- und Findel-
hauses zu Wien, vom Solar-Jahre 1855. Wien 1856. S.
Das Schutzpocken-Impfungs-Institut. Zufolge hohen
Ministerial-Erlasses vom 28. Juli 1856, No. 18.232,
und hohen Statthalterei-Erlasses vom 7. August 1856,
No. 34.623; veröffentlicht durch die Direction der k. k.
Gebär- und Findel-Anstalt.

Auch im Jahre 1855 kamen 16 Impf-Erysipele vor, woran
ein Impfling starb. (*S.* 52).

Da sich die Impfung häufig mit Stomatitis neonatorum, Gelb-
sucht u. s. w. complicirte, so liegt auch hierin ein Grund, dass in
Findelhäusern so junge Kinder überhaupt nicht zu impfen sind.

In diesem Berichte (*S.* 114 und 120) sind zwei Fälle von
Pocken an Kühen erwähnt, deren Abimpfung auf Kinder misslang.
Die Schuld lag ohne Zweifel mit daran, dass man die Lymphe von
den Pocken der Kuh abnahm, und erst dann auf Kinder verimpfte,
nachdem sie schon vor einiger Zeit abgenommen worden war.
Die Impfung von der Kuh auf den Menschen, gelingt nicht so
leicht als von einem Menschen auf den andern; soll erstere gelingen, so muss die Abimpfung von der Kuh, sofort nach der
Lympheentnahme gemacht werden. Auf welche Weise die Impfung
geschah, ist aus dem Berichte nicht zu ersehen.

Impft man Kinder, welche jünger als drei Monate sind, so ereignet
es sich selten, dass die geimpften Pocken ganz regelmässig verlaufen;
im Gegentheil bemerkt man häufig, dass die Schutzblattern viel grösser
werden, auch nach 9 Mal 24 Stunden nach geschehener Impfung statt
sich zurückzubilden noch fortwachsen, und endlich in Eiterung über-
gehen. Es bilden sich dann grosse Geschwüre, von denen grosse Narben zurückbleiben. Wegen dieser Missstände, die Folge eines krankhaften Processes sind, vermeidet man es, wenn nicht Gefahr auf
Verzug der Impfung droht, so junge Kinder zu impfen.

Nach S. 124 des Berichtes, liess man solche Schutzblattern als vermeintliche Zeichen der sehr kräftigen Wirkung des Impfstoffes abbilden, und glaubte im Vergleich zu Jenner's und Ferro's Abbildungen sie als Beweise eines sehr kräftigen Stoffes ansehen zu können. Jenner und Ferro haben aber keine Kuhpocken an jüngeren Kindern, sondern von grösseren Kindern und Erwachsenen abbilden lassen, und sind grosse Kuhpocken an jungen Kindern so wenig ein Beweis eines kräftigen Stoffes, als die angeschwollenen Beine eines Wassersüchtigen ein Beweis von dessen Kraft und Stärke sind.

Es ist wohl wahrscheinlich, dass die Mehrzahl der Kinder in Wien mit Kuhpockenstoff, der aus dem dortigen Findelhause stammt, geimpft wird. Zu bemerken ist, dass nach officiellen Berichten in 10 Jahren von 1846—56 in dem St. Josephs-Kinder-Hospital auf der Wieden 202 blatternkranke Kinder behandelt wurden, von denen 128 ungeimpft, 74 geimpft waren. Eine so ansehnliche Anzahl von an den Blattern erkrankten früher geimpfter Kinder, berechtigt zu dem Schlusse, dass selbige mit schlechtem Impfstoffe geimpft worden waren.

Nicht minder auffallend ist, dass in den 20 Jahren von 1836 bis 1856 in dem allgemeinen Krankenhause zu Wien, unter 6213 Blatternkranken nur 996 Ungeimpfte und 5.217 Geimpfte (fast 84%) waren, (*General Board of Health. Papers relating to the history and practice of vaccination. London* 1857. *4. p.* 154) ein Verhältniss, das selbst in dem Blatternkrankenhause zu London nie stattgefunden hat, obwohl in England erst in neuerer Zeit einige obschon unzureichende Gesetze über die Schutzpocken-Impfung erschienen, und die Geimpften in London durch die Dichtigkeit der Bevölkerung, und die täglich aus allen Ländern der Erde zuströmenden Menschen-Massen, einer weit grösseren Blatterngefahr ausgesetzt sind als in Wien, dessen Bewohner bei einem ungleich geringeren Fremdenverkehr, zum grösseren Theile in weitläufig gebauten Vorstädten leben.

Aerztlicher Bericht des k. k. Gebär- und Findelhauses zu Wien vom Solar-Jahre 1856. Wien 1858. 8.
Das Schutzpocken-Impfungs-Institut.

Auch in diesem Jahre wurden unzeitige zu frühe Impfungen
an den Findelkindern unternommen. Blatternkranke Kinder und
Erwachsene können gleich aus der Anstalt entfernt werden. Nach
dem Berichte selbst, sind Stomatitis, Pemphigus, Augenblennorrhoeen,
Diarrhöen etc. stehende Krankheitsformen in der Anstalt, welche
sämmtlich die Schutzpocken-Impfung unregelmässig verlaufen machen, ja diese Uebel haben nach der Impfung oft den Tod der
Impflinge verursacht. Im Berichte sind mehrere Kinder aufgeführt,
welche an Blutung, Diarrhöen u. s. w., die sich im Verlaufe der
Impfung einstellten, gestorben sind, und von denen mit aller Wahrscheinlichkeit anzunehmen ist, dass bei diesen sehr jungen Kindern
der Tod nur durch die zu frühe Impfung veranlasst wurde. Sieben Kinder sind am Rothlauf gestorben, der sich an den Stellen der Impfnarben entwickelte, und von da aus weiter
verbreitete.

Die frühzeitige Impfung der Findlinge geschieht wohl, um immer frischen Impfstoff zu haben. Diess muss wenigstens angenommen
werden. Es ist aber nicht zu billigen so kleine Kinder zu impfen
um stets frischen Impfstoff zu haben, weil es nur mit grossem
Nachtheile für die Kinder geschehen kann, und kein Mensch zum
Vortheil eines andern einer Lebensgefahr ausgesetzt werden
darf. Was mag das auch für ein Impfstoff sein, aus einem
Hause, in dem die oben bemerkten Krankheiten beständig vorkommen, daher auch immer mehr oder weniger auf alle Impflinge
Einfluss üben, und von so jungen Kindern, dass die Impfung nicht
einmal normal verlaufen kann? Sämmtliche Kinder werden dort,
nach dem Bericht, im Alter von 2—8 Wochen geimpft, also bei
noch unzureichend entwickeltem Hautorgane. Vor 12 Wochen
sollte man, wenn nicht Gefahr auf Verzug ist, kein Kind impfen,
und ist auch kein Kind im Stande vor dieser Zeit ganz normale

Kuhpocken mit vollkommener Lymphe zum Fortimpfen zu entwickeln.

Aerztlicher Bericht der k. k. Gebär- und Findel-
Anstalt zu Wien vom Solar-Jahre 1857. Im Auftrage des
k. k. Ministeriums des Innern. Wien 1859. S. Das Schutzpocken-Impfungs-Institut.

Nach S. 143 mussten einige Aerzte Tage, ja Wochen lang auf
frischen Impfstoff warten.

Kann man einen guten Impfstoff von Impflingen erwarten,
welche in einer verpesteten Luft leben, und ihren schlechten Gesundheitszustand oft dadurch beurkundeten, dass sie im weiteren
Verlaufe der Impfung von lebensgefährlichen Krankheiten befallen
wurden, zum Theil auch daran starben? —

Nach S. 174 erfuhren deshalb auch viele praktische Aerzte,
dass auf die Impfung mit Stoff aus dem Findelhause, schon am 3.
Tage nach der Impfung Pusteln mit rothlaufartiger Entzündung, ja
in einem Falle sogar Abscesse entstanden; mithin war bei der
Fortimpfung des Impfstoffes im Findelhause von Arm
zu Arm, mit demselben eine wirkliche Veränderung
vorgegangen.

Diese Thatsache erinnert an die Bemerkung von Dr. A. F.
Lüders (*Versuch einer kritischen Geschichte der bei Vaccinirten
beobachteten Menschenblattern*, *Altona* 1824. S. S. 70), welcher
die schlechte Beschaffenheit des Vaccinestoffes in Oesterreich aus
dem unverhältnissmässig häufigen Erscheinen falscher Kuhpocken
herleitete, indem aus den Vaccinationslisten einiger österreichischen
Länder von 1816—1819 hervorging, das von 634.503 Vaccinirten,
21.958 unächte, oder gar keine Kuhpocken bekommen hatten.

Da die Kinder im Findelhause, überdiess im Alter von 10 Ta-
gen bis zu 2 Monaten geimpft werden, so läuft man auch Gefahr,
Kinder mit hereditärer Syphilis, die sich aber in so kurzer
Zeit nach der Geburt noch nicht zeigt, sondern latent ist, als
Mutterimpflinge zu gebrauchen, was auch wirklich zwei Mal ge-

schehen ist, zum Glück für die von ihnen geimpften Kinder aber
so günstig ausfiel, dass nur die Kuhpocken, nicht aber die Syphilis, die sich später bei den Mutterimpflingen entwickelte, fortgepflanzt wurde.

Aerztlicher Bericht der k. k. Gebär- und Findel-
Anstalt zu Wien vom Solar-Jahre 1858. Im Auftrage
des k. k. Ministerium des Innern. Wien 1860. 8. Das
Schutzpocken-Impfungs-Institut.

Obschon das Wiener Findelhaus die Hauptanstalt zur Abgabe
des Kuhpockenstoffes ist, so mussten doch sowohl die Wiener als
auch auswärtige Aerzte oft einige Monate warten, bevor sie Impfstoff erhielten (S. 166 und 190), ja manchem Verlangen nach
Impfstoff konnte gar nicht entsprochen werden. Die
Kuhpocken mussten wegen Stoffabnahme auch öfter geöffnet werden. (Bekanntlich wurde in Rhein-Preussen der Wundarzt B. für
den begangenen Kunstfehler an zwei Tagen hinter einander von
demselben Kinde zu impfen, in zwei Instanzen zu einer Gefängnissstrafe von zwei Monaten und einer Geldbusse verurtheilt. *Medicin. Zeitg. des Vereins für Heilkunde in Preussen. 19. Jahrgang. Berlin 1850. 4. S. 69 und folg.*) Sieht man überdiess,
dass an den Grenzen Oesterreichs, auch noch mit Menschenblatternstoff geimpft wird (S. 194), so kann es nicht auffallen,
dass Oesterreich, bei einem ohne alles Verständniss getriebenen
Schutzpocken-Impfwesen, von der Plage der Menschenblattern nie
befreit ist. Für Wien z. B. weiset der Primararzt Dr. C. Haller
aus vorgelegten Tafeln nach, dass die Menschenblattern im Krankenhause nie völlig verschwunden sind. (*Zeitschrift der k. k. Gesellschaft der Aerzte zu Wien.* 1860. *No.* 50. *S.* 792.)

Die Nachlässigkeit der Statthalterei in Mähren, in Betreff der
dortigen Schutzpocken-Impfung, wurde in der Allg. Wiener medic.
Zeitg. (1861. *No.* 40. *S.* 329) bereits zum dritten Male öffentlich
gerügt. Dem ähnlich geht es in Tyrol zu. (*Ibid. Nr.* 45. *S.* 374.)

Die Missstände der Impfung der jungen im Findelhause zu-

sammengepferchten Kinder haben sich auch im Jahre 1858 wieder
geltend gemacht, indem nicht nur mehrere Kinder ohne Erfolg
geimpft wurden, sondern auch 26 Impferysipele bekamen, an denen 8 Kinder starben, und mehrere an andern Zufällen zu leiden
hatten. Bedenkt man, dass 52 geimpfte Kinder gar nicht revidirt
wurden, weil die Nebenkinder nicht lange im Hause behalten zu
werden scheinen (*S*. 183), so mögen von diesen nicht revidirten
auch noch mehrere an der Impfung gelitten haben, und wohl einige gestorben sein.

Aerztlicher Bericht der k. k. Gebär- und Findel-
Anstalt zu Wien vom Solar-Jahre 1859. Wien 1860. 8.
Das Schutzpocken-Impfungs-Institut.

Am Impferysipel sind im Jahre 1859 wieder acht Kinder gestorben, was bei der Einwirkung so vieler Schädlichkeiten wohl
nicht Wunder nehmen kann (*S*. 220, 222, 227, 235). Die Zahl
der nach der Impfung Gestorbenen beträgt im Ganzen 10.

Da wöchentlich drei Mal, und jedes Mal nur zwei Kinder zur
Fortpflanzung der verschiedenen Impfstoffe geimpft wurden, so ist
es kein Wunder, dass die um Impfstoff ansuchenden Aerzte nicht
zu rechter Zeit befriedigt werden konnten, sondern einige, die im
Monat Mai um Impfstoff nachsuchten, denselben erst im Juni erhielten. (*S*. 225.)

Im Ganzen wurden im Findelhause zu Wien, im Jahre 1859
nur 752 Kinder mit Erfolg geimpft, was für die Befriedigung mit
Impfstoff der grossen Bevölkerung von Wien und der auswärtigen
Aerzte gewiss eine kleine Zahl ist, da ja auch jedem Candidaten
der Arzeneiwissenschaft zwei Kinder zu überlassen sind, die er mit
Erfolg zu impfen verpflichtet ist. (*S*. 207.)

Von den im Findelhause in diesem Jahre geimpften Kindern,
ist die nicht geringe Zahl von 76 ohne alle Revision geblieben.
(*S*. 204.)

Wegen der fortwährend im Findelhause herrschenden Kinderkrankheiten der verschiedensten Art, war die Anstalt auch gewiss

nicht geeignet, einen guten Kuhpockenstoff fortzupflanzen, abgesehen davon, dass die Impfung bei den Ammenkindern, die schon bis zu einem Monat alt geimpft wurden, doch noch viel besser anschlug, als die Impfung der noch jüngeren Nebenkinder. (*S.* 205, 218.)

Die Verschiedenheit der Qualität des Impfstoffes wird S. 223 zugegeben. Deshalb, und aus dem oben Angeführten, dürfte zu bezweifeln sein, dass eine Vaccinations-Anstalt in einem Findelhause, ihre Aufgabe für Erhaltung und Versendung des Impfstoffes, und Unterricht im Impfwesen überhaupt zu erfüllen im Stande sei.

Dieser Zweifel wird dadurch bestärkt, dass jede in der k. k. Gebäranstalt zu Wien unentgeldlich aufgenommene Schwangere, die dort entbunden worden, nach ihrer Ueberführung in das k. k. Findelhaus verpflichtet ist, ausser ihrem Kinde noch ein zweites zu nähren. Weiber, die zum Stillen untauglich sind, werden sofort aus dem Findelhause entlassen, ihre Kinder aber dort gesäugt.

Man sieht hieraus, dass eine unentgeldlich Entbundene, wenn sie überhaupt stillen kann, stets zwei Kinder nähren muss. Dass nicht jede Stillende die für zwei Kinder hinlängliche Nahrung hergeben kann, wird nicht bestritten werden können.

Mithin wird von den drei Hauptbedingungen zur Erhaltung der Gesundheit der Kinder: gute Luft, Reinlichkeit und hinlängliche gute Ammenmilch, keine einzige annähernd genügend erfüllt. Es entsteht mithin die Frage: Kann und darf in diesem Findelhause ein Schutzpocken-Impfungs-Institut noch länger geduldet werden?

Bei der Beantwortung dieser Frage dürfte der Umstand Berücksichtigung verdienen, dass erfahrungsmässig die Syphilis von Neugeborenen auf Ammen, und von diesen wiederum auf andere Kinder, auch Erwachsene übertragen worden ist, und dass die Ansteckung zwischen Amme und Kind grössten Theiles schon eher erfolgt, als der Arzt deutliche Zeichen der Syphilis zu erkennen vermag. Erfahrungen dieser Art theilt Dr. Berg aus dem allgemeinen Kinderhause zu Stockholm mit (*Zeitschrift für die gesammte Medicin v. F. W. Oppenheim. 38. Bd. Hamburg 1848. 8. S. 182*), auch Dr. Carlson, nach dessen Bericht über die Behandlung der Kranken im städtischen Curhause zu Stockholm. Im Jahre 1845 kamen dort 22 Fälle vor, in welchen Weiber durch das Säugen syphilitischer Kinder angesteckt wurden. Die Kinder welche angesteckt hatten, waren bei der Geburt, auch längere oder kürzere Zeit nach derselben, dem Anscheine nach gesund gewesen, und waren die Ammen und Mütter schon angesteckt worden, bevor die Krankheit bei den Kindern sich zeigte, so dass jene wiederum gesunde Kinder ansteckten. (*Ebendas.* 40. *Bd. Hamburg* 1849. 8. *S.* 56.)

Jac. Facen theilt einen Fall mit, in dem Syphilis von einem Neugeborenen auf eine Amme übertragen wurde, von letzterer aber, welche einem andern Kinde die Brust gab, auch auf dieses Kind übertragen wurde, sodann von diesem Kinde auf dessen Mutter und ein achtzehnjähriges Mädchen, welche dasselbe pflegte. Das letztere bekam Condylome am Munde und später an den Genitalien. Von der Mutter ging die Krankheit ferner auf einen zweiten Säugling über, und von diesem auf ein zehnjähriges Mädchen, welche jene pflegte. (*Prager Vierteljahrsschrift.* 1850. 27. *Bd. Analekten. S.* 39.)

Bouchut hat sieben Fälle von Uebertragung der secundairen Syphilis von Neugeborenen auf Ammen gesammelt. (*Ebendas.* 1850. 28. *Bd. Analekten. S.* 23.)

Allerdings erfolgt die Ansteckung von syphilitischen Säuglingen auf Ammen nicht immer. Einen solchen Fall berichtet Putegnat, in Luneville. (*Ebendas.* 1853. 40. *Bd. Analekten. S.* 28.) Dass aber die Ansteckung erfolgen kann und wirklich erfolgt ist, beweisen obige und andere ähnliche Fälle unzweifelhaft.

Nach dem von allen Seiten bestätigten Erfahrungen von Gillis, wird in Chile die Syphilis oft durch Ammen verschleppt, und hat dort auf eine entsetzliche Weise um sich gegriffen. (*Schmidt, Jahrb. d. Medicin.* 1857. *Bd.* 96. *S.* 93.) Gewiss würde Niemand inmitten einer solchen Gegend ein Haupt-Impfinstitut anlegen wollen, um mit dem dort entnommenen Impfstoffe die Bewohner der Nachbarländer zu versorgen. Wie kann man nun in einem Findelhause,

wo syphilitische Kinder und Ammen vorkommen, die diese Krankheit schon im Hause verbreiten, eine Haupt-Schutzpocken-Impfungs-
Anstalt für gerechtfertigt halten, da man doch aus bisher angestellten directen Versuchen und Erfahrungen zweifellos weiss, dass
primaire und secundaire Syphilis durch die Kuhpockenimpfung
übertragen worden sind, was nebst vielen Andern auch Prof. Sigmund in Wien einräumt. (*Wiener medic. Wochenschrift.* 1854.
19. *August. Nr.* 33.)

Anderer Meinung ist freilich Dr. Friedinger in seinen „Erfahrungen über Vaccine an syphilitischen Kranken." (*Zeitschrift
der k. k. Gesellschaft der Aerzte zu Wien.* 11. *Jahrg. Wien* 1855.
S. 157—196.) Die wichtigen Beobachtungen von Wegeler und
Ewertzen werden mit Stillschweigen übergangen. In dieser Schrift
(*S.* 191) tritt Dr. Friedinger gegen die Meinung einer allgemeinen syphilitischen nachweisbaren Blutentmischung durch eine
von aussen wirkende Veranlassung auf. Als eine, nach seiner Ansicht allgemein bekannte Autorität, citirt er den Prof. Dr. Hebra
in Wien „der vier Individuen mit dem Blute secundair Syphiliti-
„scher in Gegenwart zahlreicher competenter Zuhörer impfte, und
„nach einer Beobachtungszeit von 52 Tagen kein Resultat sah."

Abgesehen von dem nicht zu verantwortenden, unmenschlichen
Verfahren des Prof. Dr. Hebra, auf vier gesunde Individuen ver-
suchsweise die Syphilis übertragen zu wollen, so lässt sich die Frage
aufwerfen: zu welchem Zweck sind diese Versuche angestellt worden? Es liegen Fälle genug der Uebertragbarkeit der allgemeinen und
primairen Syphilis vor. Gäbe es auch nur einen einzigen Fall
der Art, so würden zahlreiche nicht gelungene Versuche der ver-
suchten Uebertragung der Syphilis auf Gesunde nur beweisen, dass
in einigen Fällen die Ansteckung erfolgt ist, in andern nicht. Ein
Fortschritt in der Wissenschaft würde dadurch nicht erreicht werden. Uebrigens ist nach den Zusammenstellungen von Diday in
Lyon, nach Victor de Méric und Andern, nach erfolgter Uebertragung des syphilitischen Stoffes auf einen Gesunden, die Beobach-

tungszeit von 52 Tagen zu kurz, um ein begründetes Urtheil fällen zu können, ob Prof. Hebra in der That ein negatives Resultat aus seinen vier Impfungen erhalten hat.

Wie gross im Wiener Findelhause die Gefahr der Uebertragung der Syphilis von dem Kinde auf die Amme, und von dieser wiederum auf gesunde Kinder ist, geht schon daraus hervor, dass viele Ammen, wie schon erwähnt, gleichzeitig zwei Kinder nähren müssen, auch dass die Kinder des engen Raumes im Hause wegen, baldmöglichst auf die ländlichen Filiale, dort „Parteien" genannt, geschickt werden müssen, demnach eine Amme, die ein halbes Jahr im Hause dient, zehn und mehr Kinder hinter einander zum Säugen bekommt, wodurch die Gefahr der Ansteckung für sie und der Verbreitung der Syphilis überhaupt ansehnlich vermehrt wird, wie auch die Beobachtungen von Dr. Berg in Stockholm gelehrt haben. (*Zeitschrift für die ges. Medicin v. F. W. Oppenheim. 38. Bd. Hamburg* 1848. *S.* 182.)

Dr. Friedinger, Hauswund- und Impfarzt im k. k. Findelhause zu Wien, bemerkt, (*Zeitschrift der k. k. Gesellsch. d. Aerzte zu Wien. 11. Jahrg. Wien* 1855. 8.) dass Neugeborene mit latenter Syphilis nur ausnahmsweise gut, entsprechend den bisherigen Erfahrungen in der Regel mangelhaft ernährt sind. Es wird daher von ihm nur von den kräftigsten Findelkindern die Kuhpockenimpfung fortgesetzt. Diesen Erfahrungen des Dr. Friedinger ist kein Werth beizumessen, denn ältere und erfahrenere Kliniker, haben vielfach das Gegentheil gesehen. Prof. Trousseau in Paris, bemerkt geradezu, dass syphilitische Kinder häufig mit der scheinbar besten Gesundheit zur Welt kommen. (*Schmidts Jahrb. d. y. Medic.* 1851. 71. *Bd. S.* 338.)

Dr. Carlson in Stockholm sagt von 22 syphilitischen Kindern, dass sie bei der Geburt, auch längere oder kürzere Zeit nach derselben, anscheinend gesund gewesen, bevor die angeerbte secundaire Syphilis an ihnen hervorbrach. (*Zeitschrift für die gesammte Medicin von F. W. Oppenheim.* 40. *Bd. Hamburg* 1849. *S.* 56.)

Cullerier widerlegt die Behauptung, dass mit erblicher Syphilis behaftete Kinder schlecht entwickelt sind, kränklich aussehen und eine faltige Haut haben. Nach seiner Erfahrung kommen dieselben gut constituirt und gesund zur Welt; erst im 2. oder 3. Monat, manchmal früher, treten die allgemeinen Erscheinungen hervor, indem das Kind schwer die Brust nimmt, schlecht schläft, Störungen der Unterleibsfunctionen eintreten und hierauf mucöse Tuberkeln am After, den Genitalien und den Hautfalten, ferner Roseola und pustulöse Eruptionen zum Vorschein kommen. (*Prager Vierteljahrsschrift f. d. prakt. Heilkunde.* 1855. 46. *Bd. Analekten. S.* 31.) Eichmann sah ein gesundes und kräftiges Kind nach der Vaccination erst im eilften Monate an der hereditairen Syphilis erkranken. (*Ebendas. S.* 31.) Dr. Wegeler in Koblenz, berichtet von einem anscheinend gesunden und kräftigen Kinde, dessen gute Gesundheit auch mehrere unverdächtige Zeugen bestätigten, dass 17 Tage nach der Impfung an demselben die Syphilis ausbrach. Von den von diesem Kinde revaccinirten Personen wurden 19 syphilitisch. (*Medic. Zeitung, herausgeg. v. d. Vereine für Heilkunde in Preussen.* 19. *Jahrg. Berlin* 1850. *S.* 69.) Dr. Ewertzen in Fredricksborg, erwähnt eines vom königl. Gesundheits-Collegium zu Copenhagen mitgetheilten Falles. Ein geimpftes Kind von starkem, schönem, gesundem Aussehen und weisser Haut, wurde sehr sorgfältig untersucht. Da sich auf dem ganzen Körper nicht der geringste Fleck befand, der irgend einen Verdacht hätte erregen können, so wurde die ausgezeichnet schöne Lymphe von diesem Kinde zur Impfung von acht Kindern benutzt, und schlug bei allen ohne Ausnahme trefflich an. Von diesen acht Kindern wurden sieben entschieden syphilitisch. Die meisten dieser Kinder waren noch Brustkinder, steckten auch ihre Mütter an, und alle Erkrankte mussten einer vollständigen Mercurialkur unterworfen werden. *Archiv für medic. Erfahrung von Horn, Nasse und Wagner.* 1835. *S.* 281.) Hiernach ist zu ermessen, was von der Fortsetzung der Kuhpockenimpfung von den kräftigen Kindern des Wiener Findelhauses, in Bezug auf mögliche Verbreitung der Syphilis durch selbige, zu halten ist.

Noch wichtiger ist der Umstand, dass im Wiener Findelhause die Kinder, von denen die Kuhpockenlymphe verbreitet wird, im Alter von 2—8 Wochen geimpft werden, während erfahrungsmässig die erbliche constitutionelle Syphilis nur höchst selten bei der Geburt erscheint. In der bei weitem grössten Mehrzahl der Fälle, fast immer, tritt die erbliche constitutionelle Syphilis erst längere Zeit nach der Geburt auf. Dr. F. Mayr giebt an, er habe in Wien 49 Fälle beobachtet, in denen das erste Hervortreten der Lustseuche von der zweiten bis zur achten Woche nach der Geburt erfolgte. (*Schmidt, Jahrb.d. ges. Medicin.* 1851. 71. *Bd. S.*58—70.) Diesen Beobachtungen stehen andere viel zahlreichere entgegen, die ein weit späteres Hervorbrechen der Lustseuche bei Kindern darthun.

Dr. Diday in Lyon, hat in seiner zu Bordeaux gekrönten Preisschrift über die Syphilis der Neugeborenen und Brustkinder, von verschiedenen Autoren 158 authentische Fälle zusammengestellt, in denen das Vorkommen der Syphilis sehr genau notirt worden war. Es zeigte sich die Syphilis

vor 1 Monat	nach der Geburt bei	86 Kindern,			
vor 2 ,,	,,	,,	,,	,, 45	,,
vor 3 ,,	,,	,,	,,	,, 15	,,
vor 4 ,,	,,	,,	,,	,, 7	,,
zu 5 ,,	,,	,,	,,	,, 1	,,
zu 6 ,,	,,	,,	,,	,, 1	,,
zu 8 ,,	,,	,,	,,	,, 1	,,
zu einem Jahre	,,	,,	,,	,, 1	,,
zu zwei Jahren	,,	,,	,,	,, 1	,,
				158.	

Demnach haben von 158 Kindern, 131 vor Ende des 2. Monates die Syphilis deutlich manifestirt, und zwar hatten von 110

Kindern syphilitische Symptome vor der 6. Woche, und 86 hatten sie vor Ablauf des 1. Monates. (*Behrend und Hildebrand, Journal der Kinderkrankheiten. Bd. XXIII. Juli — December. Erlangen* 1854. S. *S.* 294.) Hieraus ergiebt sich, dass die hereditaire Syphilis vor dem Ende des 1. Monates nach der Geburt, zwar am häufigsten vorkommt, dass aber mindestens vier Monate nach der Geburt vergangen sein müssen ohne dass solche Symptome sich gezeigt haben, um ziemlich sicher zu sein dass nichts mehr folgen werde.

Dr. Victor de Méric in London, sah in 21 Fällen, in denen die Kinder bei der Geburt gesund waren, das erste Auftreten syphilitischer Symptome: in zwei Fällen einige Stunden, in vier Fällen einige Tage, in fünf Fällen zwischen einer und drei Wochen, und in zehn Fällen zwischen sechs und dreizehn Wochen nach der Geburt. (*Schmidt, Jahrb. d. Medic.* 1859. *Bd.* 103. *S.* 318.)

Durch vorstehende Thatsachen sehen wir den aus andern Gründen bereits ausgesprochenen Satz: kein Kind das jünger als 3 Monate ist zu vacciniren, wenn nicht Gefahr auf Verzug ist, abermals gerechtfertigt, ebenso dass es gerathen ist, möglichst darnach zu trachten: nur von 6 — 12 monatlichen Kindern Impfstoff zu Weiterimpfungen zu entnehmen, weil an gesunden Kindern dieses Alters, die Schutzpocken nicht nur besser entwickelt erscheinen als an jüngeren Kindern, sondern auch deshalb weil die hereditaire constitutionelle Syphilis nach den bisherigen Erfahrungen nur höchst selten bei über vier Monate alten Kindern latent ist, somit der Uebertragung derselben durch die Vaccination auf Gesunde, durch Erkennung der Syphilis an dem Impflinge, vorgebeugt werden kann.

Bedenkt man, dass in den Jahren '830 bis 1833 in dem Kais. Findelhause zu St. Petersburg 4000—4500 Findlinge jährlich aufgenommen wurden, und dass nach der Angabe des damaligen Oberarztes Dr. Doepp, darunter jährlich etwa 100 waren, welche an Syphilis litten, (*Vermischte Abhandlungen a. d. Gebiete der Heil-*

*kunde von einer Gesellsch. prakt. Aerzte zu St. Petersburg. 5. Samm-
lung. Hamburg* 1835. 8. *S.* 329), ferner dass im Jahre 1859
in dem Findelhause zu Moskau 196 Fälle von angeerbter
Syphilis vorkamen, von denen 150 tödtlich waren (*Dr. Blumenthal, medicin. Bericht des Moskauer Findelhauses, im Jahrb.
für Kinderheilkunde und physische Erziehung von Dr. Mayr, Politzer
und Schuller. III. Jahrg.* 4. *Heft. Wien* 1860. 8. *S.* 89), so erscheint
die Annahme wohl nicht zu gewagt, für das Wiener Findelhaus,
in welchem gegenwärtig etwa 10,000 Kinder im Jahre aufgenommen
werden, jährlich gegen 200 syphilitische Kinder zu berechnen,
durch welche die Syphilis, ungeachtet aller Aufmerksamkeit der
Aerzte, leicht weiter verbreitet werden kann, abgesehen davon, dass
nach Gamberini eine Amme mit vollkommen latenter Syphilis,
allein durch das Säugen, die Lues auf gesunde Kinder übertragen
kann. (*Schmidt, Jahrbüch. der Medicin.* 1858. *Bd.* 99. *S.* 264.) Erwägt man ferner, dass wegen der engen Räumlichkeiten des Wiener
Findelhauses, wohl nur selten ein Kind gegen drei Monate im Hause
bleibt, wohl aber in Folge des steten Andranges von neu aufzu-
nehmenden Findlingen, die Kinder gewöhnlich weit früher auf die
ländlichen Filiale des Findelhauses, „Parteien" genannt, abgefertigt
werden müssen, so ist wohl nicht unwahrscheinlich, dass bei vielen
im Findelhause anscheinend gesund gewesenen und daher dort zu
Mutterimpflingen verwendeten Kindern, die hereditaire constitutionelle
Syphilis, erst nach der Abschickung der Kinder auf die ländlichen
Filiale ausbricht, mithin von den Findelhausärzten nicht beobachtet wurde.

Somit wird einiger Maassen erklärlich, dass Dr. Friedinger
im 2. Jahrgange, 2. Hefte der Jahrb. für Kinderheilkunde, erst des
sechsten von ihm beobachteten Falles der hereditairen Syphilis
erwähnt.

Fälle von Uebertragung der Syphilis durch die Vaccination,
hat Viennois in Lyon, zusammengestellt. (*Arch. génér. de Méd.*
1860. *Juin p.* 641. *Juillet p.* 32. *Septembre p.* 297).

Er ist durch seine Beobachtungen zu dem Schluss gekommen, dass wenn reine.Vaccinelymphe ohne Beimischung von Blut, von einem syphilitischen Individuum auf ein gesundes verimpft worden, als Resultat eine Vaccinepustel ohne jede syphilitische Complication erfolgt. Ist dagegen dem von einem Syphilitischen entnommenen Vaccinestoffe, nur ein wenig Blut auf der Spitze der Lanzette beigemischt, so können mit einem und demselben Impfstiche, beide Krankheiten auf ein gesundes Individuum übertragen werden: die Vaccinekrankheit durch den Impfstoff, und die Syphilis durch das Blut.

Diese Lehre ist nicht haltbar.

Schon bei einer etwa 270maligen Vergrösserung, wird man durch das Mikroskop ohne Schwierigkeit sich überzeugen, dass fast in jedem wasserhellen Tröpfchen einer normalen, zwischen dem 6. und 8. Tage geöffneten Schutzpocke eines Gesunden, deutliche Blutkügelchen vorhanden sind, auch wenn die Lymphe mit der feinsten Nadel und der grössten Behutsamkeit aus der Impfpustel entnommen wurde, um der Beimischung von Blut möglichst vorzubeugen. Wir sind demnach ausser Stande, Kuhpockenstoff von einem Menschen auf den andern, ohne Beimischung von Blut zu übertragen.

Diese Belehrung verdankt der Herausgeber dem kön. bayer. Central-Impfarzte Dr. Reiter in München, dem er hierfür seinen wärmsten Dank ausspricht.

Wohl aber hat Viennois dringend und mit vollem Rechte gewarnt, nie Impfstoff von einem verdächtigen Individuum zu entnehmen, und wenn es sich von einem Neugeborenen handelt, es nicht vor dem Alter zu thun, wo die erbliche Syphilis gewöhnlich sich durch deutliche Zeichen offenbart.

Zu diesem Satze bemerkt Dr. Stricker (*Studien über Menschenblattern, Vaccination und Reraccination, eine von der Société médicale zu Genf gekrönte Preisschrift, Frankfurt a. M. 1861. S. S.* 116) „wie bedenklich es erscheint, dass die Findelhäuser zu

Wien und Petersburg so massenhaft den Impfstoff für die Provinzen des Oesterreichischen und des Russischen Kaiserstaates liefern."

Nicht die Kuhpocken-Impfung als solche, wohl aber die Unwissenheit und Nachlässigkeit der Impfärzte trägt die Schuld, wenn
durch die Vaccination die Lustseuche mitgetheilt wird, indem reine
Kuhpockenlymphe, rechtzeitig von einem gesunden Kinde entnommen, die Lustseuche unter keinem Verhältnisse erzeugt, sondern
Lustseuche nur entstanden ist, wenn von einem mit Syphilis behafteten Individuum geimpft wurde.

Im Wiener Findelhause ist die Gefahr von scheinbar ganz gesunden, doch mit latenter Syphilis behafteten Kindern, die Krankheit auf gesunde Kinder zu übertragen, grösser als in allen in
andern Ländern bestehenden Schutzpocken-Impfungs-Anstalten.
Muss es schon sehr bedenklich erscheinen, den von **2** bis **8** Wochen alten Findelkindern entnommenen Impfstoff, im Hause selbst
von einem Kinde auf das andere zu übertragen, so ist nach den
bisherigen Erfahrungen nicht gerathen, das Wiener Findelhaus als
Schutzpocken-Impfungs-Anstalt für den Oesterreichischen Staat ferner bestehen zu lassen.

Dr. Blumenthal, Oberarzt des Moskauer Findelhauses, sagt
in seinem medicinischen Berichte über dasselbe für das Jahr 1859,
„dass im Findelhause nicht selten die Syphilis bei eben geimpften
„Kindern ausbricht. Unter solchen Umständen werden die Impf-
„pusteln in der Mehrzahl der Fälle zum Heerde syphilitischer
„Geschwürbildung, die bedeutend in die Breite, wie in die Tiefe
„geht, in einzelnen Fällen furchtbaren Substanzverlust zur Folge
„hat, und unter profuser, jauchiger Eiterung das Leben der ar-
„men Säuglinge schnell aufreibt." (*Jahrbuch f. Kinderheilkunde
und physische Erziehung von Dr. Mayr, Politzer und Schuller.
III. Jahrg. 4. Heft. Wien* 1860. *S.* 89.)

Aehnliche Fälle mögen auch in dem Findelhause zu Wien beobachtet sein, obwohl in den ärztlichen Berichten der k. k. Ge-
bär- und Findel-Anstalt zu Wien, für die Jahre 1854 bis 1859,

selbige nicht erwähnt worden. Möglicher Weise sind diese Fälle in der nicht geringen Zahl im Findelhause geimpften, aber ohne alle Revision gebliebenen Kinder enthalten, deren Summe nach officiellen Berichten im Jahre 1858: 52, im Jahre 1859: 76 betrug.

Gerade Oesterreich, mit seinem in vielen Gegenden so ausgezeichneten Viehstande, hat durch die erfolgreiche Regenerirung der Kuhpockenlymphe zu St. Florian, deutlich bewiesen, wie nützlich Einrichtungen dieser Art auf Kosten des Staates sind. Nur dadurch kann denselben eine bleibende Existenz gesichert werden.

Frühere Ministerial-Erlasse über die Vornahme von Kuhpocken-Regenerirungsversuchen, denen Gubernial-Decrete z. B.: vom 31. December 1841, Z. 51.066, in Mähren und Schlesien, (*Medic. Jahrb. des k. k. österr. Staates*. 46. *Bd. Wien* 1844. 8. *S.* 312), auch in andern Gubernien folgten, haben nur vorübergehende, einzelne Impfversuche auf Kühe zur Folge gehabt, welche keinen bleibenden Nutzen stiften konnten.

Würden aber zur Erzeugung der Kuhpockenlymphe in erforderlicher Menge, nach den in Steiermark gewonnenen Erfahrungen, einige solcher Institute, jedoch mit reichlicheren Mitteln als zu St. Florian, in andern Landestheilen Oesterreichs in der Art angelegt werden, dass gewisse Provinzen oder Gegenden aus einer zunächst für dieselben angelegten Kuhpocken-Regenerirungs-Anstalt fortwährend mit alljährlich regenerirtem Schutzpockenstoff versorgt würden, so bedürfte man der Findelhauslymphe nicht mehr.

Allerdings sagt der Hauswund- und Impfarzt des Wiener Findelhauses Dr. Friedinger über den dort entnommenen und verbreiteten Kuhpockenstoff: „dass, wenn irgend eine Aufnahme „schädlicher Stoffe in das Pocken-Contagium möglich wäre, dieses „in den kräftigen Weiterimpflingen, von deren Körperfülle zur „Zeit der Abimpfung, so auch einige Wochen nach der Vaccina-„tion er sich zu überzeugen zahlreiche Gelegenheit findet, (!) auf

„eine sicherere Weise gereinigt werden würde, als dieses durch
„einfache Rückimpfung auf einen einzelnen Kuhorganismus mög-
„lich ist, von dessen innerer Gesundheit sich zu überzeugen, we-
„niger Möglichkeit und weniger Vollkommenheit geboten wird, als
„dies in der gegenwärtigen Diagnostik von Menschen behauptet
„werden kann." (*Zeitschrift der k. k. Gesellschaft der Aerzte
zu Wien. 11. Jahrg. Wien* 1858. *8. S.* 161.)

Diese Ansicht kann keinesweges als maassgebend gelten, weil
nachgewiesen ist, dass gerade in Findelhäusern Kinder in schön-
ster Körperfülle, nicht selten latente Syphilis haben, diese aber
durch die Vaccination auf Gesunde übertragen worden ist, während nach den in der Umgegend von München und St. Florian
gemachten Erfahrungen, die Bestimmung des Gesundheitszustandes
der zu impfenden Kuh durchaus keiner Schwierigkeit für den
Impfarzt unterliegt, der nur mit den Elementen der Thierarznei-
kunde sich vertraut gemacht hat.

Hauptsache bleibt immer, dass von Seiten des Staates die erforderlichen Mittel gegeben werden, um die nöthige Zahl der zur
Impfung geeigneten Milchkühe unbehindert wählen zu können.
Auch wird nicht bestritten werden können, dass unter der ländlichen, zumal verheiratheten Bevölkerung Oesterreichs, mit ungleich
grösserer Sicherheit gesunde Kinder zu Mutterimpflingen ge-
wählt werden können, als aus dem Wiener Findelhause, welches
nach dem officiellen ärztlichen Berichte des k. k. Gebär- und Findelhauses zu Wien vom Solar-Jahre 1854. (*Wien* 1856. *8. S.* 74
—93): „den Auswurf der Wiener Gesellschaft repräsentirt."

Dr. Friedinger hat, ohne auf die Beschaffenheit der
zu impfenden Kuh Rücksicht zu nehmen, geradezu behauptet, die vom Menschen entnommene Kuhpockenlymphe scheint,
in Folge des nochmaligen Durchganges durch den Kuhorganismus,
noch mehr geschwächt zu werden. (*Zeitschrift der k. k. Gesellschaft zu Wien.* 1859. *No.* 15.)

In Bezug hierauf ersuchen wir Herrn Dr. Friedinger mit

den in diesem Buche erörterten Resultaten der Schutzpocken-Impfungen in Bayern sich bekannt zu machen, auch mit dem un-
verkennbar vortheilhaften Erfolge, der bei den mit regenerirter
Lymphe in der k. k. Findelanstalt zu Wien geimpften Kindern
beobachtet wurde als Dr. v. Viszánik, gegenwärtig k. k. Primararzt, und noch im Jahre 1861 Decan des Doctoren-Collegiums
der medicinischen Fakultät zu Wien, Chef dieser Findelanstalt war.
(*Allgem. Wiener med. Zeitung* 1861. *No.* 35. *S.* 289.)

An der so eben angeführten Stelle aus der Schrift des Dr.
Friedinger, heisst es ferner: dass mit seiner gesammten Erfah-
„rung, somit in der Hauptsache, gleich ist die Erfahrung aller
„übrigen Namen habenden Impfärzte."

Wäre dieser Satz richtig, so liesse sich hieraus folgern, dass Impfärzte, die denen des Dr. Friedinger entgegengesetzte Erfahrungen gemacht haben, keinen Namen mehr haben, also namenlos geworden sind!

Derselbe Dr. Friedinger hat schriftlich erklärt: „er halte
das bayerische Impfgesetz für das zweckmässigste." (*Deutsche Klinik.* 3. *November* 1860. *No.* 44. *S.* 433.) Nach §. 10 der vorstehenden bayer. Impf-Instruction vom 27. December 1830, sind sämmtliche k. bayer. Gerichtsärzte seit einer langen Reihe von Jahren
angewiesen, ihren Bedarf an Impfstoff nur von dem k. b. Central-
Impfärzte aus München zu beziehen, welcher alljährlich, nur
durch Kühe regenerirten Impfstoff versendet, ein Umstand, der dem Dr. Friedinger entgangen zu sein scheint.

Es kann diejenigen, welche bald nach der begonnenen Verbreitung der Kuhpockenlymphe von England aus über den Conti-
nent, die Findelhäuser zu Pflanzstätten für die weitere Verbreitung
des Impfstoffes bestimmten, durchaus kein Vorwurf treffen, weil
z. B. das Findelhaus zu Wien seinen Räumlichkeiten nach, dem
Bedürfniss der damaligen Zeit entsprach, auch weil durch das Beisammensein von vielen Kindern, (über welche noch überdiess ohne
alle Schwierigkeit verfügt werden konnte), nicht allein die Möglichkeit einer reichlichen Lymphe-Gewinnung, sondern auch den

Impfärzten Gelegenheit zu zahlreichen Beobachtungen über den Verlauf der Schutzpocken-Impfung gegeben war.

Erst der neueren Zeit war es vorbehalten: die Uebertragbarkeit der latenten Syphilis durch die Vaccination zu constatiren, (XVII. Abschnitt dieser Schrift), ebenso Ansteckungen durch die Milch einer mit derselben Krankheit behafteten Amme auf mehrere Kinder; ferner Ansteckungen von syphilitischen Säuglingen auf gesunde Ammen, bevor noch die Syphilis an den Säuglingen sich manifestirt hatte. Es ist einleuchtend, dass mit der in allen Findelhäusern von Jahr zu Jahr steigenden Zahl der aufgenommenen Findlinge, auch die Anzahl der syphilitischen Kinder steigt, wodurch der ganzen dort vorhandenen Kindermenge immer grössere Gefahr erwächst.

Ordentliche öffentliche Impfungen in Wien, nöthigen Falles auch ausserordentliche, wie solche in London, Paris, Berlin, München, Dresden u. s. w. bereits seit vielen Jahren bestehen, können auch in Wien die schlechterdings zur Weiterverbreitung nicht geeignete Findelhauslymphe völlig entbehrlich machen, über deren schlechte Beschaffenheit schon Dr. v. Viszánik und A. F. Zöhrer (*die Anomalien der Schutzpocken, Wien* 1840. 8. *S.* 19—23 *und* 32—34) sich offen ausgesprochen haben. In Bayern wurde die Benutzung des Impfstoffes aus Gebäranstalten und Findelhäusern, schon durch die Instruction vom 27. December 1830, §. 10 aufgehoben. (S. 32.)

XIV. Ueber die Schutzpocken-Impfung in Frankreich und England.

Ueber den gegenwärtigen nicht eben hervorragenden Standpunkt der Schutzpocken-Impfung in Frankreich, sind im Vorhergehenden bereits einige Andeutungen gegeben. Das Impfwesen steht unter der Leitung der k. Akademie der Medicin, der auch die unentgeldlichen Impfungen in Paris obliegen. (*Mémoires de l'Acad. Impér. de Médecine. Tome XX. à Paris* 1856. p. *XI. Art.* 68 *et* 69.) Eine Zwangs-Impfung giebt es in Frankreich nicht, daher die grosse Zahl der Ungeimpften, sogar in ganzen Districten des Landes, wo Blatterepidemien nicht selten grosse Verheerungen angerichtet haben. Man zählt noch heute in Frankreich Gemeinden, die vergessen worden sind, in denen der Arzt, welcher hätte vacciniren sollen, mehrere Jahre lang sich nicht gezeigt hat. (*Ebendas. T. XXIII.* 1859. p. *XLVII.*) Die Oberflächlichkeit, mit welcher man in der K. Franz. Akademie der Medicin (*Bulletin de l'Acad. Impér. de Médecine. T. XXV. Avril* 1860. p. 477) das von der Englischen Regierung gebilligte Verfahren des Dr. W. Husband (*Exposition of a method of preserving vaccine lymph fluid and active, London* 1860. 8.) zur längeren Aufbewahrung des Schutzpockenstoffes in flüssiger Form beurtheilte, ist in dem Jahresberichte für 1858 — 1860 der Gesellschaft für Natur- und Heilkunde in Dresden, (*Dresden* 1861. 8. *S.* 19), von dem Herausgeber nachgewiesen worden.

In England beschränkte bis zum Jahre 1840 die Gesetzgebung sich lediglich darauf, dem im Jahre 1808 gegründeten National-Vaccine-Institute eine Unterstützung von 2000 Pfund jährlich angedeihen zu lassen. Dieses Institut ist, wie selbst in England anerkannt worden, nie im Besitz der erforderlichen Mittel, oder eines durch ein Gesetz begründeten Ansehens gewesen, um irgend ein System in die Vaccination bringen zu können. (*General Board of Health. Papers relating to the history and practice of vaccination. London* 1857. 4. p. *LXVIII.*)

In den Jahren 1837 bis 1840 starben in England an den Blattern gegen 36.000 Menschen. Bei näherer Untersuchung ergab sich, dass von den im Jahre 1839 Gestorbenen: ¾ dieser Todten, Kinder unter 5 Jahren waren, die fast alle ungeimpft gewesen sein müssen, da Todesfälle bei Geimpften in diesem Lebensalter fast gar nicht vorkommen. (*Ebendas. p. LXIX.*)

Im Jahre 1840 erschien ein Gesetz, (3 *and* 4 *Vict. c.* 29), dass jeder Vorstand eines Kirchspieles in England und Wales das Recht habe, öffentliche Gelder für die Impfung der Unbemittelten in Anspruch zu nehmen, ohne dass diejenigen, welchen Unterstützungen der Art zu Theil wurden, dadurch in die Klasse der eingeschriebenen Armen versetzt würden. Diese Bestimmung erwies sich als unzureichend. In den 5 Jahren 1848—1852 betrug die durchschnittliche Zahl der jährlichen Geburten 568,811, während in derselben Zeit auf den öffentlichen Impfungen jährlich nur 180.960 Kinder unter einem Jahre, und 185.139 Kinder über ein Jahr alt geimpft wurden.

Endlich im Jahre 1853 erhielt England eine Zwangs-Impfung (*compulsory vaccination*), nach welcher Eltern und Vormünder gehalten sind, jedes Kind dessen Gesundheitszustand der Impfung nicht entgegensteht, bei Vermeidung einer Geldstrafe, „welche zwanzig Schillinge nicht übersteigt", spätestens vier Monate nach der Geburt impfen zu lassen. (16 *and* 17 *Vict. c.* 100.)

Näher betrachtet, wurde durch diese scheinbare Zwangsmaassregel die Schutzpocken-Impfung kaum gefördert. Eltern oder Vormünder, welche ein höchstens viermonatliches Kind entweder gar nicht zur unentgeldlichen Impfung brachten, oder ein vor 8 Tagen geimpftes Kind nicht zur Revision stellten, sollten einer Geldstrafe unterliegen, „welche 20 Schillinge nicht übersteigt". Es ergiebt sich hieraus, dass zur Bestimmung der im einzelnen Falle zu erhebenden Quote der Geldstrafe, zuvörderst eine Vermögens-Abschätzung der schuldigen Eltern oder Vormünder vorhergehen muss, um die von dem möglichst kleinsten Geldbetrage bis zu 20 Schillingen schwankende Strafe, nach dieser vorausgegangenen Abschätzung normiren zu können. Zur Bestimmung der Quote der Geldstrafe und deren Beitreibung, waren aber die Polizeibehörden nicht angewiesen, daher auch die Geldstrafe zwar auf dem Papiere stand, in der Wirklichkeit aber nicht zur Erhebung kam. Dr. J. Simon hatte daher vollkommen Recht, wenn er diese Zwangs-Vaccination, wie sie in England bestand, als todten Buchstaben bezeichnete. (*General Board of Health etc. London* 1857. 4. *p. LXXII.*) Auf einer der zehn Impf-Stationen des Lond'ner National-Vaccine-Institutes wurden in 6½ Monaten 407 Kinder geimpft, von denen am 8. Tage der an ihnen vollzogenen Impfung nur 97 zur Revision vorgestellt wurden, und nur 3 Impfscheine empfingen. Wie schwierig unter solchen Verhältnissen, bei einer so geringen Anzahl von zur Revision gebrachten Impflingen es für den Impfarzt war, gute Mutterimpflinge zu Weiterimpfungen zu wählen, bedarf keiner Erörterung.

Es ergiebt sich aus Obigem unwiderleglich, dass Zwangs-Impfungen zur allgemeinen Verbreitung der Vaccination unentbehrlich sind, selbige aber nur dann ihren Zweck erreichen können, wenn, wie in Bayern, die Strafe für ungehorsames Ausbleiben der Impfpflichtigen von der Impfung, durch die Polizeibehörde, unmittelbar nach geschlossener öffentlicher Impfung, von den betreffenden Eltern oder Vormündern beigetrieben wird, in der Art, dass die Polizeibehörden für nicht rechtzeitige oder unvollständige Eintreibung der Strafgelder selbst verantwortlich sind; (S. 14), auch müssen diese Behörden der beständigen Controle der höheren Behörden in dieser Hinsicht unterliegen.

Es steht nicht zu bezweifeln, dass man in den gebildeten, zumal ärztlichen Kreisen Englands zu derselben Einsicht gekommen ist, dass aber die in jedem Britten tiefbegründete Idee seiner in Bezug auf die Vaccination falsch verstandenen persönlichen Freiheit, dem Gesetzgeber beinahe unübersteigliche Hindernisse zur Veröffentlichung eines wirklichen Impfzwanges entgegenstellt. Sah doch die mit der Wohlthat der Vaccination unvollständig bekannte grosse Volksmasse, lange Jahre hindurch, schon darin einen lästigen nicht zu duldenden Zwang, dass die Schutzpocken-Impfung nur von Aerzten ausgeführt werden sollte, ungeachtet öffentliche durch Aerzte geleitete, unentgeldliche Impfungen, zahlreiche Todesfälle von Blattern an Ungeimpften oder schlecht Geimpften, und endlose wohlgemeinte Warnungen von Seiten der Regierung und anerkannt menschenfreundlich gesinnter Aerzte, längst den grossen Haufen eines Besseren hätten belehren sollen! Jedes alte Weib, jeder Quacksalber konnte fast bis auf die neueste Zeit beliebig die Schutzpocken impfen. Erst durch das Gesetz vom 1. December 1859 ist bestimmt worden, dass Nichtärzte, welche vacciniren wollen, zuvörderst bei einem der in London, Birmingham, Bristol, Hull, Liverpool, Manchester, Newcastle, Oxford oder Sheffield wohnenden, in diesem Gesetze namhaft gemachten öffentlichen Impfärzte, die Schutzpocken-Impfung praktisch erlernen, und nach bestandener Prüfung über ihre Befähigung hierzu, ein Certificat zur Ausübung der Vaccination zu erhalten haben, worauf ihnen die Befolgung einer zu diesem Zweck von der Regierung genehmigten Impf-Instruction zur Pflicht gemacht wird. Dieses Gesetz ist mit dem 1. Januar 1860 in Kraft getreten. Die Impf-Instruction ist von zwei erfahrenen, auch dem Auslande durch ihre Schriften rühmlich bekannten Impfärzten unterzeichnet: Mr. R. Ceely, Esq. (in Aylesbury) und Mr. J. F. Marson, (in London).

Am 1. August 1861 (24 *and* 25 *Vict.* *c.* 59) erschien eine wesentliche Vervollständigung des zeitherigen Impfgesetzes, durch welche die Vorgesetzten eines jeden Kirchspieles angewiesen werden, einen Beamten zur Betreibung des gerichtlichen Verfahrens auf Kosten der Armenkasse anzustellen, dem obliegt, der Schutzpocken-Impfung Gehorsam zu erzwingen, in der Art, dass der für die unterlassene Vaccination eines Kindes von den Eltern oder Vormündern desselben beizutreibende Betrag der Geldstrafe, jedes Mal von der betreffenden Ortsbehörde speciell bestimmt wird.

Dieses Gesetz kann von hoher Bedeutung für die Förderung der Schutzpocken-Impfung in England werden, wenn (wie in Bayern) die Conscriptionslisten aller Impfpflichtigen das Fundament zu den Impflisten bilden, und die zu bestimmten Terminen von den Aerzten geschlossenen Impflisten, von den Ortsbehörden revidirt werden, um daraus die Liste der des ungehorsamen Ausbleibens von der Impfung Schuldigen zu entwerfen, damit deren Eltern oder Vormünder sodann der gesetzlichen Geldstrafe sofort unterworfen werden können, ausserdem selbige mit einer noch höheren Geldstrafe zu bedrohen sind, wenn die von ihnen aus Ungehorsam unterlassene Impfung der Impfpflichtigen nicht bis zu einem festgesetzten Termine nachgeholt worden.

Aus dem National-Vaccine-Institut wird, wie der Herausgeber in London, im Mai 1860 selbst sich überzeugte, der Impfstoff nur in trockener Form an elfenbeinernen zugespitzten Spateln haftend, in Goldschlägerhäutchen verklebt, versendet. Eben in der Versendung in trockener Form mag, wie in Frankreich, die Ursache liegen, dass Klagen über Fehlimpfungen mit dem verwendeten Impfstoffe eingehen.

Das von der Englischen Regierung, in Folge der Prüfung durch Mr. Ceely im August 1859 empfohlene Verfahren des Dr. W. Husband in Edinburgh (*Exposition of a method of preserving vaccine lymph fluid and active. London* 1860. 8.), den Kuhpockenstoff nur in flüssiger Form, in gläsernen hermetisch geschlossenen Haarröhrchen, nach vorhergegangener Verdünnung der in denselben enthaltenen Luft, aufzubewahren und zu versenden, war im Monat Mai 1860 im National-Vaccine-Institut noch nicht gebräuchlich, doch wird in der erwähnten Instruction vom 1. December 1859 für Vaccinatoren welche Nichtärzte sind, letzteren freigestellt, den Impfstoff entweder in trockener Form auf elfenbeinernen Spateln, oder in flüssiger Form, in nichtgebauchten Capillarröhrchen, nach der Methode des Dr. Husband aufzubewahren.

Eine gedrängte Zusammenstellung aus dem erwähnten Buche des Dr. Husband, hat der Herausgeber im 12. Hefte der Schmidt'schen Jahrb. f. d. ges. Medicin, 1860, mitgetheilt.

Wenn die vor 60 Jahren aus England so sehr begehrte Kuhpockenlymphe, gegenwärtig von Seiten der übrigen Europäischen Staaten und der Aerzte des Continentes, aus dem National-Vaccine-Institut in London fast gar nicht mehr begehrt wird, ja nur Portugal und Spanien im Jahre 1858 in Menge von dort Kuhpockenstoff bezogen, so liegt der Grund davon wohl darin, dass die aus England erhaltene, durch sehr zahlreiche Generationen gewanderte und in trockener Form versendete Lymphe, von weniger intensiver Wirkung, sicher auch nicht so rein ist, als ein anderer nicht so andauernd fortgepflanzter Impfstoff, namentlich eine durch etwa 20 bis 30 Generationen fortgesetzte Retrovaccin-lymphe. Nach Gregory's Meinung, (*Jahrb. d. ges. Med. v. Schmidt. 1. Supplmbd. Leipzig* 1836. *S.* 189) stammte die im Jahre 1835 zu London gebrauchte Kuhpockenlymphe noch von derjenigen her, die im Jahre 1799 aus der Meierei von Harrison entnommen wurde. Nach einer dem Herausgeber in London im Mai 1860 gemachten Mittheilung, soll die gegenwärtig auf dem National-Impf-Institute verwendete Lymphe noch von Jenner stammen, von welchem Jahre aber, konnte ebenso wenig ermittelt werden, als diese Angabe mit Bestimmtheit behauptet wurde, da die Impflisten früherer Jahre hierüber keinen Aufschluss geben, und in den neueren Impflisten in der Rubrik „Quelle der Lymphe" (*source of lymph*) immer nur auf die Nummer des Impflinges verwiesen ist, von dem der Impf-stoff zu Weiterimpfungen entnommen wurde, ohne auf die Urquelle des gegenwärtig verwendeten Impfstoffes zu kommen. Diese Erklä-rung erhielt der Herausgeber von dem Inspector der Impfärzte am National-Vaccine-Institut Herrn J. N. Tomkins. Dass auf einer der zehn Impf-Stationen des National-Vaccine-Institutes, auch in dem Impfsaale des Blattern- und Vaccinations-Hospitales in London, von dem Arzte Mr. Marson eine seit dem Jahre 1837 eingeführte Lymphe, die von den Händen einer Frau, welche beim Melken einer Kuh inficirt wurde, noch im Mai 1860 fortgepflanzt wurde, ist bereits im XII. Abschnitte (S. 97) erwähnt worden.

London gewährt in seinem geräumigen, im Jahre 1746 gegrün-deten, vor etwa 12 Jahren neuerbauten Blatternhospitale, welches seit bereits 20 Jahren unter der speciellen Leitung von Mr. Marson steht, allen Blatternkranken eine segensreiche Zufluchtstätte, der sich auch viele aus allen Ländern eingetroffene Fremde erfreuen.

Drei Mal wöchentlich impft dieser Arzt im National-Vaccine-Institut,
und an den andern drei Wochentagen in dem in einem Flügel des
Blatternhospitales (merkwürdiger Weise) errichteten Schutzpocken-
Impfungs-Lokale. Angesehene Collegen in London, haben mündlich
und schriftlich seinen Kenntnissen und seiner Erfahrung in der
Schutzpocken-Impfung das beste Zeugniss ausgestellt, z. B. Dr.
J. Simon, Medicinal-Beamter am allgemeinen Gesundheits-Comité,
(*General Board of Health. Papers relating to the history and practice
of vaccination. London* 1857. 4. *p. LXXIII*) und Dr. E. C. Seaton
in London (*Journal of public Health and Sanitary Review. London*
1857), welcher die Schrift von Marson (*On Small-Pox and Vaccination. Medico chirurgical trans. vol. XXXVI*) als eine „bewunde-
rungswerthe" (*admirable paper*) bezeichnet. Derselbe Mr. Marson,
auch Mitglied des Königlichen Collegiums der Chirurgen in England, war es, der am 26. Mai 1856 eine Eingabe dem Hause der
Gemeinen überreichte, in der er, nach dem Beispiele des Dänischen
und Schwedischen Impfgesetzes, von dessen Nutzen er sich vielfach
überzeugt hatte, eine Abänderung des in England bestehenden Impfgesetzes beantragte. Marson, der viele Ausländer eine Reihe von
Jahren hindurch an den Menschenblattern in dem Blatternhospitale
zu London behandelt hat, sagt geradezu, dass in England
die Schutzpocken-Impfung weit ungenügender als in
irgend einem andern Lande in Europa vollzogen wird,
woran der gänzliche Mangel einer gesetzlichen Organisation die Schuld trägt. Schliesslich bittet er das Parlament,
seinen Antrag zu genehmigen, in der festen Ueberzeugung, dass, wenn
für eine richtige Leitung der Vaccination gesorgt worden, der Impf-
Zwang, wie er in Schweden für weniger als zweijährige Kinder besteht,
(*General Board of Health. Papers relating to the history and practice of Vaccination. London* 1857. 4. *p.* 185) und die im Alter
von 15 Jahren empfohlene Revaccination höchst wohl-
thätige Gesetze für diejenigen sein werden, welche aus Fahrlässigkeit, Vorurtheil, Unwissenheit, oder ihrer Jugend wegen, sich selbst

zu hüten nicht im Stande sind. Hat eine Organisation des Impf-
wesens in England, wie Marson sie fordert, auch der Herausgeber
selbige als vollkommen gerechtfertigt anerkannt, bis jetzt dort nicht
vollständig stattgefunden, hauptsächlich wohl deswegen, weil viele
Engländer in einer strengen Durchführung des Impfzwanges eine
Beschränkung ihrer persönlichen Freiheit erkennen würden, auch
bis jetzt keine Consriptions-Listen der Impfpflichtigen eingeführt
sind, so steht doch zu hoffen, dass die unablässigen Bemühungen des
allgemeinen Gesundheits-Comité's, der Lond'ner Gesellschaft für epidemische Krankheiten und anderer in Grossbritanien bestehender ärztlicher Vereine, ferner die unausgesetzte Thätigkeit hervorragender
Impfärzte, wie Mr. Marson und Mr. Ceely, welche allgemeine und
hohe Achtung geniessen, endlich die Verbreitung populairer Schriften — das Sträuben des Volkes gegen die Schutzpocken-Impfung
immer mehr beseitigen werden.

Nicht die Gegner der Vaccination, die durch ihre Schmäh-
schriften selbige ganz abschaffen wollten, haben derselben gescha-
det, wie z. B. Francis Charles in Helgoland, (*Warnung vor Ver-
giftung durch Kuhpockeneiter. Hamburg u. Leipzig* 1861. 8.) der
das von ihm entdeckte Vorbeugungs- und Heilmittel gegen Menschenpocken für 66,666 Thlr. 20 Sgr. ausbietet (*S.* 20), wohl aber Pfu-
scher und unwissende Impfärzte, wovon in dem vorletzten Abschnitte
dieser Schrift einige Beispiele angeführt sind.

XV. Ueber die Schutzpocken-Impfung im Königreiche Sachsen.

In dem Eingange der im Königreiche Sachsen noch gegenwärtig gültigen Instruction vom 22. März 1826 für Aerzte und Wundärzte zur Einimpfung der Schutzpocken, heisst es, dass die früher
zu demselben Zweck erlassene Instruction vom 25. Februar 1805

„einer Revision unterworfen und in dem hier vorliegenden Maasse
„den Zeitumständen entsprechend abgeändert worden, um künftig
„bei dem Impfgeschäft als Norm zu dienen."

In dem 21 jährigen Zeitraume von 1805 bis 1826, sind für die
Impfung der Schutzpocken minder wichtige Erfahrungen gewonnen
als in dem ungleich längeren Zeitraume vom Jahre 1826 bis auf
die Gegenwart.

In Bezug auf den letzteren Zeitraum möchten die heilsamen
Folgen der Zwangs-Vaccination, die Erfahrungen über Verwendung
des alljährlich durch die Kuh regenerirten Impfstoffes bis zur 20.,
höchstens bis zur 30. Generation, und die mit bestem Erfolge in
mehreren Ländern zumal in Preussen in grossem Maassstabe aus-
geführten Revaccinationen besondere Beachtung verdienen, mithin
eine den gegenwärtigen Zeitumständen entsprechende Umarbeitung
des k. sächsischen Impfgesetzes, mit vorzugsweiser Berücksichtigung
des k. bayerischen, namentlich auch in Bezug auf die zu führen-
den Listen der Impfpflichtigen, als gerechtfertigt erscheinen lassen.

Diese Ansicht wird auch dadurch unterstützt, dass in Bayern,
die seit dem Jahre 1830 erschienene allerhöchste Verordnung nebst
der anliegenden Instruction über den Vollzug der Schutzpocken-
Impfung, im Laufe der Zeit durch Abänderungen und Vervollständigungen in den Jahren 1834, 1835, 1836, 1838, 1811, 1843, 1844,
1847, 1852, 1853, 1857 und 1861 auf einen Standpunkt gefördert
worden, der zwar als kein absolut vollendeter, doch im Vergleich
zu andern Staaten, in mehrerer Hinsicht als ein musterhafter anzuerkennen ist.

Wenn der Herausgeber auf die Umgestaltung des Impfgesetzes
im Königreiche Sachsen näher eingeht als er dies in Bezug auf
andere Länder gethan, so leiten ihn hierbei einige Beweggründe:
ein Mal, weil er, seit einigen Jahren in diesem Lande lebend, mehr-
fach Gelegenheit hatte den hiesigen gegenwärtigen Standpunkt der
Schutzpocken-Impfung näher kennen zu lernen, dann aber auch,
weil von einer durch alle Schichten der Gesellschaft aufgeklärten

Bevölkerung, der Nutzen der Schutzpocken-Impfung von der weitaus grössten Menge begriffen wird, wozu die weise Fürsorge der
k. sächsischen Regierung wesentlich beigetragen, indem die im
Jahre 1860 in Zwickau von G. A. Rockland erschienene popu-
laire Schrift „Nutzen und Nothwendigkeit der Schutzpocken-Impfung"
von dem K. S. Ministerium des Innern in zahlreichen Exemplaren
angekauft und im Lande unentgeldlich verbreitet wurde, folglich
eine zu beantragende strenge Handhabung der Schutzpocken-Impfung
gegen Renitenten, welche aus Unverstand, Vorurtheil oder Fahrlässigkeit ihre Kinder oder Mündel der rechtzeitigen Schutzpocken-
Impfung entziehen wollen, gewiss eine verhältnissmässig nur sehr
kleine Anzahl von Personen treffen wird, diese aber einer nicht
zu gering anzusetzenden policeilich beizutreibenden Geldstrafe zu
unterwerfen sein möchten, weil der Zweck der Schutzpocken-Impfung
darin besteht: die verderblichen epidemischen Menschenblattern abzuwehren, und dieses nur dadurch möglich
wird, dass alle Einzelnen im Volke ausnahmslos an der
Schutzpocken-Impfung Theil nehmen müssen.

Dieser Zweck und die damit völlige Sicherung der Staatsbürger
ist aber nicht zu erreichen, wenn die Betheiligung an der Vaccination der Willkühr des Einzelnen überlassen bleibt, weil bei dem
Vorhandensein von Ungeimpften, die Menschenblattern immer unter-
halten werden, auch bei dem durch Eisenbahnen und Dampfschiffe
namentlich in Sachsen so überaus gesteigerten Verkehr, aus andern
Ländern eingeschleppt werden können, wobei wir uns unwillkühr-
lich der Blatterepidemien in Dresden in den Jahren 1840/41 und
1848/49 erinnern. Der Bürger, welcher sein impfpflichtig gewor-
denes Kind der Impfung entzieht, schadet nicht blos sich und seinem
Kinde, sondern er vereitelt auch die Zwecke einer nothwendigen ge-
meinnützigen Anstalt der Staatsbürger, daher kann das Recht des
Staates seine gegen die Menschenblattern als Schutzmittel errichtete Anstalt mit Zwang gegen den Nicht-
wollenden durchzuführen, keinem Zweifel unterworfen

sein, zumal da es Pflicht des Staates war die Anstalt der Schutzpocken-Impfung einzurichten.

Nur die Allgemeinheit in der Benutzung verbürgt und
ermöglicht die vollständige Zweckerreichung für alle Staatsbürger;
der Zwang ist folglich das nothwendige Mittel zur Zweckerreichung; ohne ihn läuft die Institution sogar Gefahr zu Grunde
zu gehen. (*Dr. J. H. Schürmayer, Handbuch der medic. Policei.*
2. *Aufl. Erlangen* 1856. *S.* 301.)

Man kann nicht annehmen, dass wenn die Aufnahme von im
siebenten Lebensjahre stehenden Kindern in Schulen, von der Auf-
weisung des erhaltenen Schutzpocken-Impfzeugnisses mitbedingt
wird, dadurch eine auch nur annähernd richtige Controle über die
Geimpften besteht, weil erfahrungsmässig Ungeimpfte, vorzugsweise
in früher Kindheit, von den Menschenblattern befallen werden, und
massenweise der Krankheit erliegen ehe das siebente Lebensjahr
herangekommen ist, also zu einer Zeit wo gegenwärtig im Königreiche Sachsen die Renitenten der Impfung absolut ungestraft bleiben. Wie gross in Blatterepidemien, auch zu andern Zeiten, die
Sterblichkeit ungeimpfter Kinder zumal im ersten und zweiten Lebensjahre ist, ergiebt sich aus der Beilage 2 zum X. Abschnitte.
Unter 8.606 Menschen, welche in 21 Jahren in Bayern den Blattern
erlagen, waren 3.532 Kinder unter einem Jahre, und 1.163 Kinder
im Alter von 1—5 Jahren sämmtlich ungeimpft. Es sind mithin
4.695 Kinder, also mehr als die Hälfte aller in dem erwähnten Zeitraume in Bayern an den Menschenblattern Gestorbenen, vor
dem Alter der eintretenden Schulpflichtigkeit dieser Krankheit erlegen.

Die in den Händen der k. bayerischen Gerichtsärzte
concentrirte Buchführung (Formular 2. Abschnitt VII.) über
alle Geborene, Geimpfte und ungeimpft Gebliebene, mit specieller
Angabe derer welche wegen ungehorsamen Ausbleibens von der
ordentlichen öffentlichen Impfung (Beilage 1 zum X. Abschnitte),
der unausbleiblichen Geldstrafe unterlagen, weiset nach, dass in den

13 Jahren von 1848 bis 1860, an den öffentlichen Impftagen 1.374.734 Kinder geimpft wurden, und in denselben Jahren die Eltern und Vormünder von 9.108 Kindern, wegen ungehorsamen Ausbleibens von der Impfung der gesetzlichen Geldstrafe unterlagen, ausserdem diese Kinder zur ordentlichen öffentlichen Impfung des nächsten Jahres verwiesen wurden. Es kamen mithin, ungeachtet der, wie im bayerischen Volke allgemein bekannt ist, unvermeidlichen Geldstrafe für ungehorsames Ausbleiben von der Impfung, durchschnittlich im Jahre 700 Renitenten zur gesetzlichen Bestrafung nebst der Verwarnung, einer abermäligen und zwar erhöheten Geldstrafe zu verfallen, falls sie in dem nächstfolgenden Jahre ihre Kinder nicht zur öffentlichen Impfung stellen, oder vor Ablauf der Dauer der öffentlichen Impfungen (31. Juli), kein legales Zeugniss beibringen, dass ihre Kinder, gemäss §§. 3 und 4 der k. b. allerhöchsten Verordnung über die Schutzpocken-Impfung vom 22. December 1830, der gänzlichen oder zeitlichen Befreiung von der Impfpflichtigkeit unterliegen.

Wenn auch aus der Beilage 1 zum Abschnitte X, vom Jahre 1852 bis 1860, eine erfreuliche alljährlich immer abnehmende Zahl der Renitenten der Schutzpocken-Impfung in Bayern ersichtlich ist, so beweisen doch die alljährlich ausnahmlos vorkommenden Renitenten, dass der Zwang, oder mit andern Worten die für nicht rechtzeitige Stellung der Impfpflichtigen zur Impfung unausbleibliche Strafe, mit Androhung einer noch höheren Geldstrafe für ferneren Ungehorsam, durchaus nothwendig ist, um die Schutzpocken-Impfung zu einem allgemein nützlichen Institute zu machen, durch welches das epidemische Auftreten der Menschenblattern ausgerottet werden soll.

Ohne Uebertreibung lässt sich wohl annehmen, dass im Königreiche Sachsen, im Verhältniss zur Zahl der Geimpften, die Zahl der Renitenten der Schutzpocken-Impfung verhältnissmässig eine ungleich grössere als in Bayern ist, weil, obschon Thatsache ist, dass Ungeimpfte vorzugsweise oft lebensgefährlich von den Menschen-

149

blattern ergriffen werden und denselben erliegen, die Krankheit
dann auch Andern mittheilen, dennoch Ungeimpfte für ungehorsames Ausbleiben von der Impfung, bis jetzt keiner Strafe in Sachsen unterliegen. Wie gross die Zahl der Renitenten der Schutzpocken-Impfung im Königreiche Sachsen etwa in den letzten 10
Jahren gewesen ist, möchte nicht leicht ermittelt werden können.
Nach §. 3. b. der K. S. Impf-Instruction vom 22. März 1826, würden
dahin alle über drei Monate alte ungeimpfte Individuen zu zählen
sein. Da man nach §. 1 derselben Instruction, ausser den Bezirksärzten, alle zur äusseren und inneren Praxis autorisirten Aerzte
und Wundärzte, die übrigen Wundärzte aber auf Anordnung eines
in der Nähe befindlichen Arztes impfen dürfen, so ist das in so
vielen Händen befindliche Impfgeschäft durch das Führen zahlreicher
Impflisten in der Art zersplittert, dass sowohl die Ober-Medicinal-
behörde als auch andere Landesbehörden nur mit grosser Schwierigkeit und nicht geringem Zeitaufwande zum Vergleich der Anzahl
der Geborenen, mit der mit den Schutzblattern Geimpften und ungeimpft Gebliebenen gelangen können.

Es erscheint daher zweckmässig, wie im Königreiche Bayern,
die öffentlichen Impfungen lediglich den Bezirksärzten (Gerichtsärzten) zu übertragen, (K. B. allerhöchste Verordnung vom 22. December 1830. §§. 6—13), auch den Wundärzten keine ferneren
Schutzpocken-Impfungen zu gestatten, sondern nur solchen Privatärzten, welche Doctoren der Medicin sind. (Ebendas. §. 14. §. 21.)

Ein Beispiel der Zersplitterung der Schutzpocken-Impfungen
in viele Hände, und der daraus entstehenden Folgen, bietet das
Königreich Würtemberg, wo in den 10 Jahren 1846/47 bis 1855/56
406.599 Kinder mit Erfolg geimpft wurden. (*Medic. Correspondenz-
Blatt d. Würtemb. ärztl. Vereines. Bd. XXVIII. Nr. 26. 14. August*
1858. S. 201.) In dieser Zeit beschäftigten sich mit der Impfung
214 Aerzte und 752 Wundärzte, zusammen 966. Schon Prof. Dr.
Franz Heim (*Historisch-kritische Darstellung der Pockenseuchen
u. s. w. Stuttgart 1838. S. 594*) bezweifelte die Unterscheidungs-

fähigkeit der Chirurgen in Betreff des ächten und modificirten Kuhpockenverlaufes. Erwägt man, dass demnach in einem Jahre durchschnittlich 40.659 Kinder geimpft wurden, so wurden von einem Impfarzte durchschnittlich gegen 42 Kinder im Laufe eines Jahres geimpft. Eine in so viele Hände zertheilte Schutzpocken-Impfung kann nicht für so zweckmässig erachtet werden als die in Bayern den 300 Gerichtsärzten übertragenen öffentlichen Impfungen, weil bei letzteren die Möglichkeit gegeben ist unter vielen Impflingen nur die gesundesten Kinder zu Mutterimpflingen auszuwählen, was in Wörtemberg in gleicher Art nicht der Fall sein kann, worauf schon Prof. Fr. Heim (*historisch-kritische Darstellung der Pockenseuchen. Stuttgart* 1838. 8. *S.* 491), wiewohl bis jetzt vergeblich aufmerksam gemacht hat, indem die Zahl von 905 Impfärzten im Jahre 1836, in späterer Zeit auf 966 gestiegen ist. Am 1. December 1799 schickte Jenner Vaccine-Gift an de Carro nach Wien, „und versicherte ihn, dass er in diesem Augenblicke eine grosse Anzahl Geimpfter habe." (*J. de Carro, Beobachtungen und Erfahrungen über die Impfung der Kuhpocken. Aus dem Franz. übers. v. Dr. Portenschlag. Wien* 1801. 8. *S.* 118.) Sicher war Jenner bemüht, gleichzeitig viele Personen zu impfen, um unzweifelhaft guten Impfstoff zu Weiterimpfungen auswählen zu können. Erfahrungsmässig hängt auch die grössere oder geringere Zahl der Fehlimpfungen von der Auswahl der Mutterimpflinge ab. Fehlimpfungen müssen aber möglichst vermieden werden, weil abgesehen von den übeln Folgen wenn Gefahr auf Verzug der Impfung ist, das Vertrauen des Volkes auf die Impfung, durch Fehlimpfungen geschwächt wird.

Nur dann wenn die vollständige Buchführung über alle Geimpfte und Ungeimpfte im ganzen Lande, lediglich in den Händen der Bezirks- oder Gerichts-Aerzte ist, und gegen die Impfpflichtigen, welche ihre Verbindlichkeiten nicht rechtzeitig erfüllt haben, ohne Verzug polizeilich mit Strafen eingeschritten wird, (k. bayer. allerhöchste Verordnung vom 22. December 1830. §. 13), lässt sich ohne

Schwierigkeit am Jahresschlusse ein genauer Vergleich der Anzahl der Geborenen zur Anzahl der öffentlich und privatim Geimpften, der Ungeimpften welche zur Impfung des nächsten Jahres verwiesen sind, und der wegen Erstehung der natürlichen Blattern von der Impfung Befreiten in der Art anstellen, dass auch die Zahl derer ersichtlich ist, welche wegen ungehorsamen Ausbleibens von der Impfung, der gesetzlichen Strafe unterzogen wurden, (1. Beilage zum X. Abschnitte), wodurch auch der die Wirksamkeit der Polizei revidirenden Behörde, in Bezug auf die einzufordernden Strafgelder, die Möglichkeit einer genauen Controle gegeben ist.

Der §. 2 des Königl. Sächs. Impf-Mandates vom 22. März 1826, schreibt allerdings den Bezirksärzten vor „nach Möglichkeit dahin „zu trachten, dass kein Kind ihres Bezirkes ungeimpft bleibe." Nach §. 7 desselben Mandates „soll der Impfarzt Eltern, welche „zur Impfung ihrer Kinder nicht freiwillig bereit sind, bei seiner „Anwesenheit am Orte, hierzu beweglich ermahnen."

Abgesehen davon, dass solche Ermahnungen nicht im Berufe des Impfarztes liegen, dass er auch bei seinen Impfreisen keine Zeit hat, ganze Stunden daran zu wenden um ein unverständiges Eltern-Paar von dem Nutzen der Schutzpocken Impfung zu überzeugen, so könnte das dringende Zureden die Vaccination zu gestatten, in den Augen mancher Menschen sogar auf den Impfarzt den Schein werfen, als ob er nur deswegen sich ereifere um die ihm für die Impfung zukommenden Gebühren zu erhalten, also der Impfarzt nicht allein abschläglich beschieden, sondern auch unverdienten Schmähungen sich ausgesetzt sehen.

Eben so wenig Erfolg als von den beweglichen Ermahnungen der Impfärzte, lässt sich von der den Pfarrern wiederholt ertheilten Anweisung erwarten „die Gleichgültigkeit und Abneigung der niederen Volksklasse gegen die nach allen Erfahrungen fortdauernd bewährte Schutzpocken-Impfung, durch Belehrung und Ermahnung, vornehmlich im Privat-Umgange, und mithin ohne die Kanzelvorträge zu benutzen, nach und nach thunlichst zu entfernen." (*Dr. G. L. Funke, die Polizei-Gesetze u. Verordnungen d. Königreiches Sachsen. III. Bd. Leipzig* 1847. 8. S. 290.)

Nur der Impfzwang für alle Stände, und die dem ungehorsamen Ausbleiben der Impfpflichtigen von der Impfung auf dem Fusse folgende Geldstrafe, mit Gewärtigung einer noch höheren Geldstrafe für fernere ungehorsame Abweisung der Wohlthat der angebotenen Schutzpocken-Impfung, können den Zweck derselben: Abschneiden verderblicher Blatterepidemien, und mit der Zeit die allgemeine Sicherheit gegen die Menschenblattern vollständig erreichen lassen.

In Bezug auf die zu den Schutzpocken-Impfungen durch die Bezirksärzte zur Verwendung kommenden Lymphe, sollen selbige nach §. 2 des K. S. Impf-Mandates vom 22. März 1826 „für stete Bereithaltung guter und wirksamer Lymphe zur Mittheilung an andere ausübende Impfärzte Sorge tragen." Hier muss zuvörderst der Grundsatz Geltung finden, dass wenn ein Staat die Schutzpocken-Impfung zum Gesetz erhoben, er auch verpflichtet ist, die Mittel zur Gewinnung einer zuverlässig reinen und wirksamen Lymphe den Impfärzten zu gewähren.

Dass die zur Erreichung dieses Zweckes bisher eingeschlagenen Wege unzureichend waren, ergiebt sich aus Nachstehendem:

1) Ist die auf Anordnung der K. S. Landes-Direction vom 21. August 1833 veröffentlichte Belehrung über die Kennzeichen der ächten und unächten Pocken an Kühen, sowie die fortdauernde Prämie von zehn Thalern für die Auffindung von ursprünglichen Pocken an Kühen (*G. L. Funke l. c. S.* 297—300), im Allgemeinen ebenso erfolglos geblieben, wie in andern im XII. Abschnitte dieses Buches erwähnten Staaten.

2) Sind die, auf Anordnung des Ministerium des Innern, an der K. Thierarzneischule zu Dresden in den Jahren 1833 bis 1838 unternommenen fünfundzwanzig Impfversuche verschiedener Art auf Kühe, ganz erfolglos geblieben, (*Dr. C. G.*

Prinz, practische Abhandlung über die Wiedererzeugung der Schutzpockenlymphe. Dresden 1839. 4. *S.* 22), während nur eine neumelkende junge Kuh, diese jedoch mit Erfolg geimpft wurde.

3) Mit der durch den Dr. Prinz vom scrotum dreier junger Stiere, durch Impfung derselben mit humanisirtem Kuhpockenstoffe gewonnenen Lymphe, (*l. c. S.* 22 und 23), wurde das Central-Impf-Institut zu Dresden eröffnet, dessen Director Dr. Pienitz, nach seinem eigenem Bekenntnisse, „wegen Mangel an impffähigen Rindern bis jetzt nicht im Stande gewesen, jedes Frühjahr mehr als zwei junge Bullen zu impfen, womit er nicht viel mehr als den nöthigen Bedarf im Institute gewinnen konnte." (*Jahresberichte für* 1858 — 1860 *von der Gesellschaft für Natur- und Heilkunde in Dresden. Dresden* 1861. *S. S.* 74.)

4) Nach Funke (*l. c. S.* 300) sind, in Folge ergangener Ministerial-Verordnungen, in jedem Kreisdirectionsbezirke einige Bezirksärzte aufgefordert worden, jährlich Impfungen namentlich an Stieren, nach §. 29 bis 42 der erwähnten Schrift des Dr. Prinz anzustellen, gegen Erstattung der durch etwaige kleine Vergütungen an die Besitzer der benutzten Thiere, an die Dienerschaft in den Ställen u. s. w. entstandenen Auslagen.

Hierzu ist zu bemerken, dass vielfältige, zumal in den letzten drei Decennien in Bayern, seit mehr als 20 Jahren auch in St. Florian, in Steiermark, angestellte Versuche gelehrt haben, dass die durch Retrovaccination erzeugten Pusteln auf gesunden, jungen, in der Milchsecretion stehenden Kühen, ein vollendeteres Gepräge haben als die auf jungen Stieren am scrotum erzeugten. (*Dr. C. G. Prinz l. c. Tafel* 2.) Auch ist die von dem Dr. Unger in St. Florian, seit einer langen Reihe von Jahren streng befolgte Regel: nur von eminenten Pusteln an Kühen, auf den Menschen zu impfen, festzuhalten. Es ist daher gerathen, zur Gewinnung eines möglichst-zuverlässigen Impfstoffes von Kühen, immer einige derselben gleichzeitig zu impfen, um nur von in jeder Hinsicht charakteristisch ausgebildeten Pusteln die Lymphe auf den Menschen zu übertragen. Wenn Dr. L. Sacco, (*Trattato di vaccinazione. Milano* 1809. 4.), Dr. A. Numann (*Verhandeling over de Koepokken. Utrecht* 1831. 4.; *im Auszuge in d. Magazin f. die gesammte Thierheilkunde v. Dr. Gurlt und Dr. Hertwig.* 5. *Jahrg. Berlin* 1839. 8. *S.* 28—68) und Dr. Prinz junge Stiere impften, so geschah dies deshalb, weil junge Stiere, deren Haut am scrotum mit der am Euter der Kuh Aehnlichkeit hat, zu solchen Versuchen leichter und ungleich wohlfeiler zu erhalten sind als in der Milchsecretion stehende und daher eine Geldnutzung gewährende Kühe, welche nach geschehener Impfung einige Wochen hindurch, entweder gar nicht, oder nur unvollständig gemelkt werden können. Ohne Zweifel war diesen aufmerksamen Aerzten bekannt, dass spontane oder originaire Pocken nur das weibliche Rind befallen, dass man nie und zu keiner Zeit spontane Pocken beim männlichen Rinde gesehen, obwohl dieses für das Contagium (NB. durch die Impfung) nicht unempfänglich ist. Meist befallen an spontanen Pocken Kühe von 4—6 Jahren, bisweilen auch jüngere, auch 8—10jährige Kühe, selbst bei Kalbinnen, die noch nicht gekalbt hatten, sind in seltenen Fällen Kuhpocken ausgebrochen. (*Dr. E. Hering, spec. Pathol. u. Therapie für Thierärzte.* 3. *Aufl. Stuttgart* 1858. 8. *S.* 374.) In der weitaus grössten Mehrzahl der Fälle von originairen Pocken an Kühen, sind in der Milchsecretion stehende, am häufigsten neumelkende Kühe befallen worden.

Die Milchsecretion der Kuh scheint daher, wenn wir nach der überwiegenden Mehrzahl der Fälle von spontanen Pocken an Kühen urtheilen wollen, im engen Zusammenhange mit der Pockenbildung am Euter und an den Zitzen der Kuh zu stehen, in welcher Weise — darüber fehlt zur Zeit noch der genügende Aufschluss. Impfungen auf Kuhkälber sind oft missglückt, oder haben unerhebliche Resultate gegeben. Der von den Praktikern in der Retrovaccination eingeschlagene Weg: in der Milchsecretion stehende, jüngere Kühe im Frühlinge an den Zitzen zu impfen, also unter demselben Verhältniss wo spontane Pocken an Kühen sich vorzugsweise zu entwickeln pflegen, hat oft und sicher zu erfolgreichen Schutzpocken-Impfungen von der Kuh auf den Menschen geführt, wozu der X. und XI. Abschnitt dieser Schrift die Belege enthalten. Ritter, (*Mittheilungen aus dem Gebiete der Medic. Chirurgie und Pharmacie von Dr. C. H. Pfaff. 2. Jahrg. 2. Heft. Kiel 1833. 8. S. 193—203*), Ceely (*Beobachtungen über die Kuhpocken etc. Deutsche Ausgabe von Prof. Dr. F. Heim. Stuttgart 1841. 8. S. 79*) und Andere, hätten gern Milchkühe in einiger Anzahl zu ihren Retrovaccinationsversuchen gehabt, konnten aber selbige, der damit verbundenen Kosten wegen, nicht erlangen. Gerlach (*Mittheilungen aus der thierärztlichen Praxis im Preuss. Staate. 5. Jahrg. Bericht 1856/57. Berlin 1858. S. S. 58*) „findet am zweckmässigsten die Kuh an der feinen Haut neben der Schaam zu impfen; das Impfen ist hier bequemer, die Infection sicherer und etwaige Störungen beim Melken werden so verhütet." Es mag sein, dass Gerlach bei der Kuh auf diese Weise Pocken hervorgebracht hat, da aber spontane ächte Pocken an Kühen, nie an der vulva entstehen sondern stets am Euter und an den Zitzen, überdiess die Milchsecretion in engem Zusammenhange mit der Erzeugung der Pocken zu stehen scheint, auch die Schutzkraft der am Euter und den Zitzen der Milchkühe erzeugten Retrovaccinlymphe erwiesen ist, während über die Schutzkraft der in der Nähe der vulva erzeugten Pocken keine Belege vorliegen, so ist nach den bisherigen Erfahrungen die Retrovaccination an den Zitzen in der Milchsecretion stehender, jüngerer und gesunder, dabei gut genährter Kühe als das bewährteste Mittel zu erklären, um einen reinen, wirksamen und in beliebiger Menge zu erzeugenden Impfstoff gewinnen und verbreiten zu können.

Im Königreiche Sachsen scheint die Lausitz, wegen der vorwaltenden Gesundheit und Kräftigkeit ihrer Bewohner, vorzugsweise die Gegend zu sein, in der auf Staatskosten, im Frühlinge, alljährlich 8—10 Kühe von einem mit der Retrovaccination vertrauten, oder doch diesem mühsamen Geschäfte mit Vorliebe ergebenen Impfarzte zu impfen wären. Nachdem der von geeigneten Kühen auf den Menschen übertragene Impfstoff durch zwei, höchstens drei Generationen durchaus gesunder Kinder in der Lausitz fortgepflanzt worden, kann es keiner Schwierigkeit unterliegen, sämmtliche Bezirksärzte des Landes mit diesem regenerirten Impfstoffe nur in flüssiger Form zu versehen.

Die Bezirksärzte wären anzuweisen, die Vorimpfungen zu den von ihnen zu vollziehenden öffentlichen Impfungen, ausnahmlos nur mit diesem alljährlich regenerirten Impfstoffe, unmittelbar nach dem Empfange desselben, zu machen.

Um — wenn keine originaire Lymphe von Kühen vorhanden — zum Beginn der ersten Impfung auf Kühe, einen möglichst zuverlässigen Impfstoff verwenden zu können, wäre zu empfehlen: im Laufe des Monates April regenerirte Kuhpockenlymphe von dem k. b. Central-Impfarzte Dr. Reiter aus München, oder dem Dr. Unger aus St. Florian in Steiermark zu beziehen, mit diesem Stoffe einige, mindestens 4—6 Monate alte, eheliche Land-Kinder, von deren Gesundheit man sich durch völliges Entkleiden derselben überzeugt hat, und deren Eltern ebenfalls gesund sind, zu impfen, und den von diesen Kindern entnommenen Impfstoff auf Kühe zu übertragen, deren specielle Auswahl auf Kosten des Staates, dem zu diesem Geschäfte bestimmten Impfarzte lediglich zu überlassen ist.

In Bezug auf den nöthigen Impfzwang, — die alljährliche Regenerirung des Impfstoffes — die genaue Conscription der Impfpflichtigen durch die Pfarrer — der alphabetischen Herstellung der Listen (Tabelle) aller Impfpflichtigen für jeden Bezirksarzt durch die Polizeibehörde zu einem bestimmten Termine — der Zeit und Dauer der ordentlichen öffentlichen Impfungen — der Bestimmungen über die gänzliche oder zeitweise Befreiung von der Impfpflichtigkeit — der Bezahlung der Bezirksärzte für vollzogene

Impfungen nur durch die Behörde — der Maassregeln, welche
in Folge ausgebrochener Blattern zu ergreifen sind — der Herstellung
der Impflisten und des Rechenschaftsberichtes durch die Bezirksärzte nach vollendeter Impfung — glaubt der Herausgeber, die
diese Punkte betreffenden musterhaften §§. des k. bayerischen
Impfgesetzes einer näheren Beachtung empfehlen zu können.

Die Revaccination, und die Erlernung der Schutzpocken-Impfung
auf den ärztlichen Bildungsanstalten, werden in zwei besonderen Abschnitten in dieser Schrift besprochen.

Die alljährlich wiederholte Erneuerung des Impfstoffes durch
Milchkühe, erscheint namentlich für Dresden als fühlbares Bedürfniss, da zur Zeit der öffentlichen Impfungen in dem dortigen Cen-
tral-Impfinstitute, eine grosse Anzahl scrophulöser, hautunreiner
Kinder von oft ebenso hautunreinen Müttern zur Impfung vorgestellt wird, wodurch die Auswahl geeigneter Mutterimpflinge zu
Weiterimpfungen nothwendig erschwert wird. Der Grund dieser
Unreinheit der Haut, geradezu gesagt Unsauberkeit — liegt wesentlich darin, dass in Dresden noch keine Anstalt besteht, in welcher
ein Unbemittelter für eine nur sehr geringe Bezahlung, wie in
St. Petersburg und Berlin, ein warmes Wasserbad haben kann.

Möchte diesem, einer gedeihlichen physischen Pflege der Jugend
offenbar entgegenstehendem Mangel, durch vereintes Zusammenwirken von Menschenfreunden in der Art abgeholfen werden, dass
durch freiwillige Beiträge eine Badeanstalt in Dresden für die unbe-
mittelte Klasse errichtet würde, in welcher eine arme Mutter mit
einem oder zwei kleinen Kindern, für etwa einen Neugroschen,
von Zeit zu Zeit ein warmes Wannenbad haben könnte. Zu einer
Zeit, wo man die militairischen Rüstungen mit einer noch nicht
dagewesenen Energie zu betreiben Veranlassung hat, möchte angemessen sein, auch der physischen Erstarkung der heranwachsenden
Jugend freudig ein Opfer zu bringen. Nicht die Waffe macht den
Mann, wohl aber die Kraft und Gewandheit womit selbige geführt
wird.

XVI. Ueber die Revaccination.

Nach dem VI. Abschnitte dieser Schrift darf im Königreiche Bayern zu den Revaccinationen im Civilwesen, in keinem Falle ein Zwang statt finden, während seit dem 17. März 1843 ein entschiedener Revaccinations-Zwang für alle Unterofficiere und Soldaten, welche im Verlauf ihrer Dienstzeit nicht schon revaccinirt wurden, oder die Menschenblattern überstanden hatten, auch ihrer in den Casernen wohnenden Frauen, eingeführt ist. Ebenso wird jeder bei einer Truppenabtheilung Zugehende so bald als möglich revaccinirt. Nur viele und charakteristische Narben vor seit nicht sehr langer Zeit erstandener Blattern, machen hierin eine Ausnahme. Impfnarben dagegen bleiben ohne alle Berücksichtigung.

Sowohl Pockenepidemien, als auch vielfach vorgenommene Revaccinationen, hatten bereits seit längerer Zeit jede Narbentheorie in Bezug auf den fortdauernden Schutz gegen Blattererkrankungen als unhaltbar nachgewiesen (*Dr. Fr. Heim, historisch-kritische Darstellung der Pockenseuchen u. s. w. im Königr. Würtemberg. Stuttgart* 1838. 8. *S.* 583); als aber bei einem dreimaligen Auftreten von Blatterepidemien unter dem k. würtembergischen Militair: im Jahre 1829 in Stuttgart, im Herbste 1832 in Ulm, und im Jahre 1833 in Ludwigsburg, die streng durchgeführte Revaccination jedes Mal die Verbreitung der Blattern abgeschnitten hatte, (*Dr. Fr. Heim, Resultate der Revaccination in d. kön. Würtemberg. Militair in den Jahren* 1833—1835. *Ludwigsburg* 1836. 8. *S.* 26), wurde durch nachstehenden k. Würtembergischen Kriegs-Ministerial-Befehl vom 7. Februar 1833, der erste allgemein bei dem Militair zu ergreifende Revaccinationszwang eingeführt;

„Da die neueren Erfahrungen hinlänglich bewiesen haben, wie wenig die Beschaffenheit der sichtbaren Impfnarben ein entscheidendes Merkmal zur Beurtheilung des noch bestehenden Schutzes gegen die Ansteckung abgiebt, und immer wahrscheinlicher wird, dass die Schutzkraft nach einer Reihe von Jahren bei vielen Individuen geringer werde, so wird auf Veranlassung des kön. Ministerium des Innern angeordnet, dass jeder Rekrut — obgleich schon geimpft und mit Impfnarben versehen, mit alleiniger Ausnahme derer, bei welchen unzweifelhafte und zahlreiche Narben erstandener natürlicher Pocken vorhanden sind, bei der ersten Ankunft desselben in der Garnison geimpft werden soll." (*Dr. Fr. Heim a. a. O.* S. 87.)

Die kön. Würtembergische höchste Verordnung vom 11. März 1829, wiederholt in der Ministerial-Verfügung vom 26. April 1833, ist die erste gesetzliche Bestimmung, welche eine allgemeine Revaccination auch ausserhalb des Militairs anordnet. Es wird in derselben bestimmt, dass alle nicht mehr als 30 Jahr alte Einwohner, durch die Ortspolizei zu einer nochmaligen Schutzpocken-Impfung aufgefordert werden sollen, falls solche nicht früher schon stattgefunden haben sollte, besonders wenn seit der ersten Impfung eine längere Reihe von Jahren bereits verflossen sein würde, unter angemessener Belehrung und unter Androhung der Verurtheilung in den Ersatz des durch die Unterlassung entstehenden Schadens, namentlich der Entrichtung der gesammten Sperrkosten. (*Dr. Fr. Heim, historisch-kritische Darstellung der Pockenseuchen u. s. w. im Königr. Würtemberg. 1838.* S. 410. 580.)

In Preussen war, durch die Cabinets-Order vom 30. Mai 1826, die zwangsweise Impfung aller zum Militairverbande gehörigen Leute, welche entweder früher gar nicht vaccinirt worden, oder keine wahrnehmbare Merkmale an sich trugen, sanctionirt worden.

(*Dr. A. L. Richter, Geschichte d. Medicinal-Wesens d. Kön. Preuss. Armee bis zur Gegenwart. Erlangen* 1860. 8. *S.* 61.) Bereits im Jahre 1833 wurde mit der allgemeinen Revaccination des Militairs der Anfang gemacht (*Preussische militairärztliche Zeitung Berlin* 1860. *Nr.* 7. 1. *April. S.* 67), allein erst durch die spätere Cabinets-Order vom 16. Juni 1834, wurde die Revaccination in der Armee, als eine durch sanitätspolizeiliche Gründe gebotene Zwangsmaassregel in der Art befohlen und angeordnet, dass ohne Rücksicht auf vorhandene Narben und deren Beschaffenheit, nunmehr jeder Soldat und eintretende Rekrut innerhalb der ersten sechs Monate durch wenigstens 10 Stiche auf jedem Arme geimpft, und nur diejenigen ausgeschlossen werden sollen, welche unverkennbare Narben des Ueberstehens der Menschenpocken haben, oder durch Atteste nachweisen können, dass sie nicht länger als zwei Jahre vorher revaccinirt worden; bei denen, welche keinen Erfolg der Revaccination nachweisen sollten, die Impfung zum zweiten Male vorzunehmen. (*Dr. A. L. Richter a. a. O. S.* 62.)

Einen weiteren Spielraum gewährend, und deshalb von geringerem Erfolge, ist das O e s t e r r e i c h i s c h e R e v a c c i n a t i o n s g e s e t z vom 21. August 1835. Es führt die Revaccination nur unter folgenden Formen im Heere ein: 1) Bei allen Soldaten, wo es ungewiss ist, ob sie eine Impfung mit Erfolg überstanden, oder ob sie die natürlichen Blattern gehabt haben, ist die Wiederimpfung vorzunehmen. 2) Ausserdem soll jeder Mann, welcher es wünscht, revaccinirt werden. 3) Herrscht eine Menschenpockenepidemie an einem Orte oder in einer Gegend wo Truppen stehen, so muss die Revaccination allgemein und ohne Ausnahme bei allen Personen gemacht werden, welche vor länger als 5 Jahren geimpft worden sind. Ebenso ordnen in Oesterreich die Gesetze vom 21. Januar und 28. Mai 1839, vom 30. Juli und 14. September 1840 eine Wiederimpfung der Civilbevölkerung überall da an, wo eine Epidemie ausbricht. Sollten die Impfärzte nicht mit echtem Schutzpockenstoffe versehen sein, so ist es am gerathensten, sich anders

woher, etwa vom Wiener Hauptimpfinstitute (?), einen wirksamen
neuen Impfstoff zu verschaffen und damit einen neuen Cyklus der
Impfungen vorzunehmen. (*Dr. W. Stricker, Studien über Menschenblattern, Vaccination und Revaccination. Frankfurt a. Main
1861. S. S. 117.*)

In welcher Art die Vaccinationen und Revaccinationen in Oesterreich betrieben werden, ergiebt sich daraus, dass in den 16 Jahren
von 1840—1855, von 6.734 Vaccinirten und von 3.420 Revaccini-
ten, das Resultat der Impfungen und Wiederimpfungen in einer
statistischen Zusammenstellung als „unbekannt" verzeichnet wird.
(*General Board of Health. Papers relating to the history and practice
of vaccination. London 1857. 4. p. 163.*)

Seit dem Jahre 1837 wurde die Revaccination in dem Han-
noverschen Heere in der Weise eingeführt, dass nicht nur
alle Soldaten ohne Narben oder mit undeutlichen Spuren der
Impfung, sondern alle Unterofficiere, Spielleute und Rekruten ohne
Ausnahme revaccinirt werden. (*Dr. W. Stricker a. a. O. S. 118.*)

Im Grossherzogthum Baden wurde die Revaccination
am 7. April 1840 beim Militair gesetzlich eingeführt. Von der
Revaccination wurden befreit: über 36 Jahr alte Individuen, auch
solche, welche durch ein ärztliches Zeugniss nachwiesen, dass sie
mit Erfolg vaccinirt worden als sie über 20 Jahr alt waren, endlich
bereits zwei Mal ohne Erfolg Revaccinirte. Der Revaccination unter:
liegt vom Unterofficier abwärts die ganze Mannschaft in der Art,
dass weder Narben von erstandenen Blattern, noch Impfnarben, oder Impfzeugnisse, oder Beweise von früher erstandenen Menschenblattern von der Revaccination befreien. Die
Lymphe von Revaccinirten, welche zu ferneren Revaccinationen
benutzt wurde, zeigte sich in mehreren Fällen wirksamer als die
von Vaccinirten entnommene (*General Board of Health. Papers
relating to the history and practice of vaccination. London 1857.
4. p. 168*), was auch schon frühere Erfahrungen von Dr. Fr. Heim
(*historisch-kritische Darstellung der Pockenseuchen u. s. w. S. 609*),

11

auch der Preussischen Militairärzte gelehrt hatten. (*Dr. Fr. Heim a. a. O. S.* 610)

Im Königreiche Bayern wurde die seit dem 6. April 1827 nur für das Militair bestehende Zwangs-Revaccination, am 17. März 1843 für selbiges ganz in der Art modificirt, wie die Zwangs-Revaccination am 7. Februar 1833 in Würtemberg, und am 16. Juni 1834 in Preussen eingeführt worden war.

Die Königl. Schwedische Verordnung vom 6. Januar 1849 lautet: dass alle Rekruten der Armee, bei der ersten Zusammenkunft des Corps, und die Angeworbenen sofort bei ihrer Annahme, von den betreffenden Regiments- oder Corpsärzten vaccinirt werden sollen, und dass man dabei keine Rücksicht nehmen soll, ob der Rekrut die natürlichen Pocken gehabt hat, oder früher vaccinirt worden ist. In Folge dieser Verordnung, wurden bei den verschiedenen Regimentern und Corps im Jahre 1850 alle Rekruten vaccinirt. (*A. Henke, Zeitschrift für die Staatsarzneikunde. 34. Jahrg.* 1854. 2. *Vierteljahrsheft. S.* 305.) Auch bei der Schwedischen Flotte ist die Revaccination der Rekruten ebenso wie bei den Land-Truppen anbefohlen. (*General Board of Health. Papers relating etc. p.* 185.)

Nach dem Beispiele der Preussischen Armee, sind zufolge dem Zeugniss des Prof. Trousseau in Paris, die Revaccinationen nunmehr auch in der Französischen Armee angeordnet.

Resultate vorgenommener Revaccinationen.

I. Im Königreiche Würtemberg.

Vom Juli 1831 bis Juni 1836 wurden im Civil und Militair zusammen etwas mehr als 44.000 Menschen verschiedenen Alters revaccinirt.

Davon über   20.000 mit gutem Erfolge (45 %),
gegen   9.000 mit modificirtem Erfolge,

der Rest von etwa 15.000 wurde fruchtlos bivaccinirt. Bei Revaccinirten, welche noch dem kindlichen Alter angehörten, war der
gute Erfolg ein geringerer (27—29%). Im Königl. Militair, wo
fast durchgängig Leute von 21 Jahren revaccinirt wurden, war der
Erfolg bei 34% gut, bei 25% modificirt, bei 41% kein Erfolg.
Bei den bis zum 30. Jahre Revaccinirten, war der Erfolg bei 70%
gut, bei 5% modificirt, bei 25% kein Erfolg. (*Dr. Fr. Heim
a. a. O. S. 593 und 594.*)

Ferner wurden revaccinirt im Civil und Militair zusammen in den Jahren 1846—1856: 202.184 Individuen.

Davon mit Erfolg 69,6%

ohne Erfolg 30,4%

In Laupheim (im Donaukreise), wo fast nur 13—14 jährige
Kinder in dieser Zeit revaccinirt wurden:

mit Erfolg 88,94%,

ohne Erfolg 11,06%.

(*Medicin. Correspondenz-Blatt des Würtemb. ärztlichen Vereines.
Bd. XXVIII. Nr. 28. S. 217.*)

Im Jahre 1857/58 wurden revaccinirt 9.804 Individuen, und zwar

mit Erfolg 7.493 (66%),

ohne Erfolg 2.311 (24%).

Im Jahre 1858/59 wurden revaccinirt 18.117.

Davon mit Erfolg 10.988 (66%),

ohne Erfolg 5.606 (34%).

Von 2.523 Individuen ist der Erfolg nicht angegeben. (*Dr. W.
Stricker, Studien u. s. w. Frankfurt a. Main 1861. 8. S. 130.*)

II. In der Königlich Preussischen Armee.

In 28 Jahren von 1833 bis 1860 incl. wurden in der K. Preussischen Armee revaccinirt 1.288.471 Mann.

Die erste Revaccination war mit regelmässigem Verlauf bei	701.536 Mann	(54%),
Die ohne Erfolg gebliebene Revaccination wurde mit Erfolg wiederholt bei	73.512 „	(4%),
Demnach war die Revaccination theils mit unregelmässigem Verlauf, theils erfolglos bei	513.423 „	(42%),

Zusammen: 1.288.471 Mann.

Es ergiebt sich hieraus, dass bei der grossen Zahl der mit regelmässigem Verlaufe Revaccinirten die Lymphentnahme von Revaccinirten zu ferneren Revaccinationen keiner Schwierigkeit unterlag.

Im Jahre 1833, dem ersten Jahre dieser allgemeinen Revaccinationen, waren selbige, die erste und wiederholte Revaccination zusammengenommen, bei 33% aller Wiedergeimpften von vollständigem Erfolge gewesen. Vom Jahre 1834 an bis 1860 incl., ergaben sich von Jahr zu Jahr für die mit Erfolg Revaccinirten nachstehende Procentsätze: 39. 42. 46. 49. 50. 51. 54. 57. 58. 57. 57. 58. 60. 64. 64. 64. 61. 64. 69. 69. 69. 69. 70. 70. 70. 69. 70.

Im Jahre 1833 kamen in der Preussischen Armee 108 Todesfälle durch Pocken, und im Jahre 1834 noch 619 Pockenkranke vor, von denen 28 starben. Im Jahre 1835 waren nur 295 Erkrankungen mit 5 Todesfällen; im Jahre 1836 130 Erkrankungen mit 9 Todesfällen; im Jahre 1837 94 Erkrankungen mit 3 Todesfällen; im Jahre 1838 111 Erkrankungen mit 7 Todesfällen; im Jahre 1839 89 Erkrankungen mit 2 Todesfällen. Seit dem Jahre 1839 hat die Zahl der jährlichen Sterbefälle durch die Menschenpocken nie mehr als 3, gewöhnlich aber weniger betragen, und in den Jahren 1847, 1855, 1856 und 1858 ist in der Preussischen Armee dieser Krankheit Keiner zum Opfer gefallen. (*Preussische militairärztliche Zeitung. Berlin* 1860. *Nr. 7. 1. April* 1860. *S.* 67. *Aus dem Medicinalstabe der Armee.*)

Von den in den Jahren 1833 bis 1860 incl. im Ganzen 1.288.471 Revaccinirten wurden befallen

von Varicellen   267

von Varioloiden   299

Zusammen   566,

mithin einer von 2276 Revaccinirten.

Unter den Revaccinirten wurden ferner befallen von Variolen 38, also einer von 33.907 Revaccinirten.

Von der Summe aller in den 28 Jahren von 1833 bis 1860 Revaccinirten, hatten 86.308 oder 6,66% gar keine Narben früherer Impfung, die übrigen 1.202.163 Mann hatten deutliche oder undeutliche Narben früherer Impfung.

III. Im Grossherzoglich Badischen Armeecorps.

In den 12 Jahren 1840—47, 1851 und 1853—55 waren 46.313 Mann revaccinirt worden, davon mit vollständigem Erfolg

4.577 welche mit Vaccinelymphe revaccinirt waren,

11.409 welche mit der von Revaccinirten entnommenen Lymphe revaccinirt wurden.

Mit unvollständigem Erfolg:

2.820 welche mit Vaccinelymphe revaccinirt waren,

7.335 welche mit von Revaccinirten entnommener Lymphe revaccinirt wurden.

Ohne Erfolg:

5.362 welche mit Vaccinelymphe revaccinirt waren,

14.520 welche mit von Revaccinirten entnommener Lymphe revaccinirt wurden.

In den Jahren 1848—1850 incl. wurden die Revaccinationen durch die im Badischen statt gefundenen politischen Ereignisse unterbrochen. Die statistischen Ergebnisse der Revaccination im Jahre 1850 sind zu unvollständig, um benutzt werden zu können.

In den 12 Jahren 1828 bis 1840 wo das Badische Militair noch nicht revaccinirt wurde, befielen an Variola und Varioloiden 169 Mann, während innerhalb der 12 Jahre, in denen die Revaccination in Anwendung kam, nur 52 Mann erkrankten, von denen 12 mit Erfolg, die übrigen ohne Erfolg, oder gar nicht revaccinirt worden waren.

Unter 46.313 Mann die in den erwähnten 12 Jahren im Badischen Armeecorps revaccinirt wurden: waren nur 320, also nicht ganz 0,69 %, welche keine Narben früherer Impfung hatten, während 43.751 Mann deutliche, 1.990 Mann undeutliche Zeichen früherer Impfung, und 252 Mann Zeichen von erstandenen Menschenblattern hatten. (*General Board of Health. Papers relating to the history and practice of vaccination. London* 1857. 4. *p.* 169.)

IV. In der Königlich Bayerischen Armee.

In den 5 Jahren 1856 bis 1860 incl. wurden im Alter von 21 Jahren revaccinirt 63.171 Mann.

Davon mit vollkommenem Erfolg 28.468 (45 %),
mit unvollkommenem Erfolg 11.320 (18 %),
ohne Erfolg 23.383 (37 %).

Zusammen 63.771 Mann,
welche in ihrer Kindheit mit Retrovaccinlymphe geimpft worden waren.

Folgerungen.

Betrachten wir die umfänglichsten dieser Revaccinationen — die der Preussischen Armee, welche innerhalb 28 Jahren weit über eine Million Menschen sich erstreckten, daher wegen ihrer massenhaften Bedeutung alle Aufmerksamkeit verdienen, so stellt sich im Vergleich zu früher ehe die Revaccinationen allgemein eingeführt worden, auch noch zur Zeit des Beginnes dieser Revaccinationen, namentlich zum Jahre 1833, (wo noch 108 Todesfälle an Pocken in der Armee vorkamen), heraus, dass die mit Zwang durchgeführte Revaccination — ohne Rücksicht auf vorhandene Impfnarben und deren Beschaffenheit — von entschiedenem sehr wesentlichem Nutzen (wie auch in Würtemberg und Baden) gewesen ist, weil die Erkrankungen, besonders aber die Todesfälle an Blattern in der Preussischen Armee fast völlig aufgehört haben; daher nach allen Erfahrungen angenommen werden muss, dass die Preussische Armee der Gefahr einer nur einiger Maassen erheblichen Blatternansteckung gänzlich enthoben ist.

Es ist bemerkenswerth, dass im Jahre 1858, wo namentlich in Berlin und in Preussen überhaupt, heftige Blatterepidemien viele Opfer forderten, in der Armee Keiner der Krankheit erlag. Eben so in den Jahren 1847, 1855 und 1856.

Noch glänzender tritt das Resultat dieser Revaccinationen hervor wenn man erwägt, dass in den 28 Jahren von 1833 bis 1860 incl. von allen in der Preussischen Armee Revaccinirten, an Varicellen und Varioloïden im Ganzen nur 566, an Variolen 38 Mann befielen. Gewiss liesse sich eine lange Liste von Orten herstellen, die in diesen 28 Jahren von Blatterepidemien im Preussischen Staate heimgesucht worden, von denen aber die Armee entschieden gar nicht gelitten hat, obwohl die Preussischen Truppen, inmitten eines langjährigen Friedens, nur ausnahmsweise und auf kurze Zeit in grösseren Massen zusammengezogen wurden, fast immer zerstreut in Flecken und Dörfern in ihren Cantonnirungen lebten, also in der Vereinzelung der Truppen der Grund lag, dass sie nicht selten mit den von Blattern Befallenen in einem Hause, ja in einem Stockwerke lebten, wodurch der nähere Verkehr mit Blatterkranken vielfach unvermeidlich wurde. Dieser ungünstigen Umstände ungeachtet, hat die in der Armee allgemein und mit eiserner Consequenz durchgeführte Revaccination einen fast ganz durchgängig sichern Schutz gegen Blatternansteckungen gewährt. Wer die furchtbaren Leiden und nachfolgenden Verunstaltungen an Blatternkranken kennt, muss aufrichtige Verehrung für die Männer haben, die diese Maassregel ins Leben riefen, nicht minder für Diejenigen, welche die genaue Befolgung derselben fortwährend überwachen und leiten.

Es steht daher mit vollem Recht zu hoffen, dass das von Preussen in so grossartigem Maassstabe gegebene Beispiel über den unwiderleglichen Nutzen der Revaccinationen, bald nach dem Eintritt der neu Zugehenden in die Truppen, anderweitig nachgeahmt werden wird, wo jetzt nur mit halben Maassregeln verfahren wird. So ist z. B. in den braunschweigischen Truppen, nach Dr. Stricker, (*Studien u. s. w.* S. 118) die Revaccination zwangsweise nicht eingeführt; sie wird nur im Falle einer Epidemie vorgenommen, also zu einer Zeit wo schon Erkrankungen, möglicher Weise auch Todesfälle vorgekommen sind.

Es scheint an der Zeit zu sein, die Revaccination aller Truppen des Deutschen Bundes, spätestens in den ersten sechs Monaten des Eintrittes in den Dienst, zum Bundes-Beschluss zu erheben, um der Gefahr von Blatternerkrankungen, die durch das Zusammenziehen nichtrevaccinirter Truppen vermehrt wird, zu entgehen.

Nach der Ansicht des Verfassers, liegen über den Nutzen der allgemeinen Zwangs-Revaccination ohne alle Rücksicht auf vorhandene Narben früherer Impfung, also deren Zahl und Beschaffenheit, so unzweifelhafte Erfahrungen vor, dass die einmalige Zwangs-Revaccination, und wenn diese erfolglos bleiben sollte, eine abermalige — als nothwendige Ergänzung zu der in der Kindheit vorgenommenen Vaccination zum allgemeinen Gesetz für alle Stände ohne alle Ausnahme zu erheben ist, in der Art, dass Derjenige, welcher die Zwangs-Vaccination oder die Zwangs-Revaccination umgeht, dadurch einer unausbleiblichen Geldstrafe verfällt, zu deren Beitreibung die unumgänglich nöthigen policeilichen Maassregeln gleichzeitig mit der Veröffentlichung dieses Zwangsgesetzes zu ergreifen sind.

Diese Folgerung wird auch durch nachstehende Punkte bestärkt.

1) Scheint die Receptivität früher Vaccinirter für eine abermalige Aufnahme des Schutzpockenstoffes und die Bildung normaler
Revaccinations - Pusteln mit der Zeit sichtlich gestiegen zu sein.
Dies lässt sich von den zahlreichen Revaccinationen in der Preussischen Armee behaupten. Im Jahre 1833 waren 33 % aller Wiedergeimpften mit vollständigem Erfolge revaccinirt worden. Von Jahr
zu Jahr stieg die Zahl der mit Erfolg Revaccinirten, so dass im Jahre
1852 schon 69 %, also mehr als die doppelte Zahl der Mannschaft
im Vergleich zum Jahre 1833 mit vollständigem Erfolge revaccinirt
wurde, und es ist diese hohe Zahl bis zum Schluss des Jahres
1860 nicht zurückgegangen. Kann man auch nicht mit Gewissheit
sagen, dass alle diejenigen welche mit vollständigem oder unvollständigem Erfolge revaccinirt wurden, auf den Fall dass sie nicht
wiedergeimpft worden wären, von den Blattern befallen sein würden, so scheint doch die Annahme gerechtfertigt, dass ein ansehnlicher Theil derselben (wieviel kann mit Zahlen freilich nicht aus-
gedrückt werden) durch die Revaccination der Blatternansteckung
entzogen ist, weil erfahrungsmässig Revaccinirte in ungleich geringerer Zahl, nur selten lebensgefährlich an den Blattern, gewöhnlich nur an deren modificirten leichteren Formen erkranken, während nur ein Mal Geimpfte, wie die Erfahrung häufig gelehrt
hat, nur für eine gewisse Zeit gegen die Blattern geschützt
sind. Auch ist die Revaccination die einzige Probe, welche wir
für den andauernden oder erloschenen Schutz der nur ein Mal
vollzogenen Schutzpocken-Impfung haben.

In St. Petersburg bewies man die mit den Jahren zuneh-
mende Empfänglichkeit durch die Revaccination Pocken zu erzeugen dadurch, dass Personen, bei denen der verstorbene Dr.
Harder vor mehreren Jahren die Revaccination vergebens versucht
hatte, im Jahre 1838 sehr schöne Revaccinationspocken bekamen,
deren weitere Verimpfung auf Säuglinge, normal verlaufende Kuhpocken hervorbrachte. (*Dr. Doepp, in Hufelands Journal der
pract. Heilkunde. 1839. November. S. 124—125.*)

2) Dass die Receptivität einmalig Vaccinirter für die Aufnahme des Blatterngiftes, im Verhältniss zu früher, ebenfalls gestiegen ist, wies schon Gregory, Arzt am Blatternkrankenhause zu London nach. Im Jahre 1809 wurden dort 146 Blatterkranke aufgenommen, unter denen nur 4 Vaccinirte an modificirten Blattern erkrankt waren, also $\frac{1}{36}$. Die Zahl der erkrankten Vaccinirten stieg von Jahr zu Jahr, und im Jahre 1822 waren im Blatternkrankenhause unter 194 Kranken 57 welche vaccinirt worden waren, mithin war das Verhältniss der vaccinirten Blatternkranken zu den nicht Vaccinirten im Jahre 1809 wie 1 : 36, im Jahre 1822 wie 1 : $3\frac{1}{2}$. (*A. F. Lüders, Geschichte der bei Vaccinirten beobachteten Menschenblattern. Altona* 1824. 8. *S.* 204.)

In demselben Blatternkrankenhause zu London, wurden in 16 Jahren von 1836 bis 1851 5.795 Blatterkranke behandelt. Unter diesen waren 3.094 welche früher entschieden vaccinirt worden waren. Ist auch die Zahl der früher vaccinirten Blatterkranken, die in den Jahren 1836 bis 1851 incl. in das Blatternkrankenhaus zu London aufgenommen wurden, nicht eine von Jahr zu Jahr steigende, so ist doch die Durchschnittszahl der Vaccinirten welche später an den Menschenblattern erkrankten, eine sehr hohe, indem unter 5.797 Blatternkranken:

2 waren die entweder früher mit Schutzpocken geimpft, oder denen die Menschenblattern inoculirt waren,

2.654 nicht Vaccinirte von Blattern Befallene,

47 wiederholt an den Menschenblattern Erkrankte, dagegen

3.094 (53%) früher Vaccinirte, welche von den Blattern ergriffen waren.

Von diesen 3.094 Kranken waren 945 von Variola befallen, von denen 231 starben; 2.149 hatten modificirte Blattern, von denen 37, ausserdem noch 63 an andern hinzugetretenen Krankheiten starben. (*J. F. Marson, on Smallpox and Vaccination. Medico-Chirurgical Transactions. Volume XXXVI.*)

In dem allgemeinen Krankenhause zu Wien wurden in 20

Jahren von 1836—56 6.213 Blatterkranke, darunter 5.217 früher Vaccinirte behandelt (beinahe 84%). Nur 966 waren nicht vaccinirt worden. (*General Board of Health. Papers relating etc. London* 1857. *p.* 154.)

3) Vergleicht man diese zahlreichen Erkrankungen und Todesfälle einmalig Vaccinirter mit den nur sehr selten vorgekommenen Blatternerkraukungen Revaccinirter in der Preussischen Armee, so ist der Nutzen einer allgemein einzuführenden Revaccination wohl mehr als ein wahrscheinlicher, zumal da schon bald nach dem Beginn der Kuhpocken-Impfung entschieden Fälle vorkamen, und seitdem immer häufiger vorkommen, welche beweisen, dass eine einmalige Vaccination nicht absolut schützt, sondern nur für eine gewisse Zeit. Dr. Fr. Heim (*Zeitschrift für die Staatsarzneikunde v. A. Henke.* 1840. 3. *Vierteljahrheft. S.* 59) macht mehrere Personen namhaft, welche Jenner selbst geimpft hatte, und die später die natürlichen Blattern erstanden. R. Willan (*über die Kuhpockenimpfung, aus dem Engl. übers. v. Mühry. Göttingen* 1808. 4. *S.* 38) führt mehrere Fälle dieser Art schon aus der ersten Zeit der Vaccination an. Als in dem dritten Decennium dieses Jahrhundertes, in Folge der immer häufiger gewordenen Blatternerkrankungen Vaccinirter, zumal an Varioloiden, das Ansehen der Vaccine immer mehr sank, und der Widerwille des Volkes dagegen immer mehr hervortrat, obwohl die Regierungen beiden entgegenzukämpfen strebten, haben Harder in Petersburg, Heim in Stuttgart und Andere: in der Revaccination der vor längerer Zeit Vaccinirten, ein neues Schutzmittel dargeboten, das sich als die einzige und zugleich sicherste Abhülfe in der allgemeinen Vaccinebedrängniss bewährt hat. Mit grossem Fleisse hat vornehmlich Steinbrenner in seiner von der Akademie der Wissenschaften zu Paris im Jahre 1845 gekrönten Preisschrift (*Traité sur la vaccine. Paris* 1846. 8. *p.* 399—485) die hierauf bezüglichen Thatsachen zusammengestellt.

Der von dieser Akademie ernannte Ausschuss zur Beurtheilung

von Steinbrenner's und von 34 andern Verfassern eingegangenen concurrirenden Preisarbeiten (Berichterstatter Serres), kam im 7. Punkte seiner Folgerungen zu der Ansicht, dass die Revaccination das einzige Mittel ist, welches die Wissenschaft besitzt, um vollständig geschützte Geimpfte von denen zu unterscheiden, welche nur für einen gewissen Zeitraum geschützt sind. (*Comptes rendus hebdomadaires des séances de l'Académie des Sciences*. 10.*Mars* 1845. *p*.661.)

Dr. Eimer, Badearzt in Langenbrücken, (*die Blatternkrankheit in pathologischer und sanitätspolizeilicher Beziehung. Leipzig* 1853. 8. *S*. 203), kommt, nachdem er viele Thatsachen angezogen, zu dem Schlusse, dass die Revaccination allgemein und obligatorisch vorzunehmen ist. Marson in London, (*a. a. O.*), ist zwar der Ansicht, dass die in der Kindheit mit gutem Erfolge vollzogene Vaccination als der Haupt-Anker gegen Blatternerkrankung anzusehen ist, empfiehlt jedoch die Revaccination nachdrücklich. Die Königl. Belgische Academie der Medicin erklärte im Jahre 1857 die Wiederimpfung für eine nothwendige Ergänzung der ersten Impfung um eines dauerhaften Schutzes sicher zu sein; nicht als ob sie immer nothwendig wäre, sondern um die Sicherheit zu erlangen, dass alle Empfänglichkeit im Organismus für die Menschenblattern getilgt ist.

Eigenthümlicher Ansicht über die Revaccination ist Dr. Pappenheim, Docent an der Universität zu Berlin. (*Handbuch der Sanitätspolizei. II. Bd. Berlin* 1859. 8. *S*. 354—355.) Er spricht unumwunden aus, „dass alle zehn- und zwanzigjährige Vaccinirte wieder als pockenfähig angesehen werden müssen, es würde auch das consequente Revacciniren derselben, die Pockenepidemien in den Impfzwangsländern noch seltener und dünner machen, als sie es schon sind, (?) — allein die nicht ganz unerheblichen Kosten dieses Verfahrens, der Widerwille der Bevölkerung, endlich manche Störungen im Gewerbebetriebe würden das Geschäft so unpopulair machen, dass es in der That am Besten scheint, die Angelegenheit so zu lassen, wie sie bisher z. B. in Preussen gelegen hat, nemlich so, dass die Neugeborenen alle regelmässig zwangsweise vaccinirt werden, (?) ferner alle Individuen, welche in die Armee oder Kriegsflotte treten, revaccinirt sein müssen, und dass beim Pockenausbruche überhaupt revaccinirt werde. Für den letzteren Fall bedarf es (nach Dr. Pappenheim) nirgends eines Zwanges: die Krankheit imponirt beiden Geschlechtern noch genügend, so dass auch erwachsene Mädchen zu Hunderten zur Revaccination kommen. Man wird in solchen Fällen Alle revacciniren, die dies wünschen u. s. w."

Es ist in der That zu beklagen, dass ein öffentlicher Lehrer seine ärztliche Ueberzeugung, dass alle zehn- und zwanzigjährige Vaccinirte als pockenempfänglich angesehen werden müssen, aufgiebt, um nicht Veranlassung zu einem „unpopulairen Geschäft" zu sein. Die Kosten der Revaccination können kein Hinderniss abgeben, da in England, Frankreich und Russland unentgeldlich vaccinirt und re-vaccinirt wird, in andern Ländern nicht nur der Wohlhabende, auch der wenig Bemittelte die wenigen Groschen gern erlegen wird, dem wirklich Armen die Commune, oder der Staat die er-forderlichen Mittel gewähren wird — wenn nur erst die Ueber-zeugung von der Nothwendigkeit der allgemein einzuführenden Revaccination bei den Staats-Regierungen Platz ergriffen haben wird. Dahin zu wirken ist Pflicht aller Derer, welche, wie auch Herr Dr. Pappenheim, die Nothwendigkeit der Wiederimpfung anerkennen.

In Betreff des befürchteten Widerwillens der Bevölkerung gegen die Revaccination, lehrt die Erfahrung, dass aufgeklärte und ge-bildete Menschen, namentlich die höheren Stände, die ganz unbe-deutende Operation der Wiederimpfung nie mit Widerwillen abge-lehnt haben. Die Störungen im Gewerbebetriebe können nur in so fern in Betracht kommen, als ein Revaccinirter etwa drei Wochen lang mit seinen wiedergeimpften Armen keine schwere körperliche Arbeit verrichten darf, dafür aber gegen eine ungleich schwerere, oft lebensgefährliche Krankheit mit hoher Wahrscheinlichkeit andauernd geschützt ist. Für den Unverständigen, Fahrlässigen oder Halsstarrigen, der sich nicht belehren lassen will, muss aber die Zwangs-Revaccination eintreten, weil wenn nur diejenigen revaccinirt werden die dieses wünschen, der beabsichtigte allgemeine Schutz gegen Blatternerkrankungen nicht erreicht werden kann.

Inconsequent erscheint auch, dass Dr. Pappenheim den Ravaccinations-Zwang in der Preussischen Armee und Kriegsflotte als ein „Muss" betrachtet, selbigen aber für alle andern Stände verwirft. Irrig ist ferner die Ansicht, dass es bei dem Ausbruche von Pockenkrankheiten nirgends eines Zwanges bedarf. In verschiedenen Gegenden von Frankreich hat, wie aus den an die Akademie der Medicin zu Paris ergangenen ärztlichen Berichten ersichtlich ist, die Bevölkerung der Impfung sich hartnäckig widersetzt wenn eine Blatterepidemie ausgebrochen war, z. B. im Jahre 1856 in der Epidemie die zu Dromhat-sur Vair herrschte. (*Mémoires de l'Académie Impér. de Méd. Tome 22. Paris* 1858. *p. XC.*)

Dr. J. H. Schürmayer, Professor der Staatsarzneikunde zu Heidelberg, (*Handbuch der medic. Policei. Erlangen* 1856. *2. Auflage.* S. 312), sagt in Uebereinstimmung mit einem hochangesehenen Rechtslehrer Prof. Dr. Robert v. Mohl „als policeiliche Maassregel wird die wiederholte Vornahme der Vaccination bei einem und demselben Individuum, die Revaccination nothwendig, welche meines Wissens nach alle Schriftsteller über diesen Gegenstand in neuerer Zeit anerkannt haben. Wo demnach der Zwang für Unterwerfung der Vaccination gesetzlich ist, da muss es auch der zur Revaccination werden, und die Aerzte vermögen über den schützenden Erfolg der Revaccination so viel Gewissheit zu geben, als sich auf den Grund der bisherigen Thatsachen mittelst Vernunftschlüssen gehen lässt. Der schützende Erfolg muss als ein höchst wahrscheinlicher angenommen werden, und dieser Grad von Gewissheit genügt, um eine policeiliche Maassregel von Staates wegen ins Leben zu rufen."

Dr. W. Stricker in Frankfurt a. Main, (*Studien über Men-*

schenblattern, Vaccination und Revaccination, eine von der Société médicale zu Genf gekrönte Preisschrift. Frankfurt a. M. 1861. 8. S. 1833) zieht aus vielen Thatsachen den begründeten Schluss, dass die Schutzkraft der Vaccine bei einer ziemlich grossen Anzahl von Personen nur zeitweilig ist, wie die der Menschenblattern selbst. Die Revaccination ist also die nothwendige Ergänzung der Kuhpockenimpfung.

Das Lebensalter in welchem die Revaccination vorzunehmen ist, wird nothwendig von der Dauer der Schutzkraft der in früher Kindheit vollzogenen Impfung bedingt. Die hierüber vorhandenen Erfahrungen lehren, dass bis zum Beginn der Entwickelung der Pubertät nur wenige Blatternfälle an mit Erfolg Vaccinirten vorkommen, von da an die Blatternerkrankungen Geimpfter häufiger werden, nach dem 36. Lebensjahre aber wiederum sichtlich abnehmen. Es erscheint demnach zweckmässig, die Revaccination nach vollendetem 15. Lebensjahre zur gesetzlichen Zwangs-Maassregel als Ergänzung der Zwangs-Vaccination zu erheben, um so mehr als die von Seiten der Staats-Regierungen wenn auch noch so nachdrücklich empfohlenen Revaccinationen, nirgends eine Wiederimpfung aller durch eine Blatterepidemie bedrohten pockenfähigen Individuen zur Folge gehabt haben, wohl aber die im Königreiche Würtemberg erlassenen Strafbestimmungen für Reniteuten der Revaccination, sehr zahlreiche Wiederimpfungen nach sich zogen.

Die Zwangs-Revaccination nach vollendetem 15. Lebensjahre, wird für den Fall beabsichtigt, wenn auftretende Blatterepidemien keine frühere Revaccination erheischen. Sind solche ausgebrochen, so möchte rathsam erscheinen: alle über zwölf Jahre alte Individuen sofort zu revacciniren.

Der vollständige Erfolg einer einmaligen Revaccination mag den Wiedergeimpften für immer von der Revaccinationspflichtigkeit befreien.

Die mit unvollständigem oder ohne allen Erfolg Revaccinirten, möchten nach Ablauf eines Jahres sich abermals zur Revaccination zu stellen haben. Nach dieser zweiten und letzten Revaccination sind selbige, ohne Rücksicht auf den Erfolg dieser zweiten Revaccination, für immer von der Revaccinationspflichtigkeit befreit.

Von der Revaccinationspflichtigkeit sind gänzlich zu befreien, alle

a) welche viele und charakteristische Merkmale an sich tragen, dass sie vor nicht sehr langer Zeit die Menschenblattern überstanden haben;

b) welche durch ein ärztliches legales Zeugniss darthun, dass sie, nachdem sie das 15. Lebensjahr überschritten, schon mit vollständigem Erfolge revaccinirt worden;

c) Alle diejenigen, welche zur Zeit der Publication des Zwangs-Revaccinationsgesetzes 36 Jahre alt, oder älter sind.

Die zeitliche Befreiung von der Revaccinationspflichtigkeit tritt ein bei grosser Schwäche oder Abzehrung, anhaltendem Fieber, acuten Exanthemen, langwierigen Hautausschlägen, Syphilis, Scropheln wenn sie mit Hautleiden, Augenentzündungen, heftigem Durchfall, bedeutenden Drüsenanschwellungen oder Knochenauftreibungen verbunden; auch bei andern Krankheiten, welche die Vornahme der Revaccination mit Recht bedenklich erscheinen lassen.

Die zeitliche Befreiung endet mit der Genesung, und es müssten die zeither befreiten Individuen, wenn sie nicht das 36. Lebensjahr überschritten haben, im nächstfolgenden Jahre, wenn deren Gesundheitszustand es dann gestattet, ihrer Revaccinationspflichtigkeit nachkommen.

Die Zwangs-Revaccination wird nur dann ihrem Zweck entsprechen können, wenn über Alle, die das 36. Lebensjahr noch nicht erreicht haben, genaue Conscriptionslisten von im Staatsdienste stehenden Gerichts- oder Bezirksärzten geführt werden, und nur von diesen Aerzten legale Zeugnisse über den Erfolg der vollzogenen Revaccinationen ausgestellt werden dürfen, auch in dem Falle, wenn die Revaccination durch einen Privatarzt vollzogen wurde. Im letzteren Falle ist es genügend, dem im Staatsdienste stehenden

Impfarzte das Zeugniss des Privatarztes einzusenden, um dagegen ein mit dem Amtssiegel und der Unterschrift des im Staatsdienste stehenden Impfarztes versehenes legales Revaccinations-Zeugniss in Empfang zu nehmen. Diese Einrichtung ist deshalb unumgänglich nothwendig, damit der im Staatsdienste stehende Impfarzt in den Conscriptionslisten der Revaccinationspflichtigen die erforderliche Bemerkung über jeden Revaccinirten, nach der Art des Erfolges der Wiederimpfung eintragen kann, wodurch einzig und allein die Uebersichtlichkeit über Revaccinirte und Nichtrevaccinirte ermöglicht wird.

Der Begriff des Revaccinationszwanges enthält die Strafbarkeit Derer, welche die Revaccination nicht an sich vollziehen lassen, ohne ihre Abweisung der Wiederimpfung durch ein legales rechtzeitig vorgestelltes Zeugniss gerechtfertigt zu haben.

Es ist demnach mit der Bestimmung des gesetzlichen Revaccinationszwanges, die Geldstrafe für die Unterlassung der rechtzeitigen Wiederimpfung zu verbinden, in der Art, dass nach Maassgabe der kürzeren oder längeren Zeit der Unterlassung der Revaccination, auch der Vermögensumstände der Schuldigen, die Ortsbehörden an gewisse von der Staats-Regierung bestimmte Normen sich zu halten haben, etwa in der Art, wie z. B. in der k. bayerischen allerhöchsten Verordnung über die gesetzlich einzuführende Schutzpocken-Impfung vom 27. August 1807 in §. 4.b. die zu erhebenden Geldstrafen festgesetzt sind.

Die von den im Staatsdienste stehenden Impf- oder Gerichtsärzten geführten Conscriptionslisten der Revaccinationspflichtigen, sind zu dem von der Staatsregierung bestimmten Termin, alljährlich durch den Impfarzt den betreffenden Behörden zuzustellen, damit selbige von Denen, welche aus Ungehorsam ihrer Revaccinationspflichtigkeit nicht genügt haben, unnachsichtlich die festgesetzte Geldstrafe beitreiben, mit der Verwarnung, dass selbige bei fernerem Ungehorsam im nächsten Jahre, einer noch bedeutenderen Geldstrafe sich zu gewärtigen haben.

Es ist nothwendig, dass die mit dem Einziehen dieser Geldstrafen beauftragten Behörden, der andauernden Controle der höheren Staatsbehörde unterstellt werden.

XVII. Ueber die Erlernung der Schutzpocken-Impfung auf den ärztlichen Bildungs-Anstalten.

Jenner hat in mehreren seiner Schriften auf die Nothwendigkeit aufmerksam gemacht, dass der Impfarzt die zu seinem Geschäfte
erforderliche praktische Kenntniss sich aneignen muss, auch
auf die nachtheiligen Folgen hingewiesen, welche aus dieser Ver-
säumniss entstehen, z. B. in seinem Buche *on the varieties and
modifications of the vaccine pustule*. *Cheltenham* 1806. 4. *p.* S.
Er verlangt, dass der Charakter der vollkommen entwickelten (*per-
fect*) Pustel durch aufmerksame Beobachtung der Erkenntniss ein-
geprägt werden muss, weil, wenn in der Pustel irgend eine Abweichung, sie sei welcher Art sie wolle, auftritt, schon die gewöhnliche Klugheit unumgänglich eine abermalige Impfung erfordert.

Am 23. Januar 1801 schrieb Jenner dem Dr. de Carro in
Wien: wenn man in dem Charakter der Pustel irgend eine Abweichung bemerkt, so muss man eine solche Pustel nie zu Weiterimpfungen verwenden. (*Jean de Carro, observations et expériences
sur l'inoculation de la vaccine*. *Vienne* 1801. 8. *p.* 201—210.)

Zahlreiche Beispiele liegen vor, in denen Nichtärzte und Aerzte,
aus Unkenntniss in der Vaccination grosses Unheil angerichtet
haben; noch grösser mag die Zahl der Fälle sein, die nicht veröffentlicht wurden.

Von den vielen durch Aerzte in dieser Hinsicht begangenen
Missgriffen, nur einige Beispiele aus älterer und neuerer Zeit.

Dufresne, ein Dorfarzt in Savoyen, pflanzte in seiner Unwissenheit Bastard-Kuhpocken immer weiter auf mehrere Hunderte von Menschen fort. Als die Menschenblattern bald darauf in jener Gegend ausbrachen, befielen die von ihm mit unechter Materie geimpften Kinder ebenso wie die nicht geimpften, ja mehrere derselben, worunter seine eigene Kinder waren, starben. Leider erfuhren die Aerzte in Genf, dies zu spät, um dem Uebel in seiner Entstehung Einhalt thun zu können. (*F. G. A. Bouchholz, vollständige Abhandl. über die Kuhpocken. Berlin* 1802. 8. S. 207.)

Faber, Stadt-Chirurgus zu Brieg in Schlesien, wurde im Jahre 1805 einer Untersuchung unterzogen, weil Kinder, welche er im Jahre 1802 vaccinirt hatte, von der im Jahre 1804 herrschenden Blatterepidemie befallen wurden. Faber räumte ein, er habe im Jahre 1802. bevor er diese Impfungen unternommen, in seinem Leben noch keine Kuhpocke gesehen, die Lymphe, welche er verimpfte, wäre nicht mehr wasserhell gewesen wie sie sein muss, auch hätten die Pusteln der von ihm im Jahre 1802 geimpften Kinder, schneller an Grösse zugenommen als in den Jahren 1803 und 1804, ferner wären erstere Pusteln mehr erhaben und ovaler als die ächten Kuhpocken gewesen, die peripherische Röthe habe gefehlt, auch sei nur ein weicher Schorf entstanden, der früher abgefallen wäre als der harte Schorf von ächten Kuhpocken. (*F. G. Friese, Versuch einer historisch-kritischen Darstellung der Verhandlungen über die Kuhpocken-Impfung. Breslau* 1809. 8. S. S. 94—105.)

Ein Wundarzt, im Mecklenburgischen, schabte mit der Schärfe der Lanzette die Epidermis so lange ab bis blutige Punkte erschienen, auf welche wunde Stelle er dann trockenen Impfstoff brachte. Er vaccinirte auf diese Weise einige sechszig Kinder. Viele davon erhielten nur falsche Kuhpocken, mehrere wurden gefährlich krank und vier starben. Bei allen vieren, welche starben, ging das darauf folgende Unglück von der Impfstelle aus. (*Ebend. S.* 166.) Umständlich mitgetheilt in

S. G. Vogel's anthropologischen und medicinischen Erfahrungen. Stendal 1805 S. 133.

Dr. Ring (*Medical and phys. Journal, Vol. XVI. Nr. 92. October 1806. p.* 323) erzählt ausführlich, wie durch rohe Lympheentnahme von einem geimpften Kinde, selbiges lebensgefährlich erkrankte. Sowohl Jenner, als auch andere Aerzte sahen dieses Kind.

Zu Oebisfelde, im Magdeburgischen, waren 44 Kinder mit unechtem Schutzpockenstoffe nach einander vaccinirt worden; bei eingetretener Blatterepidemie wurden alle von derselben ergriffen. (*Robert Willan, über die Kuhpocken-Impfung. Aus d. Engl. v. Mühry. Göttingen* 1808. 4. S. 143.)

Von einem 13monatlichen, seit der Geburt mit Kopfgrind behafteten Knaben, wurden 26 Kinder geimpft. Alle Impfstiche hafteten, zeigten aber schon nach 24 Stunden linsengrosse Erhabenheiten, die schon nach 48 Stunden in Pusteln, und nach 3—4 Tagen in Krusten übergingen. Am Controltage zeigten sich falsche, braungelb nässende, die gewöhnliche Peripherie überschreitende Incrustationen, die nach der 4. Woche noch groschengross, ähnlich den Krusten des Kopfgrindes waren. Die erneuerte Impfung blieb bei 12 Kindern erfolglos. (*Prager Vierteljahrsschrift für d. pract. Heilkunde* 1844. 3. *Quartal. S.* 99.)

Holub, Stadtwundarzt zu Holitz in Böhmen, impfte des Versuches wegen von einem mit Kopfgrind behafteten Kinde zwei vollkommen gesunde und von ebenso gesunden Eltern abstammende Kinder, bei denen am 7. und 8. Tage zwar sechs echte und vollkommen ausgebildete Vaccinepusteln erschienen, aber nach beendetem Eiterungsstadium auch noch der Kopfgrind, sowohl am behaarten Theile des Kopfes, als auch im Gesichte. Holub sagt: „Hier war es handgreiflich, dass jene Krankheit durch die Vaccination auf die zwei andern Kinder übergepflanzt war." (*Medic. Jahrb. des k. k. österr. Staates* 1847. 60. *Bd. S.* 37.)

Fälle von Uebertragung der Syphilis durch die Vaccination

von einem syphilitischen Kinde oft auf viele Individuen, haben mitgetheilt:

Monteggia, Cerioli und Marcolini (*P. Rayer, Traité théoretique et pratique des maladies de la peau. à Paris* 1835, *seconde édition. T.* 1. §. 484.) Vergl. F. W. Oppenheim, (*Zeitschrift für die gesammte Medicin.* 31. *Bd. Hamburg* 1846. S. *S.* 289) und A. Viennois (*Arch. géner. de Méd.* 1860. *Juin p.* 641), nach welchem Cerioli in Cremona, in den Jahren 1821 und 1841 Zeuge eines fast epidemischen Auftretens der Syphilis nach der Vaccination war. — Viani (*Prager Vierteljahrsschrift für die pract. Heilkunde.* 1850. 27. *Bd. Analekten S.* 39.) — Dr. Klein, in Andernach, (*A. Ruthenberg de syphilide ab aliis atque a partibus genitalibus exeunte observationes quaedam. Diss. inaug. med. Bonnae* 1830. 4. *p.* 5.) Ewertzen, in Fredericksborg, (*Archiv für med. Erfahrung von Horn, Nasse und Wagner.* 1835. 8. *S.* 281.) Dr. Wegeler, in Koblenz, (*Med. Zeitung, herausgegeben von dem Vereine für Heilkunde in Preussen. Berlin* 1850. 4. *S.* 69.) Weniger vollständig ist derselbe Fall beschrieben in der Beilage zu Nr. 259 der Neuen Münch'ner Zeitung vom 31. October 1850, S. 2105 und 2106. — Ceccaldi, Hospitalarzt in Constantine, (*Canstatt's Jahresbericht über die Fortschritte der gesammten Medicin im Jahre* 1853. 4. *Bd. S.* 379; *Medicinische Neuigkeiten, ein Intelligenzblatt für pract. Aerzte.* 12. *November* 1853. *Nr.* 46. *Erlangen. S.* 364.) — Dr. J. Heine *Beiträge zur Lehre von der Syphilis in ihrer Verbindung mit Vaccine und Diphteritis, nebst einem Auszuge des Hübnerschen Processes. Würzburg* 1854. 8.) Dr. J. Whitehead giebt an, dass im Jahre 1859 im Hospital zu Manchester, in 34 Fällen die Vaccination als Ursache der syphilitischen Erkrankung angesehen wurde. (*Arch. gén. de Med.* 1860. *Juin. p.* 645.) Dr. J. Lecoq, (*Ebendas.*) Monnell, (*New-York medical times* 2. *August* 1854.)

Besonders genau und umständlich beschrieben, auch durch mehrere ärztliche Zeugen constatirt, ist der von Dr. Wegeler

beschriebene Fall, nach welchem unzweifelhaft feststeht, dass durch
Unachtsamkeit und Unkenntniss des Wundarztes B., die latente Syphilis,
von einem damit behafteten Kinde auf 19 Gesunde durch die Revaccination übertragen wurde. Mehrere der übrigen citirten Fälle
haben, weil sie unvollständig beschrieben wurden, eine ungleich
geringere Beweiskraft.

Nach dem Zeugniss des Dr. Lutze, (*die Schutzpocken-
Impfung u. s. w. Cöthen* 1857. S. S. 18.) soll der Französische
Arzt Raspail im Jahre 1845 allein 60 Fälle von Uebertragung
der Syphilis durch die Vaccination gesammelt haben. Als Beleg
hierzu wird das *Manuel annuaire de la Santé* 1845, S. 144 citirt.
Aller Mühe ungeachtet, die der Herausgeber in Frankreich und
Deutschland zur Auffindung dieses Buches sich gegeben, hat er
dasselbe nicht erlangen können.

Ausser diesen der Oeffentlichkeit übergebenen Fällen der
Uebertragung der Syphilis durch die Vaccination, sind dem Herausgeber noch nachstehende, zeither nicht veröffentlichte, ähnliche Fälle
bekannt geworden.

Im Jahre 1820 impfte in einer kleinen Stadt in Bayern Dr. J.
in E. durch Unachtsamkeit, von einem syphilitischen Kinde die
Kinder von fünf Familien, welche dadurch in grosses Elend ge-
stürzt wurden. Mehrere Familienglieder starben nach syphilitischen jahrelangen Leiden als Opfer dieses ärztlichen Missgriffes.
Aus der gegen den Dr. J. gerichtlich anhängig gewordenen Untersuchung, ergiebt sich die Wahrheit dieser Angaben. Die Mutter
eines dieser Kinder, der Anna Maria H., trug nach dem Zeugniss eines
geachteten Arztes, noch im Jahre 1830 (also nach Ablauf von 10
Jahren), die unverkennbaren Narben syphilitischer Geschwüre an
sich. In einem Schreiben aus Bayern, an den allgemeinen Gesundheits-Comité in London, wird zweier Fälle von in Bayern beob-
achteter Uebertragung der Syphilis durch die Vaccination, nur
durch die Schuld der Impfärzte, erwähnt. (*General Board of
Health. Papers relating to the history and practice of vaccination.*

London 1857. 4. *p.* 169.) Diese beiden Fälle möchten der vorstehende und der bekannte Hübnersche sein.

Ein Deutscher Arzt, Dr. R. in W., übertrug nach seinem eigenen Schreiben vom 9. Januar 1851, in zwei Fällen mit der Vaccination einen venerischen Kupferausschlag, weil leider zu spät erst entdeckt wurde, dass die Mutter des Mutterimpflinges während ihrer Schwangerschaft entschieden syphilitisch gewesen war. Die Haftung des Impfstoffes war einer Störung nicht unterworfen. Die Zeit der ärztlichen Wahrnehmung des Ausschlages war der gewünschte Krankenbesuch, etwa 18—20 Tage nach der Impfung.

Dr. Lutze in Cöthen, schrieb unter dem 18. März 1861 dem Herausgeber: „Vor einem Jahre starb hier ein Säugling, der kurz vor dem Tode einen rein syphilitischen Ausschlag bekam, obgleich beide Eltern nie von dieser Krankheit inficirt worden waren. Ich dachte gleich an die Vaccination, ermittelte auch das Kind, von dem das verstorbene geimpft worden war, konnte aber die Mutter nicht zum Geständniss bringen. Jetzt, nach Jahresfrist, kommt sie syphilitisch in meine Klinik und gesteht zugleich, dass sie bereits vor mehreren Jahren ein Mal angesteckt gewesen ist.

Man kann es nicht wiederholt genug sagen, nicht die Schutzpocken-Impfung als solche, sondern stets nur die Unkenntniss oder Fahrlässigkeit des Impfarztes trägt die Schuld, wenn durch das Uebertragen der Vaccine die Lustseuche mitgetheilt worden ist, indem reine Kuhpockenlymphe von einem gesunden Kinde genommen, die Lustseuche unter keinem Verhältnisse erzeugt, sondern Lustseuche durch das Impfen nur dann entstanden ist, wenn von einem syphilitischen Kinde geimpft wurde.

Dass bei der Schutzpocken-Impfung mehr zu erlernen ist als auf den ersten Blick scheinen mag, geht auch aus den eigenen Geständnissen geachteter Impfärzte hervor, woraus deutlich zu entnehmen ist, dass sie im Beginn ihrer Impfpraxis Fehler begingen, weil ihnen die zur Ausübung einer erfolgreichen Vaccination nöthigen Kenntnisse mangelten.

De Carro in Wien, der von den Impfpusteln des Grafen Mottet (welcher früher geblattert hatte) weitergeimpft, auch diese Lymphe an Odier nach Genf geschickt hatte, (*Bibliothèque Britannique*, *Tom XIIIéme. Sciences et Arts à Genève, an VIII. S. p.* 215. *p.* 417), womit in mehreren Fällen durchaus unbefriedigende Pusteln erzeugt wurden, erklärte später selbst „dass nur sein Mangel an Erfahrung, im September 1799 ihn die Pusteln des Grafen Mottet für ächte halten liess, da sie doch alle Zeichen der ächten Kuhpocken hatten." (*J. de Carro, Geschichte der Kuhpocken-Impfung in der Türkei,. in Griechenland u. s. w. Aus d. Franz. übers. v. Dr. Friese. Breslau* 1804. *S. S.* 37.).

Dr. Tischendorf, in Lengsfelde, im Voigtlande, sagt geradezu, dass jeder erfahrene und wahrheitsliebende Impfarzt offen wird gestehen müssen, dass er im Beginn seiner Impfpraxis weniger bedenklich gewesen als er später geworden, und dass mithin mancher Impfungserfolg im Anfang von ihm für genügend erklärt worden sei, der später keine Gnade habe finden können, (*Vereinte deutsche Zeitschrift für die Staatsarzneikunde.* 1849. 5. *Bd. S.* 209.)

Dem Herausgeber sind in mehreren Ländern viele gegenwärtig practisirende Aerzte bekannt, welche, während ihrer Studienzeit auf deutschen Universitäten, weder Gelegenheit hatten eine Kuhpockenpustel am Arme eines Kindes zu sehen, noch einer Schutzpocken-Impfung beizuwohnen. Er gehörte selbst in diese Kategorie als er im Jahre 1829 von der Kais. Universität zu Dorpat die medicinische Doctorwürde, und mit derselben die Berechtigung zur ärztlichen Praxis erhielt.

Schon Bryce beklagte den fast durchgängig herrschenden Wahn, dass die Vaccination für ein so leichtes, unbedeutendes Geschäft gehalten, dass sie kaum einiger ärztlichen Pflege bedürfe, daher sich diese gelinde und gefahrlose Krankheit leicht von einem Jeden mittheilen lasse. Dies hat in der That viel dazu beigetragen, Misstrauen in die Vaccination zu setzen. (*J. Bryce, practische*

*Beobachtungen über die Impfung der Kuhpocken. Aus d. Engl.
übers. v. F. G. Friese. Breslau, 1803. S. S. 133.)*

Mit dieser Erkenntniss stimmen die Erfahrungen aller späteren,
auch gegenwärtig lebenden Aerzte überein, welche Studien in der
Vaccination gemacht haben. Es wäre überflüssig ein langes Namen-
verzeichniss derselben herzusetzen, wohl aber möge bemerkt werden, dass die Ansicht der Regierungen aller civilisirten Staaten
schon lange stabil geworden: nur geprüften und zur Praxis berechtigten Aerzten und Wundärzten die Ausübung der Schutzpocken-
Impfung zu gestatten, indem die Regierung den Impfarzt mit
vollem Vertrauen anstellt, dass er auf der medicinischen Bildungs-
schule auch die nöthige Anleitung zur erfolgreichen Ausübung der
Schutzpocken-Impfung erhielt. Der §. 19 der k. Bayerischen Impf-
Instruction vom 27. December 1830 lautet: „es wird vorausgesetzt,
dass jeder Impfende Form und Verlauf der ächten und unächten Kuhpocken kenne."

Hierin sind aber die Regierungen im Irrthum.

Prof. Dr. Sigmund in Wien, sagte bereits vor mehreren
Jahren „in Bezug auf die einzelnen Staaten Deutschlands, (von
Oesterreich spricht er nicht) — wo findet sich ein gut geregeltes,
leicht und lange zugängliches Impf-Institut, in dem der angehende
Arzt über die Kuhpocken sich genügend belehrt, und darüber was
er später als Impfarzt leisten soll, eine angemessene Prüfung besteht? — In seiner Praxis sich selbst und den Mittheilungen eines
erfahrenen Collegen überlassen, wird der angehende Arzt allerdings nach und nach mit den Einzelnheiten der Impfung vertraut, auf seine und Anderer Kosten; aber auch diese em-
pirische Bildung lehrt ihn noch nicht das, was in einem methodi-
schen Unterrichte in einer Central-Impfanstalt gelehrt werden
kann. Allerdings lassen sich die zur Kuhpocken-Impfung nöthigen
Kenntnisse durch Spitalpraxis, Reisen und Lectüre erwerben, aber
nicht alle Aerzte sind in der Lage sich diese Mittel des Unterrichtes,
welche auch oft nicht so viel gewähren wie eine planmässige prak-

tische Klinik, zu verschaffen." (*Wiener medicin. Wochenblatt.*
1854. 4. 19. *August. Nr.* 33.).

Vorstehende, in einer medicinischen Zeitschrift erwähnte, mangel-
hafte Erlernung der Schutzpocken-Impfung in den einzelnen
Staaten Deutschlands, scheint nicht zur Kenntniss der Regierungen derselben gekommen zu sein. Der Ausspruch des Prof.
Dr. Sigmund ist aber der Erfahrung entnommen, verdient daher
die Beachtung der Regierungen aller deutschen und anderer
Staaten.

Allen Regierungen, welche die Schutzpocken-Impfung zum
Gesetz erhoben haben, liegt eine zweifache Verpflichtung ob:
erstlich zur Erzeugung einer reinen Kuhpockenlymphe die erforderlichen Mittel zu gewähren, worüber in den vorhergehenden
Abschnitten dieses Buches gehandelt ist, zweitens die wissenschaftlich-praktische Ausbildung der Studirenden der Medicin in
der Vaccination, auf den unter ihrer Leitung stehenden ärztlichen
Bildungsanstalten anzuordnen.

Die theoretische, einstündige Belehrung, die auf den Universitäten in dem Vortrage über Chirurgie oder Kinderkrankheiten
der Schutzpocken-Impfung gewidmet wird, kann in keinem Falle
als eine für zukünftige Impfärzte genügende Anleitung gelten. Die
Schutzpocken-Impfung muss jeder Arzt, auch wenn er nie Impfarzt werden will, durchaus praktisch erlernt haben, da ausgebrochene Blatterepidemien ihn in die Lage bringen können, ohne
den geringsten Zeitverlust umfängliche Vaccinationen und Revaccinationen unternehmen zu müssen, deren befriedigender oder un-
befriedigender Erfolg von seiner Sachkenntniss in der Vaccination
wesentlich abhängt. Dann ist es offenbar zu spät, die Schutzpocken-
Impfung erst erlernen zu wollen, oder bei einem erfahrenen
Collegen, falls ein solcher in der Nähe vorhanden, sich Rath erholen zu wollen.

Es ist daher unumgänglich nothwendig, dass der angehende
Arzt, während seiner Studienjahre mit dem Verlauf der normalen

und anomalen Kuhpocken durch eigene Anschauung und wiederholte Beobachtungen sich vertraut macht, dass er die verschiedenen Arten der Regenerirung, Entnahme und Aufbewahrung des Impfstoffes würdigen lernt, und unterscheiden kann, von welchen Kindern der Impfstoff gefahrlos zu Weiterimpfungen benutzt werden kann, andererseits von welchen Kindern die Abimpfung vermieden werden muss.

Nach einem Bericht des Central-Impfinstitutes zu Dresden, vom 24. Januar 1842, wurden dort die Studirenden der chirurgisch medicinischen Academie zu Dresden „in der Manipulation des Impfens unterrichtet." (*Dr. G. L. Funke, die Polizeigesetze und Verordnungen des Königreiches Sachsen. III. Bd. Leipzig 1847. S. S. 296.*)

Ein Unterricht in der Manipulation der Impfung, bildet aber selbstverständlich nur einen geringen Theil der Anleitung, welche der Arzt zur erfolgreichen Ausübung der Schutzpocken-Impfung bedarf. Hauptsache bleibt die wissenschaftlich-praktische Erlernung der Schutzpocken-Impfung in sogleich näher anzudeutender Weise.

In Universitätsstädten, in denen Impf-Anstalten bestehen, also öffentliche zahlreiche Impfungen zu bestimmten Tagen und Stunden statt finden, möchten die Studirenden der Medicin den ihnen nöthigen praktischen Unterricht in der Vaccination, wohl am zweckmässigsten durch den Vorstand der Impf-Anstalt an den öffentlichen Impftagen erhalten, da an einem jeden derselben vielfache Gelegenheit sowohl zum Impfen, als auch zur Revision der Geimpften und zur Auswahl geeigneter Mutterimpflinge gegeben ist. Wenn überdiess die Studirenden der Medicin, welche bereits die Klinika besuchen, und an den Impftagen Theil genommen, von Seiten des Vorstandes der Impfanstalt, durch einen dem Bedürfniss der Wissenschaft und der Praxis entsprechenden Vortrag über die Schutzpocken-Impfung belehrt würden, auch dieselbe stets und ausnahmlos Gegenstand der ärztlichen Prüfung würde, wie auch Prof. Dr. Sigmund in Wien nachdrücklich verlangt (*General Board of*

Health. Papers relating to the history and practice of vaccination. London 1857. *p.* 100), so ist nicht zu bezweifeln, dass die Regierungen mit ungleich gerechtfertigterem Vertrauen als bis jetzt geschieht, nicht allein den berechtigten Arzt als Impfarzt anstellen, sondern mit der Zeit auch der Beruhigung sich hingeben können, dass bei ausgebrochenen Blatterepidemien alle im Lande wirkenden Aerzte, im Besitz der zu einer erfolgreichen Ausübung der Schutzpocken-Impfung erforderlichen praktischen Kenntnisse sind.

Sehr richtig sagt Dr. Schürmayer: Da von der Wahl der Lymphe, der zweckmässigen Art ihrer Einpflanzung und der Prüfung der Fähigkeit des Impflinges zu der Impfung, vorzüglich der erwünschte Erfolg der Impfung abzuhängen scheint, so leuchtet es ein, dass das Impfgeschäft nur solchen Personen übertragen und beziehungsweise gestattet werde, welche die nöthigen Kenntnisse dazu besitzen. Bei niedern Chirurgen kann diese Voraussetzung nicht Platz greifen, und es ist immer am räthlichsten, die Impfung blos Aerzten oder Medico-Chirurgen zu gestatten. (*Dr. J. H. Schürmayer, Handbuch der medicinischen Policei.* 2. *Auflage. Erlangen* 1856. 8. §. 292.)

In Betreff der richtigen Würdigung vorgenommener Revaccinationen, befürchtete schon der erfahrene Prof. Dr. Franz Heim (*historisch-kritische Darstellung der Pockenseuchen u. s. w. Stuttgart* 1838. 8. *S.* 594), dass ein grosser Theil der Würtembergischen Impfchirurgen die Unterscheidungsfähigkeit des modificirten vom ächten Kuhpockenverlaufe nicht besitzt, weil es wirklich oft selbst dem Arzte schwer wird den Erfolg der Revaccination richtig zu lociren, wenn er nicht eine besondere Fertigkeit im Unterscheiden durch Uebung sich erworben hat. Die Wahrheit dieses Satzes bestätigt der Herausgeber aus eigener Erfahrung.

Dr. J. Baron bemerkt „dass alle Fälle von vermeinter Vaccination, wenn sie nicht unter der Aufsicht eines competenten Beurtheilers standen, der die verschiedenen Stadien der Vaccination beobachtet hat, als gar keine Vaccination betrachtet werden sollten. Bis dieser Canon allgemein angenommen und darnach gehandelt wird, werden wir nie die Sicherheit erhalten, welche die Vaccination gewähren kann." (*F. G. Gmelin, Bericht der med. u. chir. Gesellschaft zu Liverpool über Vaccination. Aus dem Engl. Stuttgart und Tübingen* 1840. 8. *S.* 55.)

In ähnlicher Weise sagt Dr. Grum in St. Petersburg, vieljährige Erfahrung hat uns gelehrt, dass die allgemein beabsichtigte Wohlthat der Schutzpocken-Impfung nur dann erreicht werden kann wenn die Impfärzte ihr Geschäft vollständig verstehen, und die dazu erforderliche wissenschaftliche Bildung erlangt haben. (Докторъ К. Грумъ, руководство къ прививанію предохранительной оспы. С. Петербургъ 1846. 8. стр. 7.)

Kaum möchte unter den deutschen Universitäts-Städten, der Unterricht angehender Aerzte in der Schutzpocken-Impfung einen fruchtbareren Boden als in München finden, in dessen Nähe, unter rein ländlichen Verhältnissen, die Regeneration der Schutzpockenlymphe alljährlich geschieht, und wo die in der k. b. Central-Impfanstalt an den ordentlichen öffentlichen Impftagen in den Monaten Mai, Juni und Juli, im Ganzen über 1500 alljährlich geimpften Kinder, ein reiches Material für den Unterricht gewähren. Der gegenwärtige k. b. Central-Impfarzt Dr. Reiter ist im Besitz einer reichen Erfahrung in der Vaccination. Ihm gebührt das Verdienst, seit 27 Jahren alle k. bayerischen Gerichtsärzte, etwa 300 an der Zahl, alljährlich mit regenerirtem Impfstoffe stets guter Qualität versorgt zu haben. Auch dem Auslande ist Dr. Reiter durch seine Schriften über die Schutzpocken-Impfung bekannt geworden. Im Jahre 1845 wurde einer derselben (S. 75 und 76) eine ehrenvolle Erwähnung von Seiten der Französischen Academie der Wissenschaften zuerkannt. Im Jahre 1861 übersendete ihm die Kaiserliche Freie Oeconomische Gesellschaft zu St. Petersburg, in Anerkennung seiner Verdienste um die Vaccination, ihre goldene Medaille. Ob Er in Bayern, seinem Vaterlande, einer besonderen Aner-

190

kennung gewürdigt worden, ist dem Herausgeber nicht bekannt geworden.

Nach einer von hochangesehener Seite, in München dem Herausgeber gewordenen Aeusserung über den Nutzen der wissenschaftlich-praktischen Erlernung der Vaccination durch die dortigen Studirenden der Medicin, steht zu hoffen, dass die Begründung eines planmässigen Unterrichtes an der Central-Impfanstalt zu München, in nicht entfernter Aussicht steht.

Geht diese Hoffnung in Erfüllung, so steht zu erwarten, dass die bereits mit so vielen Vorzügen geschmückte Universität zu München, noch mehr als bisher, von Medicin studirenden Ausländern besucht werden wird.

Schlussfolgerungen.

I. Jeder Staat, der die Schutzpocken-Impfung zum Gesetz erhoben, hat auch die Verpflichtung, die Mittel zur fortwährenden Erzeugung und Verbreitung eines reinen und wirksamen Schutzpockenstoffes zu gewähren, damit selbiger zu jeder Zeit an alle von dem Staate angestellte Impfärzte unentgeldlich abgegeben werden kann. Dieser Aufgabe ist im Königreiche Bayern vollkommen Genüge geleistet worden.

Die von dem Staate zu gewährenden Mittel sind:

a) Geldmittel, damit im Frühlinge, in passender Lokalität, die dem Bedürfniss entsprechende Anzahl von neumilchenden Kühen alljährlich geimpft werden kann.

b) Uebertragung dieses Geschäftes einem mit demselben besonders vertrauten, wissenschaftlich gebildeten Arzte, der mit dem nur von den ausgeprägtesten Pusteln der geimpften Kühe entnommenen Impfstoffe, mehrere gesunde Kinder bis in die zweite oder eine fernere

Generation impft, sodann den von diesen Kindern entnommenen Stoff, in flüssiger Form an die im Staatsdienste stehenden Impfärzte unentgeldlich versendet, die denselben zu ihren Vorimpfungen zu verwenden haben, dann aber die Impfungen von Arm zu Arm weiterzuführen gehalten sind.

II. Es ist wünschenswerth, dass in den auf Staatskosten anzulegenden Instituten zur alljährlichen Gewinnung einer kräftigen Retrovaccinlymphe, auch Versuche der Uebertragung des Maukestoffes und der Menschenblattern auf Kühe angestellt werden; auch dass diese Institute andern Aerzten zu ihrer Belehrung zugänglich sind, ferner die an diesen Instituten gewonnenen Erfahrungen alljährlich veröffentlicht werden.

Würde in einem grösseren Staate anfänglich ein Central-Institut in angegebener Weise errichtet, so würden an demselben nicht nur Impfärzte, sondern auch Vorstände für andere, später zu errichtende ähnliche Institute in andern Theilen desselben Staates, gebildet werden können.

III. Ein Impfgesetz in der Art, dass für ungehorsames, oder nicht rechtzeitig entschuldigtes Ausbleiben des Impfpflichtigen von der angeordneten Impfung, den Schuldigen keine Strafe trifft, ist so gut wie gar kein Impfgesetz, da der allgemeine Schutz gegen Blatternansteckung nur dann erreicht werden kann, wenn alle Staatsbürger ohne Ausnahme ihre Impfpflichtigkeit vollständig erfüllen.

IV. Der Impfzwang ist nothwendig und ausführbar, wozu das Bayerische Impfgesetz seit einer langen Reihe von Jahren (1807), den Beweis geliefert hat.

V. Zur Durchführung einer geregelten Zwangs-Impfung sind erforderlich:

a) Alljährliche genaue Conscriptionslisten aller Impfpflichtigen durch die Pfarrer.

b) Aus diesen Conscriptionslisten ist die für jeden im Staatsdienste stehenden Impfarzt erforderliche Tabelle aller Impfpflichtigen seines Bezirkes, in alphabetischer Ordnung herzustellen.

c) Ordentliche, öffentliche, nöthigen Falls auch ausserordentliche Impfungen, vorzugsweise durch vom Staate angestellte Impfärzte (Bezirks- oder Gerichtsärzte), damit sowohl die Controle über die Impfpflichtigen erleichtert, als auch die Auswahl guter Mutterimpflinge aus zahlreich zur Revision erschienenen Geimpften ermöglicht werde.

d) Die von den Impfärzten geführten Impflisten (Tabellen), sind nach geschlossener öffentlicher Impfung, welche etwa vom Mai bis in den August jährlich statt findet, zum bestimmten Termin den betreffenden Ortsbehörden einzusenden, um Denjenigen, der aus Ungehorsam seine Impfpflichtigkeit nicht erfüllt hat, oder dessen Eltern und Vormünder, der gesetzlichen Geldstrafe zu unterziehen, mit Androhung einer noch bedeutenderen, falls der Impfpflichtige seine Obliegenheit im nächstkommenden Jahre abermals nicht erfüllen würde.

e) Die mit dem Einziehen der Strafgelder für nicht erfüllte Impfpflichtigkeit beauftragten Behörden, müssen in dieser Hinsicht der andauernden Controle einer höheren Behörde unterliegen.

VI. Jeder Impfpflichtige kann auch von einem Privatarzte geimpft und wiedergeimpft werden. Es muss aber das von diesem Privatarzte ausgestellte Impfzeugniss vor dem Schlusse der öffentlichen Impfungen, dem betreffenden im Staatsdienste stehenden Impfarzte zugestellt werden, der selbiges zu den Acten nimmt, und dafür einen von ihm unterschriebenen, mit seiner Unterschrift und seinem Amtssiegel versehenen Impf-Schein ausstellt, gleichzeitig auch in den Impflisten dieses zu verzeichnen hat.

VII. Im Allgemeinen ist nur den Doctoren der Medicin und den Medico-Chirurgen die Schutzpocken-Impfung zu gestatten, nicht aber Wundärzten und niedern Chirurgen, weil nur von gesunden Kindern weitergeimpft werden darf, jedoch von Wundärzten und niedern Chirurgen die Erkennung und Würdigung einer krankhaften Anlage der Impflinge nicht in einer Weise zu erwarten steht, wie dieses von den Doctoren der Medicin und Medico-Chirurgen vorausgesetzt werden muss. Nur in schwach bevölkerten Gegenden, in denen keine promovirte Aerzte sind, möchte ausnahmsweise die Vaccination auch einzelnen in der Schutzpocken-Impfung geprüften Wundärzten gestattet werden, in keinem Falle aber Individuen, welche keine medicinischen Studien gemacht haben, sondern nur das Technische der Impfung nothdürftig erlernt haben.

Die richtige Würdigung des Gesundheitszustandes der Mutterimpflinge, kann ohne ärztliche Kenntnisse nicht statt finden. Zweckmässiger möchte sein, in schwach bevölkerten Gegenden, in denen die Stellung der Impfpflichtigen zu bestimmten Tagen und Stunden an einen zu entfernten Ort unmöglich wird: promovirte Impfärzte alljährlich reisen zu lassen, dabei aber anzuordnen, dass die Conscriptionslisten der Impfpflichtigen, ihnen rechtzeitig zugestellt werden.

VIII. Die Zwangs-Revaccination, als nothwendige Ergänzung der Schutzpocken-Impfung, ist allgemein nach der im XVI. Abschnitte erörterten Ansicht für alle Stände einzuführen.

IX. In Betreff des Kostenpunktes für die Impfpflichtigen, kann kein allgemeines Princip zur Geltung kommen, da in einigen Staaten die Impfungen kostenfrei geschehen, in andern Staaten der Impfarzt für jede vollzogene Schutzpocken-Impfung einen bereits festgesetzten Geldbetrag zu beziehen berechtigt ist.

X. Jeder Staat ist berechtigt und verpflichtet: darüber zu wachen, dass auf den unter seiner Leitung stehenden ärztlichen Bildungs-Anstalten, die Schutzpocken-Impfung wissenschaftlich und praktisch gelehrt werde, damit den Studirenden der Medicin vielfache Gelegenheit zur Beobachtung Geimpfter, und zu einer richtigen Wahl der Mutterimpflinge gegeben werde; ferner, dass die Schutzpocken-Impfung ausnahmlos Gegenstand der ärztlichen Prüfung werde, und dass zur Erlangung der Doctorwürde, oder der Berechtigung zur ärztlichen Praxis: Jeder, seine wissenschaftlich-praktische Befähigung zur Schutzpocken-Impfung, vorher vollständig nachgewiesen haben muss.

XI. Schutzpocken-Impfungen mittelst Lymphe, welche Findelhäusern entnommen ist, sind in keinem Falle länger zu dulden,
weil nur von entschieden gesunden Kindern, die auch von gesunden Eltern stammen, der Impfstoff auf andere übertragen werden
darf, mithin uneheliche Kinder als Mutterimpflinge immer zu vermeiden sind. Auch ist erwiesen, dass Findelhauskinder, welche
weitaus unehelicher Abkunft sind, nicht selten mit latenten, dem
Arzte nicht erkennbaren, aber durch die Schutzpocken-Impfung
übertragbaren Krankheitsstoffen verderblichster Art behaftet sind.

Druckfehler.

Seite 67 Zeile 1 von unten: Aiter statt Alter.
S.   73 Zeile 5 von unten: 10.172 statt 10.174.
S.   76 Zeile 15 von unten: dem statt den.
S.   91 Zeile 7 von unten: vor statt von.
S. 100 Zeile 3 von oben: Inqniry statt Inquiry.
S. 107 Zeile 8 von unten: Variolo statt Variola.